竖向预应力锚索抗滑桩设计原理

陈洪凯 王圣娟 刘卫民 陈斯祺 著

科学出版社

北京

内 容 简 介

预应力锚索抗滑桩是滑坡治理的主要技术类型，但是对河（库）岸滑坡而言，滑坡体大部分处于周期性浸泡状态，滑坡体易产生不均匀沉降变形，使得传统预应力锚索抗滑桩的锚索易受到地下水腐蚀并承受不均匀沉降变形产生的附加应力；对于山坡表层大型崩塌堆积体滑坡，基岩埋深大，锚索预应力施加困难。为了消除腐蚀作用和附加应力对传统预应力锚索抗滑桩预应力锚索的不利影响，本书通过对抗滑桩常规设计方法的梳理，融合悬臂抗滑桩和预应力锚索抗滑桩的优点，研发了竖向预应力锚索抗滑桩新技术。分析了抗滑桩的耐久性问题，提出了滑坡蠕变和水库地震作用下抗滑桩优化设计方法；构建了梯形断面竖向预应力锚索抗滑桩双土拱理论，提出了该新技术的结构计算方法、工程设计方法和施工方法，通过模型试验获得了该新结构的受荷性能，其抗滑能力比同截面悬臂抗滑桩增强 60%左右。

本书对于从事滑坡灾害防治的研究人员、工程师、教师及研究生具有一定参考借鉴作用。

图书在版编目（CIP）数据

竖向预应力锚索抗滑桩设计原理 / 陈洪凯等著. — 北京：科学出版社, 2025.3. — ISBN 978-7-03-081137-0

Ⅰ. U416.1

中国国家版本馆 CIP 数据核字第 2025XA4763 号

责任编辑：赵敬伟 杨 探 / 责任校对：高辰雷
责任印制：张 伟 / 封面设计：无极书装

科学出版社出版
北京东黄城根北街 16 号
邮政编码：100717
http:// www.sciencep.com

北京九州迅驰传媒文化有限公司印刷
科学出版社发行 各地新华书店经销
*

2025 年 3 月第 一 版　开本：720×1000　1/16
2025 年 3 月第一次印刷　印张：15 1/4
字数：307 000

定价：118.00 元
（如有印装质量问题，我社负责调换）

序

  长期以来，重大崩塌堆积体滑坡和河库消落带滑坡的抗滑治理一直存在滑坡推力大、预应力施加困难、腐蚀作用强等共性特征。该书针对这两类滑坡的抗滑支挡问题，融合适用于消落带环境的悬臂抗滑桩和抗滑能力较强的预应力锚索抗滑桩的优点，研发了一种竖向预应力锚索抗滑桩新技术。构建了梯形断面竖向预应力锚索抗滑桩双土拱理论，建立了该新技术的结构计算方法、工程设计方法和施工方法，通过模型试验获得了该新结构的受荷性能，其抗滑能力比同截面悬臂抗滑桩增强 60%左右。成功用于二郎山等特大滑坡灾害治理，减灾效益显著。该书学术思想新颖，技术先进，为破解复杂地质环境重大滑坡灾害抗滑治理提供了一种优选的新技术。该书突破了严控大挖条件下重大崩塌堆积体滑坡和河库岸滑坡治理技术瓶颈，是工程减灾领域的一部创新性佳作，颇具学术价值，双土拱理论充分发挥了滑坡土体的自稳性能，工程实用性强。表明陈洪凯教授团队是一个敢于突破常规、勇攀科学高峰的科技创新群体，本人乐之以为序，并向从事岩土工程减灾的广大科技工作者推荐分享。

中国工程院院士 郑颖人

2024 年 9 月 10 日

前　言

我国幅员辽阔，地理环境分异较大，建成有 98000 多座水库，其中大型特大型水库 4000 多座，海库岸线总长度超过 700 万 km。海库岸坡是重大崩滑灾害高发区，自古就是人类主要栖息地，又是现代城市、港口码头、水路公路密集区，如深圳东部海堤所在的大湾区是展示国家形象的改革开放世界窗口、三峡水库岸坡事关 80 多万移民安居乐业和社会稳定。抗滑桩是滑坡抗滑支挡主要技术类型，但是对于河库岸滑坡而言，滑坡体大部分处于周期性浸泡环境，传统预应力锚索抗滑桩的锚索易于受到地下水腐蚀；对于山坡表层大型崩塌堆积体滑坡，滑坡体物质结构差异造成的不均匀沉降变形易使传统的预应力锚索抗滑桩的锚索产生附加应力，劣化锚索服役性能。

本书建立了抗滑桩耐久性寿命预测方法，提出了滑坡蠕变和水库地震作用下抗滑桩优化设计方法，融合悬臂抗滑桩和预应力锚索抗滑桩的优点，针对河库岸滑坡和崩塌堆积体滑坡的抗滑支挡重大需求，研发了竖向预应力锚索抗滑桩新技术。建立了竖向预应力锚索抗滑桩双土拱理论，提出了该新技术的结构计算方法和设计施工方法，通过模型试验获得了该新技术的受荷性能。本书是陈洪凯教授团队多年从事河库岸大型特大型滑坡及西部山区公路边坡大型特大型崩塌堆积体滑坡抗滑支挡科学研究与实践应用的一项标志性成果，是生态文明视角下严控大开挖的滑坡灾害抗滑治理重大科技进展。

本书共 10 章，第 1、2 章由陈洪凯、王春华、刘卫民撰写，第 3 章由陈洪凯、易丽云撰写，第 4 章由陈洪凯、罗爽撰写，第 5 章由陈洪凯、王圣娟撰写，第 6、8 章由陈洪凯、彭瑜、陈鑫撰写，第 7 章由陈洪凯、王圣娟、陈鑫撰写，第 9 章由陈洪凯、刘卫民、王全才、陈斯祺、王圣娟撰写，第 10 章由陈洪凯、王全才、刘卫民撰写。陈洪凯和王圣娟负责全书编排和校对工作。

书中彩图可扫描封底二维码查看。

在从事竖向预应力锚索抗滑桩研究中，得到重庆大学鲜学福院士、山东科技大学宋振骐院士、中国人民解放军陆军勤务学院郑颖人院士、中国科学院水利部成都山地灾害与环境研究所崔鹏院士、长安大学彭建兵院士、山东大学李术才院士、南昌大学周创兵院士、三峡大学李建林教授和彭辉教授、西南交通大学胡卸文教授、西华师范大学陈涛教授和张斌教授等的大力支持和鼓励；在此一并致以诚挚的感谢！

本书得到西华师范大学国家级人才引进专项资金资助。

2024 年 7 月 24 日

目　　录

序

前言

第1章　抗滑桩分类 ·· 1
　1.1　抗滑支挡工程背景 ·· 1
　1.2　抗滑桩分类 ·· 3
　　　1.2.1　抗滑桩的优点 ·· 3
　　　1.2.2　抗滑桩破坏形式 ·· 4
　　　1.2.3　悬臂抗滑桩 ·· 4
　　　1.2.4　预应力锚索抗滑桩 ·· 5

第2章　抗滑桩常规设计方法 ·· 7
　2.1　滑坡推力计算 ·· 7
　　　2.1.1　滑坡稳定性分析 ·· 7
　　　2.1.2　滑坡推力计算方法 ·· 18
　2.2　悬臂抗滑桩设计方法 ·· 19
　　　2.2.1　内力计算 ·· 19
　　　2.2.2　结构设计 ·· 44
　2.3　预应力锚索抗滑桩设计方法 ·· 50
　　　2.3.1　锚索抗滑桩 ·· 50
　　　2.3.2　预应力锚索设计方法 ·· 52

第3章　抗滑桩腐蚀耐久性 ·· 55
　3.1　抗滑桩安全使用寿命的影响因素 ·· 55
　　　3.1.1　混凝土的渗透性 ·· 55

- 3.1.2 混凝土收缩开裂 ··· 55
- 3.1.3 混凝土中性化 ··· 56
- 3.1.4 化学侵蚀 ··· 57
- 3.1.5 碱-集料反应 ··· 59
- 3.1.6 钢筋锈蚀 ··· 60
- 3.1.7 荷载 ··· 63
- 3.1.8 地质环境 ··· 63
- 3.1.9 施工控制 ··· 64
- 3.2 抗滑桩耐久性试验 ··· 64
  - 3.2.1 相似比 ·· 64
  - 3.2.2 悬臂抗滑桩耐久性模型试验 ·································· 65
  - 3.2.3 预应力锚索抗滑桩耐久性模型试验 ·························· 73
- 3.3 抗滑桩耐久性评价 ··· 82
  - 3.3.1 混凝土中性化预测模型介绍 ·································· 82
  - 3.3.2 抗滑桩混凝土中性化预测模型 ······························· 84
  - 3.3.3 钢筋锈蚀时间 ··· 88
  - 3.3.4 抗滑桩服役寿命预测 ·· 93
- 3.4 抗滑桩耐久性设计 ··· 94
  - 3.4.1 抗滑桩设计使用年限 ·· 94
  - 3.4.2 抗滑桩混凝土保护层厚度设计 ······························· 95

第4章 滑坡蠕变及水库地震作用下抗滑桩结构设计 ·················· 97
- 4.1 滑坡蠕变荷载 ··· 97
  - 4.1.1 蠕变荷载本构模型 ··· 97
  - 4.1.2 蠕变模型参数辨识 ·· 101
- 4.2 考虑滑坡蠕变作用的悬臂抗滑桩内力计算 ······················· 105
  - 4.2.1 滑坡推力计算方法修正 ······································ 105
  - 4.2.2 悬臂抗滑桩内力计算方法修正 ····························· 105
- 4.3 水库地震对悬臂抗滑桩力学性能的影响 ·························· 113
  - 4.3.1 水库地震荷载 ·· 113
  - 4.3.2 水库地震作用下悬臂抗滑桩内力计算 ···················· 119

第5章 竖向预应力锚索抗滑桩·······126
- 5.1 技术内涵·······126
- 5.2 作用原理·······130
- 5.3 适用条件·······130

第6章 双土拱理论·······133
- 6.1 桩土作用机理·······133
- 6.2 双土拱存在条件·······135
- 6.3 双土拱形式·······136
- 6.4 双土拱破坏机理·······137
- 6.5 桩间距·······138
  - 6.5.1 双土拱计算模型·······138
  - 6.5.2 合理桩间距·······140
- 6.6 桩侧角取值·······148
  - 6.6.1 影响因素·······148
  - 6.6.2 取值范围·······149
  - 6.6.3 最优角度·······150

第7章 结构计算·······151
- 7.1 受荷段受力和变形·······152
  - 7.1.1 抛物线计算模型·······152
  - 7.1.2 抛物线荷载·······152
  - 7.1.3 受荷段内力·······154
  - 7.1.4 受荷段变形·······157
- 7.2 嵌固段受力和变形·······159
  - 7.2.1 计算宽度·······159
  - 7.2.2 桩体判别·······160
  - 7.2.3 刚性桩内力和变形·······161
  - 7.2.4 弹性桩内力和变形·······164

第8章 竖向预应力锚索抗滑桩受荷性能模型试验·······167
- 8.1 试验设计·······167

8.2 水平推力模型试验 ········· 167
8.2.1 试验 ········· 167
8.2.2 推力试验结果对比 ········· 172
8.2.3 破坏性对比 ········· 174
8.3 三维土拱效应模型试验 ········· 175
8.3.1 三维试验结果对比 ········· 175
8.3.2 梯形断面角度与土拱效应 ········· 176
8.4 抗滑桩安全性 ········· 180
8.4.1 矩形截面试验桩承载力 ········· 180
8.4.2 梯形截面试验桩承载力 ········· 180
8.4.3 安全系数取值 ········· 181
8.5 抗滑桩破坏规律 ········· 181
8.5.1 理论计算 ········· 181
8.5.2 试验观测 ········· 182
8.5.3 破坏面计算 ········· 183
8.5.4 正确性验证 ········· 184

第9章 结构设计与施工 ········· 185
9.1 桩体结构设计 ········· 185
9.1.1 断面尺寸 ········· 185
9.1.2 梯形截面分区线 ········· 186
9.1.3 竖向预应力 ········· 187
9.1.4 主要参数 ········· 189
9.2 抗滑桩配筋设计 ········· 189
9.2.1 竖向预应力锚索结构设计 ········· 190
9.2.2 竖向预应力锚索与钢筋共同结构设计 ········· 191
9.2.3 箍筋结构设计 ········· 192
9.2.4 配筋率验算 ········· 193
9.3 细部构造 ········· 195
9.3.1 锚索构造 ········· 195
9.3.2 封锚构造 ········· 195

9.3.3 声测管·······196

第10章 工程应用·······198
10.1 李子坝滑坡·······198
10.1.1 工程概况·······198
10.1.2 滑坡工程地质条件·······198
10.1.3 滑坡防治工程主要设计参数·······200
10.1.4 滑坡稳定性评价·······200
10.1.5 悬臂抗滑桩方案·······201
10.1.6 竖向预应力锚索抗滑桩方案·······204
10.1.7 竖向预应力锚索抗滑桩结构设计·······211
10.1.8 工程经济对比分析·······214
10.2 二郎山滑坡·······220
10.2.1 工程背景·······220
10.2.2 工程概况·······222
10.2.3 滑坡整治工程设计及整治工程措施·······224
10.3 下土地岭滑坡·······228

主要参考文献·······230

第 1 章 抗滑桩分类

1.1 抗滑支挡工程背景

我国是滑坡灾害高发地区,特别是山地丘陵地区和库水岸坡地区更为易发滑坡地带[1,2]。据国家统计局的中国统计年鉴(2017)披露资料显示,2013 年至 2017 年期间,我国滑坡灾害的发生十分频繁,占发生地质灾害数量的 60%以上;其中,因水毁滑坡造成的灾害比例达到了 16%以上(图 1.1)。

图 1.1 水毁滑坡案例

三峡库区通航运行近十多年来,由于每年 30m 左右的库水位变幅,出现了大量的老滑坡复活及新生滑坡,发生滑坡的频率日益增大,且滑坡造成的破坏规模逐渐增大。近几年来,库区水位涨落对岸坡的稳定性的影响越发明显,传统滑坡抗滑支挡结构受水毁破坏的案例逐渐增多,每年都有不同程度的毁坏案例;其中,在滑坡推力作用下因支挡结构设计不合理造成的结构失效更是占据了较高的比例(如图 1.2 所示)。

三峡库区已成为滑坡地质灾害的重点易发区。例如,已查出的三峡库区的滑坡灾害就有 2500 个以上,表 1.1 列举了国内三峡蓄水区的部分滑坡实例。

图 1.2　抗滑桩失效现象

表 1.1　部分滑坡实例

地点	日期	滑坡类型	造成损失
湖北秭归县沙镇溪镇三星店村	2013年8月28日	降雨引发山体滑坡	滑坡体约为85万 m^3，引起装机容量为800千瓦的大岭电站损毁
重庆市云阳县南溪镇天河村	2014年9月1日	山洪引发泥石流	冲垮19间民房，遇难5人，失踪2人
重庆市奉节县竹园镇无山村	2015年9月3日	山体滑坡	塌方超过1000万 m^3，400余名居民受难
湖南省益阳市安化县潺溪口村	2016年9月17日	山体滑坡	遇难3人，失踪9人
重庆巫山大宁河江东寺北岸附近	2017年6月24日	山体滑坡	涌浪引发大面积滑坡，造成滑坡区域附近的长江航道禁航

抗滑桩是滑坡治理的主要手段[3-9]，而悬臂抗滑桩在抗滑桩治理中应用较为普遍，它的作用机理是利用滑床以上的桩体承担滑动面以上的滑坡推力，并通过滑床以下的桩体传递至稳定岩土体中，从而形成稳定的平衡坡体，以此达到治理滑坡的目的。但从工程实践情况而言，存在两方面的问题：一是在滑坡区域进行的大断面开挖，容易萌生新生滑坡导致失稳，因而造成破坏；二是使用的混凝土和钢材等材料的用量大，工程造价高。

预应力锚索抗滑桩在桩身设置预应力锚索，并通过锚索固定在基岩中，改变了悬臂桩结构的受力状态，将被动受力状态改变为主动受力状态，增加了抗滑桩受力性能，提高其稳定性。预应力锚索抗滑桩虽充分利用了锚索作为外力，减轻抗滑桩的结构自重，但仍存在两方面的问题：其一，当地质条件对应的滑体厚度偏大或者滑动面相对平缓时，设计的预应力锚索自由段偏长，不仅工程造价较高且预应力损失较大；其二，当嵌固于土体内的预应力锚索遇水周期性浸泡时，容易导致预应力拉力失效。

抗滑桩是应用于滑坡治理工程的主要手段，是借助周围岩土体的共同作用将滑坡推力传递到稳定地层的一种抗滑支挡结构。因其支挡能力强、工作面多且干扰少、施工方法便捷的特点广泛应用于库岸滑坡治理。但当滑坡下滑力较大时，常采用增大桩身截面尺寸和提高配筋率来确保抗滑桩的支挡效果，但施工难度和工程成本却大大增加。斜拉预应力锚索桩的出现，很好地改善了桩的受力状态，通过对桩顶设计斜拉锚索，施加预应力，将桩通过锚索锚固在稳定的基岩中，达到抗滑的目的。这种滑坡治理措施能更好地增强滑坡的稳定性，但也产生新的问题，例如，设置锚索后增加了工程造价，钢绞线抗腐蚀能力影响工程使用年限，以及滑面较平缓或者滑体厚度较大时，导致锚索自由段过长，预应力损失严重等问题。

1.2 抗滑桩分类

工程建设时的挖方或填方会形成高矮不一的建筑边坡，而由于周边环境的制约，许多工程无放坡条件，只能采取垂直开挖的施工方式。这种施工方式必须有正确的防护，否则边坡岩土体在重力及其他因素作用下就会失稳，就会沿滑动面向下滑动，造成滑坡。工程施工期间一旦发生滑坡，往往会导致严重后果，因此施工时采用一定的抗滑措施来保证边坡稳定，十分必要，也是必须的。在众多的抗滑措施中，抗滑桩的抗滑能力强，支挡效果好；对滑体稳定性扰动小，施工安全；适应性广，预防能力强；能及时发挥抗滑作用，确保滑体的稳定。

1.2.1 抗滑桩的优点

（1）抗滑能力强，支挡效果好。通过设置合理的抗滑桩桩间距和排间距，可形成土拱效应，增强桩群整体支护效果。抗滑桩的布置形式有互相间隔的桩排，互相连接的桩排，下部间隔但顶部连接的桩排或者互相间隔的锚固桩等，排桩的桩间距一般取桩径的3~5倍，原则上保证桩间土体不从桩间滑出即可。

（2）对滑体稳定性扰动小，施工安全。抗滑桩施工所需土方量小，有配套的施工设备，工期短，是广泛采用的一种抗滑措施。

（3）适应性广。相对于普通桩，抗滑桩具有直径小、长径比大及柔性抗滑的特点，并且适用性强、成本低以及施工快捷，因此抗滑桩被广泛应用于边坡加固等防护工程中。根据边坡滑坡体的厚度、推力大小、防水要求和施工条件，可选用木桩、钢桩、混凝土桩或钢筋（钢轨）混凝土桩。

（4）能及时发挥抗滑作用，确保滑体的稳定。在边坡上植入抗滑桩，将抗滑桩插入滑动面以下的稳定土层,当边坡土体下滑时受到抗滑桩的阻力,桩前滑体达到稳定状态。抗滑桩应该嵌入稳定地层以下深度,依据工程经验,在软质岩层中,抗滑桩锚固深度设计为桩长的 1/3;硬质岩层中设计为桩长的 1/4;在土质滑床中设计为桩长的 1/2;当土层沿基岩面滑动时,抗滑桩锚固深度选用桩径的 2~5 倍。

(5) 可先做桩,后开挖,预防发生滑坡。如果先进行挖土作业,有可能会降低基底土层对土体的承载力,被挖出的土方也会影响挖好的基底标高;土方开挖之后一般需要加快施工进度,防止基底长时间暴露而产生质量隐患。对于一般的桩基施工,基本上是把桩基内的土通过机械或者人工的方式排出来。碎石桩通过挤压的方式排土,这对土体会造成较大扰动,增加土体的不稳定性。抗滑桩可以先施作后进行土方开挖,待抗滑桩的桩身混凝土强度达到设计值后,就可以土方开挖,但为了方便桩间的锚喷施工,一次土方开挖不能超过 2.5m。为了更加合理地安排工期,在安排打桩线路时要考虑到土方开挖的顺序。打完桩后先做桩基的静载试验,试验合格后再进行土方开挖,以预防滑坡发生。

(6) 桩坑可作为勘探井,验证滑面位置和滑动方向,以便调整设计方案,使其更符合工程实际。

1.2.2 抗滑桩破坏形式

(1) 抗滑桩在边坡中由于抗剪强度不足,桩体被剪断,桩身抗弯刚度不足,桩体被拉断。该类破坏形态常发生在地基锚固条件较好的岩质地段或者桩体本身锚固深度足够的情况。

(2) 在地基锚固条件不好的土质滑坡地段,由于锚固土体抗力不足,土体本身发生剪切破坏,桩体没有破坏,只是发生了较大角度的位移,该破坏形式称为抗滑桩的推歪或推倒。

(3) 在抗滑桩加固边坡后,由于桩间距过大,不足以形成有效土拱,或者排水措施不当,滑体含水量增高,而造成桩后土体从桩间绕流至桩前,该破坏形式称作滑体流出。

(4) 桩体高度不足、横向坡面较陡或者位置选择不合理而导致的滑体局部土体从桩顶剪出至桩前,该破坏形式称作冒顶。

1.2.3 悬臂抗滑桩

对于中小型滑坡,滑坡推力较小,治理工程方案设计时可采用悬臂抗滑桩

(图 1.3)。悬臂抗滑桩属于悬臂梁构件，由悬臂段（自由段）和嵌固段组成。悬臂段承受滑坡推力，并通过嵌固段桩传递到稳定地基内。嵌固段长度为 1/3～1/2 桩长，为嵌入中风化岩层内的长度。抗滑桩截面尺寸可采用圆形或矩形，矩形桩的长边尽可能与滑坡主滑方向一致。根据结构计算结果进行抗滑桩结构配筋，在嵌固段与悬臂段交接部位应加强配筋。抗滑桩可采用人工挖孔或机械成孔施工。滑坡体长度超过 100m，存在多个剪出口时可采用抗滑桩分级支挡（图 1.4），每级抗滑桩单独承担抗滑支挡段的滑坡推力。

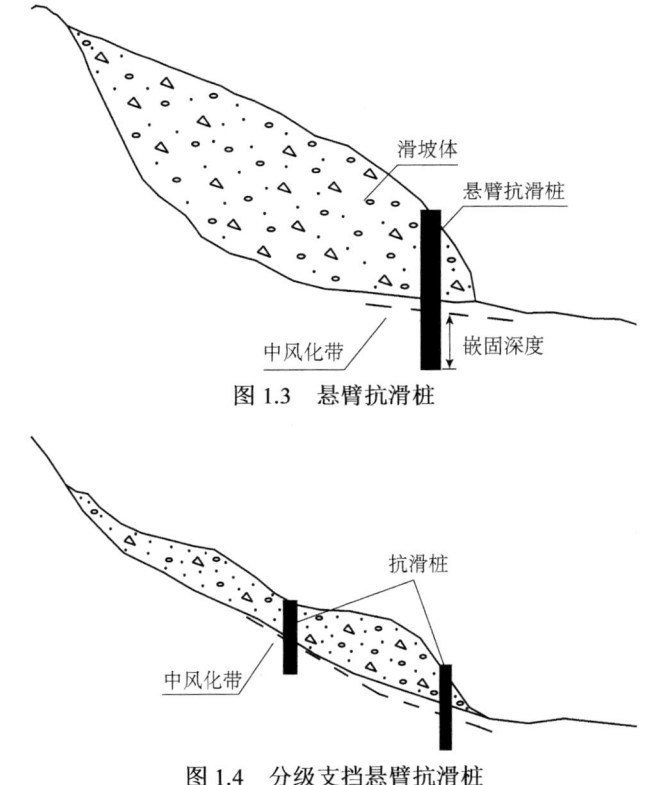

图 1.3 悬臂抗滑桩

图 1.4 分级支挡悬臂抗滑桩

1.2.4　预应力锚索抗滑桩

对于大型特大型尤其是岩体滑坡，滑坡推力较大，治理工程方案设计时可采用锚索抗滑桩（图 1.5）。锚索抗滑桩由钢筋混凝土抗滑桩和锚索组成，锚索布设在桩顶以下 1.0～1.5m 处，滑坡推力较大时可布设多排锚索。锚索倾角不大于 30°。布设多排锚索时，应防止锚索之间相互影响，尤其是锚固端应有适当的安全距离。锚索的锚固段长度应根据严密的计算确定，且不应小于 5m。锚索设计时，尤其在地下水比较丰富、锚索处于周期性浸泡条件下，应高度重视防腐问题。该锚索抗滑桩在设计时应严格控制滑坡体在桩顶以上形成次生滑坡，产生冒顶。

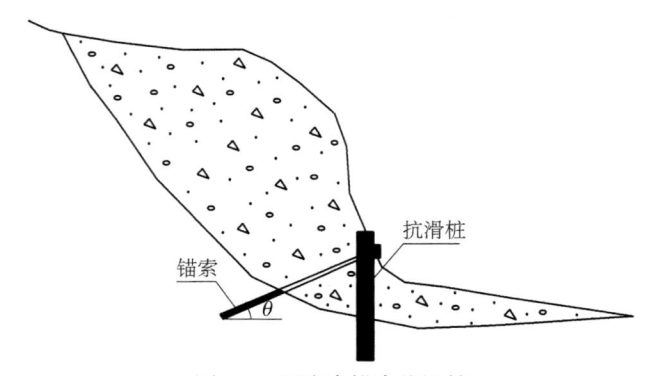

图 1.5　预应力锚索抗滑桩

第 2 章 抗滑桩常规设计方法

2.1 滑坡推力计算

2.1.1 滑坡稳定性分析

1. 滑坡稳定系数评价标准

1）滑坡防治工程安全等级

根据滑坡失稳后的破坏后果，将滑坡防治工程安全等级划分为三级：

一级：危及县城和县城以上城市、大型工矿企业、交通枢纽及重要公共设施，破坏后果特别严重。

二级：危及一般集镇、居民集中区、重要交通干线、一般工矿企业等，破坏后果严重。

三级：除一、二级以外的地区。

2）滑坡推力安全系数

滑坡推力安全系数（治理目标）F_{st} 按照最不利工况下的稳定系数 F_s 确定。

第一，稳定系数 $F_s \geqslant 0.8$ 时：

一级防治工程：$F_{st}=1.25$；

二级防治工程：$F_{st}=1.15$；

三级防治工程：$F_{st}=1.05$。

第二，稳定系数 $F_s < 0.8$ 时：

一级防治工程：$F_{st}=2.25 \sim 1.25F_s$，且不大于 1.5；

二级防治工程：$F_{st}=1.75 \sim 0.75F_s$，且不大于 1.3；

三级防治工程：$F_{st}=1.25 \sim 0.25F_s$，且不大于 1.1。

第三，当采用削方减载、回填压脚等措施后，其支挡设计推力安全系数应按减载、回填压脚后的滑坡稳定系数取用，而不用原始稳定系数作为评判标准。

第四，考虑地震作用时：

一级防治工程：$F_{st}=1.20$；

二级防治工程：F_{st}=1.10；
三级防治工程：F_{st}=1.00。

2. 滑坡稳定系数计算方法

滑坡稳定性分析主要属于滑坡勘察范畴内容，但在进行滑坡治理工程设计时需进行滑坡稳定性复核，并精确获取设计工况条件下的滑坡推力值。

1）计算工况

工况一：滑坡体重+建筑荷载+暴雨。

工况二：滑坡体重+建筑荷载+地震（水平地震力）。

位于河（库）岸坡的滑坡治理工程，考虑河（库）水位及水位变动的影响，其计算工况为：

工况三：滑坡体重+建筑荷载+暴雨+高水位（如三峡水库175m水位）；

工况四：滑坡体重+建筑荷载+水位降（如三峡水库从175m水位降落至145m水位）；

工况五：滑坡体重+建筑荷载+水位降+地震（水平地震力）。

2）计算方法

滑坡稳定性分析中，建立在莫尔-库仑强度准则基础上的极限平衡法属于经典方法，得到全世界广泛应用。滑坡稳定性分析大多数是静不定问题，极限平衡条分法通过引入一些简化假定来使问题变得静定可解[10-18]。其计算过程一般先假定边坡是岩土体沿某一确定的滑裂面滑动破坏，再根据滑裂岩土体的静力平衡条件和莫尔-库仑破坏准则计算沿该滑裂面滑动的可能性，即稳定系数的大小，或破坏概率的高低，然后系统地选取多个可能的滑动面，用同样的办法计算稳定系数或破坏概率。稳定系数最小或破坏概率最高的破坏面就是最可能的滑动面。

极限平衡法通常采用条分法，目前已提出的多种极限平衡条分法具有相同的基本思路，均假定岩土体沿着一定的滑动面做刚性滑动，然后把滑动岩土体竖向分成有限宽度的若干土条，把土条当成刚性体，根据静力平衡条件和极限平衡条件求得滑动面上力的分布，从而计算出稳定安全系数。它们之间的区别在于条块间作用力假设与所需满足的平衡条件，如表2.1所示。

表2.1 极限平衡方法比较

极限平衡条分法	多余变量的假定	严格/非严格	时间
瑞典条分法	假定条块间无任何作用力	非严格	Fellenius（1936）
简化Janbu法	假定条块间只有水平力	非严格	Janbu（1954）

续表

极限平衡条分法	多余变量的假定	严格/非严格	时间
简化 Bishop 法	假定条块间只有水平力	非严格	Bishop（1955）
Morgenstern-Price 法	给出了条间合力的作用位置	严格	Morgenstern-Price（1965）
Spencer 法	假定条块间水平与垂直作用力之比为常数	严格	Spencer（1967）
严格 Janbu 法	假定条块间力作用位置	严格	Janbu（1973）
Sarma 法	条块间满足极限平衡	非严格	Sarma（1973，1979）
传递系数法	假定条块间力方向	非严格	潘家铮（1980）
分块极限平衡法	条块间满足极限平衡	非严格	潘家铮（1980）
不平衡推力法	假定了条块间力方向	非严格	建筑地基基础设计规范（1989）
Leshchinsky-Huang 法	假定条底法向力分布、大小	严格	Leshchinsky 和 Huang（1992）

A. 圆弧法

对于均质土坡及没有断裂面的岩质高边坡，以圆弧形破裂面方式失稳破坏是公路高边坡常见的整体失稳模式，在一定条件下可视为平面问题，用圆弧法进行稳定性分析。先假定滑动面为一圆弧，把滑动岩体看成刚体，求滑动面上的滑动力及抗滑力，再求这两个力对滑动圆心的力矩。抗滑力矩 M_R 和滑动力矩 M_s 之比，即为该岩质边坡的稳定系数。

$$F_s = \frac{M_R}{M_s} \tag{2.1}$$

$F_s>1$，则沿着这个滑动面稳定；$F_s<1$，则不稳定；$F_s=1$，滑坡处于极限平衡状态。

由于假定计算面上的各点覆盖岩体重量各不相同，因此由岩体重量引起滑动面上各点的法向压力也不同。如图 2.1 所示，把滑体分为 n 条，其中第 i 土条的重量为 W_i，它可以分解为两个力：一个是垂直于圆弧的法向力 N_i；另一个是切于圆弧的切向力 T_i，可得

$$\begin{cases} N_i = W_i \cos\alpha_i \\ T_i = W_i \sin\alpha_i \end{cases} \tag{2.2}$$

N_i 力通过圆心，其本身对岩质边坡滑动不起作用，但是 N_i 可使岩条滑动面上产生摩擦力 $N_i \tan\varphi_i$（φ_i 为该弧所在岩层的内摩擦角），其作用方向与岩体滑动方向相反，故对岩质边坡起抗滑作用。此外，滑动面上的黏结力 c 也起抗滑作用，故第 i 条岩条滑弧上的抗滑力 τ_{fi} 为

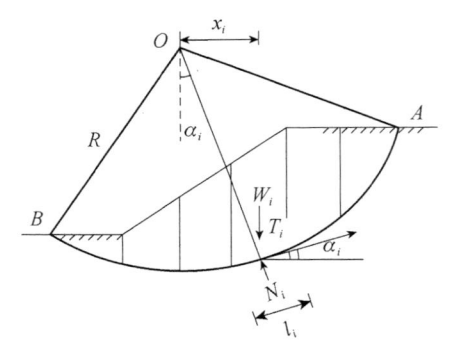

图 2.1 圆弧法计算图示

$$\tau_{fi} = c_i l_i + N_i \tan \varphi_i \tag{2.3}$$

第 i 条产生的抗滑力矩为

$$(M_R)_i = (c_i l_i + N_i \tan \varphi_i) R \tag{2.4}$$

式中，c_i 为第 i 条滑弧所在岩层的黏结力（kPa）；φ_i 为第 i 条滑弧所在岩层的内摩擦角（°）；l_i 为第 i 条岩条的滑弧长度（m）。

同样，对每一岩条进行类似分析，可得到总的抗滑力矩为

$$M_R = \left(\sum_{i=1}^{n} c_i l_i + \sum_{i=1}^{n} N_i \tan \varphi_i \right) R \tag{2.5}$$

式中，n 为分条数目。

滑动面上总的滑动力矩为

$$M_s = \sum_{i=1}^{n} (T_i + U_i) R \tag{2.6}$$

式中，U_i 为动水压力，假定其作用于滑动面上（最不利于稳定情况）。

将式（2.5）及式（2.6）代入式（2.1），得边坡稳定系数：

$$F_s = \frac{\sum_{i=1}^{n} c_i l_i + \sum_{i=1}^{n} N_i \tan \varphi_i}{\sum_{i=1}^{n} (T_i + U_i)} \tag{2.7}$$

由于圆心和滑动面为任意假定，因此要假定多个圆心和相应的滑动面做类似的分析，进行试算，从中找到最小的稳定系数即为真正的稳定系数，其对应的圆心和滑动面即为最危险的圆心和滑动面。

算例 2.1

图 2.2 所示为一黏性土坡，坡高为 25m，坡比为 1∶2，土重度为 20kN/m³，内摩擦角为 26.6°，黏结力为 10kPa。用圆弧法对其进行稳定性计算。

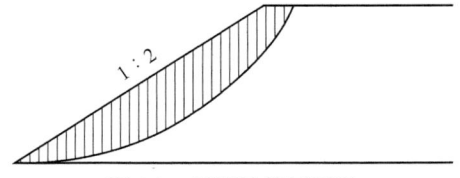

图 2.2　圆弧法算例图示

坐标原点在坡脚，计算详表见表 2.2，土条总数为 54。圆心半径为（4.480，58.080），R=58.253m。总下滑力为 2721.326kN，总抗滑力为 3573.699kN。滑动安全系数为 1.313。表 2.2 中，i 为土条编号，x 为起始 x（m），l 为土条底长（m），α 为土条底部倾角（°），c 为土条底部黏结力（kPa），φ 为土条底部内摩擦角（°），W 为土条重力（kN），N 为土条底部法向力（kN），T 为土条底部切向力（kN）。

表 2.2　土条计算详表

i	x	l	α	c	φ	W	N	T
1	0.00	1.00	−3.92	10.0	25.6	5.63	5.62	9.74
2	1.00	1.00	−2.94	10.0	25.6	15.73	15.71	13.96
3	1.99	1.00	−1.96	10.0	25.6	27.49	27.48	18.06
4	2.99	1.00	−0.98	10.0	25.6	37.91	37.91	22.04
5	3.98	1.00	−0.00	10.0	25.6	47.99	47.99	25.88
6	4.98	1.00	0.98	10.0	25.6	57.73	57.73	29.59
7	5.97	1.00	1.96	10.0	25.6	67.14	67.10	33.17
8	5.97	1.00	2.94	10.0	25.6	75.20	75.10	35.61
9	7.96	1.00	3.92	10.0	25.6	84.92	84.73	39.91
10	8.96	0.98	4.89	10.0	25.6	91.51	91.17	42.24
11	9.94	0.98	5.86	10.0	25.6	99.26	98.74	45.13
12	10.91	0.98	5.83	10.0	25.6	105.69	105.93	47.89
13	11.89	0.99	7.79	10.0	25.6	113.78	112.73	50.50
14	12.87	0.99	8.77	10.0	25.6	120.55	119.14	52.96
15	13.85	0.99	9.74	10.0	25.6	125.99	125.16	55.28
16	14.82	0.99	10.72	10.0	25.6	133.09	130.77	57.44
17	15.80	1.00	11.70	10.0	25.6	138.86	135.97	59.45
18	15.78	1.00	12.68	10.0	25.6	144.28	140.76	61.30
19	17.75	1.01	13.67	10.0	25.6	149.35	145.13	63.00
20	18.73	1.01	14.66	10.0	25.6	154.09	149.07	64.54
21	19.71	1.01	15.65	10.0	25.6	158.46	152.59	65.91
22	20.69	1.02	15.65	10.0	25.6	162.48	155.66	67.12
23	21.66	1.03	17.66	10.0	25.6	165.13	158.30	68.17
24	22.64	1.03	18.67	10.0	25.6	169.41	160.49	69.05
25	23.62	1.04	19.69	10.0	25.6	172.32	162.24	69.77

续表

i	x	l	α	c	φ	W	N	T
26	24.59	1.04	20.71	10.0	25.6	174.84	163.54	70.32
27	25.57	1.05	21.74	10.0	25.6	175.96	164.37	70.69
28	25.55	1.06	22.78	10.0	25.6	178.70	164.75	70.90
29	27.53	1.07	23.83	10.0	25.6	180.02	164.67	70.93
30	28.50	1.08	24.88	10.0	25.6	180.92	164.12	70.79
31	29.48	1.09	25.95	10.0	25.6	181.39	163.10	70.47
32	30.46	1.10	27.02	10.0	25.6	181.42	161.62	69.98
33	31.43	1.11	28.11	10.0	25.6	181.01	159.66	69.32
34	32.41	1.12	29.20	10.0	25.6	180.11	157.22	68.48
35	33.39	1.13	30.31	10.0	25.6	178.74	154.31	67.46
36	34.37	1.15	31.43	10.0	25.6	175.88	150.93	65.27
37	35.34	1.16	32.56	10.0	25.6	174.49	147.06	64.91
38	35.32	1.17	33.71	10.0	25.6	171.57	142.72	63.37
39	37.30	1.19	34.87	10.0	25.6	168.09	137.90	61.56
40	38.27	1.21	35.05	10.0	25.6	164.04	132.62	59.77
41	39.25	1.23	37.25	10.0	25.6	159.37	125.86	57.72
42	40.23	1.25	38.47	10.0	25.6	154.07	120.63	55.50
43	41.21	1.27	39.71	10.0	25.6	148.11	113.94	53.12
44	42.18	1.29	40.97	10.0	25.6	141.43	105.79	50.58
45	43.16	1.32	42.26	10.0	25.6	134.01	99.19	47.88
46	44.14	1.35	43.57	10.0	25.6	125.80	91.15	45.03
47	45.11	1.38	44.91	10.0	25.6	115.75	82.69	42.04
48	45.09	1.41	45.28	10.0	25.6	105.80	73.81	38.91
49	47.07	1.45	47.69	10.0	25.6	95.87	64.53	35.66
50	48.05	1.49	49.14	10.0	25.6	83.89	54.88	32.30
51	49.02	1.54	50.63	10.0	25.6	70.76	44.88	28.85
52	50.00	1.32	52.04	10.0	25.6	44.54	27.40	20.47
53	50.81	1.36	53.35	10.0	25.6	27.33	15.31	15.55
54	51.62	1.40	54.71	10.0	25.6	9.26	5.35	12.71

B. 平面滑动法

公路沿线地形复杂，通常出现顺层边坡或表层堆积物沿下部基岩面滑动的边坡破坏类型。这类边坡的整体稳定性分析方法可概括为平面滑动法，其力学模型如图2.3所示。图中，W为滑体单宽重力，U为作用在滑动面上的水压力，V为坡后拉张裂隙中的水压力，P为水平地震力。

针对滑动面进行力分解如下：

法向分量

$$N = W\cos\beta - P\sin\beta - U - V\sin\alpha\sin\beta - V\cos\alpha\cos\beta \tag{2.8}$$

切向分量

$$T = W\sin\beta + P\cos\beta + V\sin\alpha\cos\beta - V\cos\alpha\sin\beta \quad (2.9)$$

则该滑动边坡块体的稳定系数 F_s 为

$$F_s = \frac{(W\cos\beta - P\sin\beta - U - V\sin\alpha\sin\beta - V\cos\alpha\cos\beta)\tan\varphi + cl}{W\sin\beta + P\cos\beta + V\sin\alpha\cos\beta - V\cos\alpha\sin\beta} \quad (2.10)$$

式中，$l = \dfrac{H-h}{\sin\beta}$ 为破坏面的长度（m），其余参数同前。

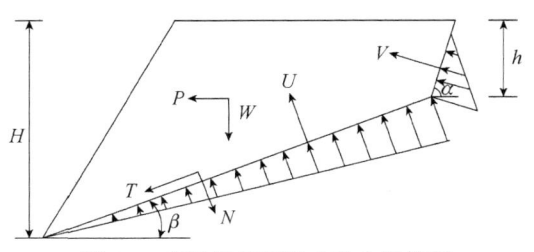

图 2.3　高边坡平面滑动法力学模型

算例 2.2

某岩石高边坡（图 2.4），坡高为 31m，坡角为 60°，结构面倾角为 45°，结构面黏结力为 50kPa，结构面摩擦角为 30°，张裂隙距坡顶的距离为 8m，裂隙水埋深为 2m，重度为 20kN/m³。计算结果：岩体重量为 3801.3kN，侧面裂隙水压力为 48.1kN，底面裂隙水压力为 568.1kN，结构面上正压力为 2085.9kN，总下滑力为 2722.0kN，总抗滑力为 3035.5kN，稳定系数为 1.115。

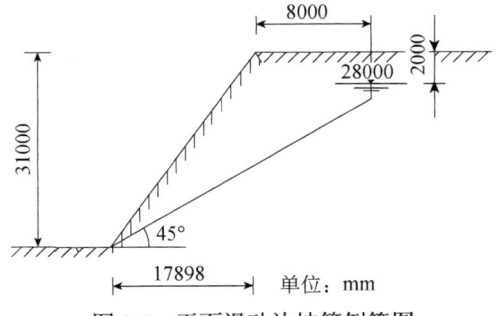

图 2.4　平面滑动边坡算例简图

C. 传递系数法

在滑体中取第 i 块土条，如图 2.5 所示，假定第 i-1 块土条传来推力 P_{i-1} 的方向平行于第 i-1 块土条的底滑面，而第 i 块土条传送给第 i+1 块土条的推力 P_i 平行于第 i 块土条的底滑面，即假定每一分界面上推力的方向平行于上一土条的底滑面，第 i 块土条承受的各种作用力示于图 2.5 中。将各作用力投影到底滑面上，其平衡方程如下：

$$P_i = (W_i \sin\alpha_i + Q_i \cos\alpha_i) - \left[\frac{c_i l_i}{F_s} + \frac{(W_i \cos\alpha_i - u_i l_i - Q_i \sin\alpha_i)\tan\varphi_i'}{F_s}\right] + P_{i-1}\psi_{i-1} \quad (2.11)$$

式中，u_i 为孔隙应力（kPa）。

$$\psi_{i-1} = \cos(\alpha_{i-1} - \alpha_i) - \frac{\tan\varphi_i'}{F_s}\sin(\alpha_{i-1} - \alpha_i) \quad (2.12)$$

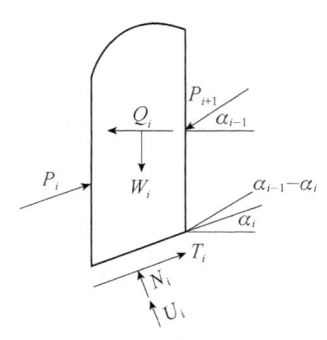

图 2.5　传递系数法示意图

式（2.11）中，第 1 项表示本土条的下滑力，第 2 项表示土条的抗滑力，第 3 项表示上一土条传下来的不平衡下滑力的影响，ψ_{i-1} 为传递系数，在进行计算分析时，需利用式（2.12）进行试算。即假定一个 F_s 值，从边坡顶部第 1 块土条算起求出它的不平衡下滑力 P_1（求 P_1 时，右端第 3 项始终为零），即为第 1 块和第 2 块土条之间的推力。再计算第 2 块土条在原有荷载和 P_1 作用下的不平衡下滑力 P_2，作为第 2 块土条与第 3 块土条之间的推力。依此计算到第 n 块（最后一块），如该块土条在原有荷载及推力 P_{n-1} 作用下，求得的推力 P_n 刚好为零，则所设的 F_s 即为所求的安全系数。如 P_n 不为零，则重新设定 F_s 值，按上述步骤重新计算，直到满足 $P_n=0$ 的条件为止。一般可取 3 个 F_s 同时计算，求出对应的 3 个 P_n 值，作出 P_n-F_s 曲线，从曲线上找出 $P_n=0$ 时的 F_s 值，该 F_s 值即为所求。

为使计算工作更加简化，在工程上单位常采用快捷的简化方法，即对每一块土条用"不平衡下滑力=下滑力×F_s-抗滑力"来计算不平衡下滑力。

由此，式（2.11）可改写为

$$P_i = F_s(W_i \sin\alpha_i + Q_i \cos\alpha_i) - [c_i l_i + (W_i \cos\alpha_i - u_i l_i - Q_i \sin\alpha_i)\tan\varphi_i'] + P_{i-1}\psi_{i-1} \quad (2.13)$$

式中，传递系数 ψ_{i-1} 改用式（2.14）计算，即

$$\psi_{i-1} = \cos(\alpha_{i-1} - \alpha_i) - \tan\varphi'_i \sin(\alpha_{i-1} - \alpha_i) \qquad (2.14)$$

求解 F_s 的条件仍是 P_n=0，由此可得出一个含 F_s 的一次方程，故可直接算出 F_s 而不用试算。所得结果与前述复杂的试算方法相差不大，但计算却大为简化。

如果采用总应力法，式（2.13）中可略去 $u_i l_i$ 项，c、φ 值可根据土的性质及当地经验，采用勘测试验和滑坡反算相结合的方法确定。

F_s 值可根据高边坡现状及其对工程的影响等因素确定，一般取 1.05～1.25。另外，要注意土条之间不能承受拉力，当任何土条的推力 P_i 出现负值时，意味着 P_i 不再向下传递，而在计算下一块土条时，上一块土条对其的推力取 P_{i-1}=0。

各土条分界面上的 P_i 求出后，可求出此分界面上的抗剪稳定系数为

$$F_{vi} = [c'_i h_i + (P_i \cos\alpha_i + U_{pi})\tan\varphi'_i]\frac{1}{P_i \sin\alpha_i} \qquad (2.15)$$

式中，U_{pi} 为作用于土条侧面的孔隙水压力（kPa）；h_i 为土条侧面高度（m）；c'_i 和 φ'_i 分别为土条侧面土层的平均抗剪强度指标黏结力（kPa）和内摩擦角（°）。

传递系数法能够涉及土条界面上剪力的影响，计算也不复杂，具有适用而又方便的优点，在我国的铁道部门得到广泛采用。但传递系数法中 P_i 的方向被硬性规定为与上分块土条的底滑面（底坡）平行，所以有时会出现 α 较大时求出的 F_{vi} 可能小于 1 的矛盾。同时，该法也存在只考虑了力的平衡，对力矩平衡没有考虑的不足。尽管如此，传递系数法因为计算简捷在很多实际工程问题中都有应用。大部分滑裂面都比较平缓，对应垂直分界面上的 c、φ 值也相对较大，基本上能满足式（2.15）的要求。即使滑体顶部第一、二块土条可能满足不了式（2.15）的要求，但也不致对 F_s 产生很大影响。

算例 2.3

为对某路基滑坡进行稳定性评价，如图 2.6～图 2.8 所示，取重庆南涪公路路基滑坡的 3 个典型断面用传递系数法进行分析。由该滑坡土体结构特征判断，现状整体稳定，在最不利的工况下，即土体全饱和状态，按饱和直接快剪参数对该路基边坡进行稳定性计算，即天然：φ 值取 13.52°，黏结力为 22.47kPa；饱和：φ 值取 11.88°，黏结力为 15.25kPa。本次稳定性采用两种工况进行计算：正常工况（天然）；非正常工况（饱和、暴雨或连续降雨状态）。边坡稳定性计算结果见表 2.3 和表 2.4。

稳定系数大于 1.15 为稳定，1.05≤稳定系数<1.15 为基本稳定，1.00≤稳定系数<1.05 为欠稳定，稳定系数<1.00 为不稳定。

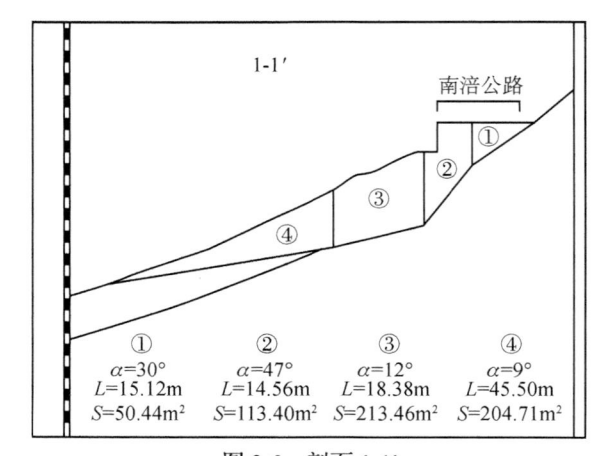

图 2.6 剖面 1-1′

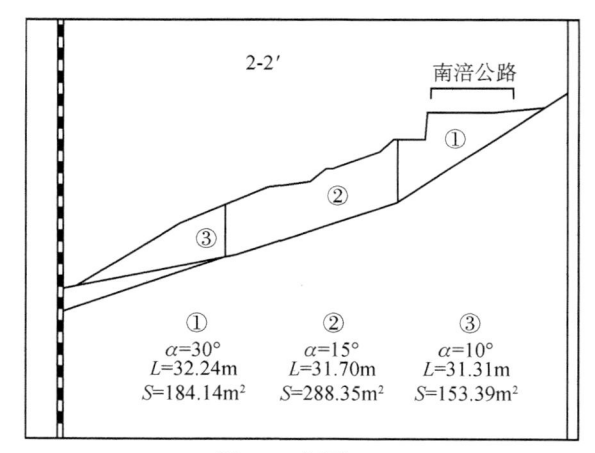

图 2.7 剖面 2-2′

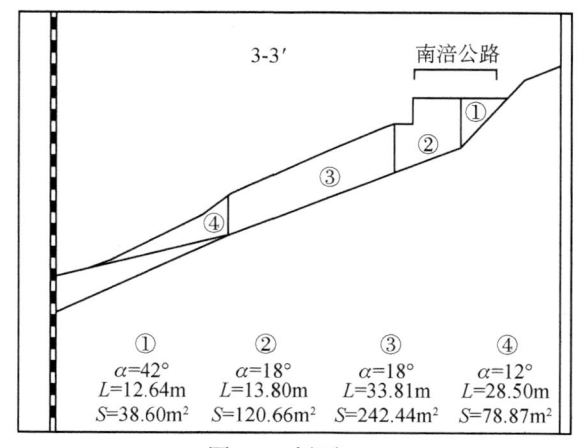

图 2.8 剖面 3-3′

表 2.3 边坡稳定性计算表

剖面编号	工况	条块编号	重度 γ_i (kN/m³)	面积 S_i/m²	重量 Q_i (kN/m)	长度 L_i/m	倾角 θ_i/(°)	黏聚力 c_i/kPa	内摩擦角 ϕ_i/(°)	下滑力 T_i (kN/m)	累积下滑力 T_i' (kN/m)	抗滑力 R_i (kN/m)	累积抗滑力 R_i' (kN/m)	传递系数 ψ_i	稳定系数 F_s	安全系数 K_s	剩余下滑力 P_i' (kN/m)
1-1′	天然状态	①	20.10	50.44	1013.84	15.12	30	22.47	13.52	506.92	506.92	550.86	550.86	1.027	1.42	1.2	57.44
		②	20.10	113.40	2279.34	14.56	47	22.47	13.52	1667.00	2187.41	700.94	1266.46	0.681		1.2	1358.43
		③	20.10	213.46	4290.55	18.38	12	22.47	13.52	892.05	2382.20	1422.11	2284.87	0.986		1.2	573.77
		④	20.10	204.71	4164.67	45.50	9	22.47	13.52	651.50	3000.46	2011.44	4264.43	0.988		1.2	-663.88
	饱和状态	①	20.60	50.44	1039.06	15.12	30	16.25	11.88	519.53	519.53	435.00	435.00	1.018	1.13	1.2	188.44
		②	20.60	113.40	2336.04	14.56	47	16.25	11.88	1708.47	2237.26	571.75	1014.50	0.698		1.2	1670.21
		③	20.60	213.46	4397.28	18.38	12	16.25	11.88	914.25	2476.95	1203.51	1912.13	0.988		1.2	1060.21
		④	20.60	204.71	4267.03	45.50	9	16.25	11.88	667.51	3113.79	1625.97	3514.43	0.988		1.2	222.12
2-2′	天然状态	①	20.10	184.14	3701.21	32.24	30	22.47	13.52	1850.61	1850.61	1495.15	1495.15	0.904	1.31	1.2	725.58
		②	20.10	288.35	5795.84	31.70	15	22.47	13.52	1500.07	3172.45	2058.41	3409.57	0.975		1.2	397.38
		③	20.10	153.39	3083.14	31.31	10	22.47	13.52	535.38	3629.28	1433.61	4758.75	0.985		1.2	0.00
	饱和状态	①	20.60	184.14	3793.28	32.24	30	16.25	11.88	1896.64	1896.64	1214.98	1214.98	0.911	1.05	1.2	1060.99
		②	20.60	288.35	5940.01	31.70	15	16.25	11.88	1537.39	3266.14	1722.14	2829.56	0.978		1.2	1089.80
		③	20.60	153.39	3159.83	31.31	10	16.25	11.88	548.70	3742.52	1163.42	3930.33	0.985		1.2	560.69
3-3′	天然状态	①	20.10	38.60	775.86	12.64	42	22.47	13.52	519.15	519.15	422.66	422.66	0.816	1.37	1.2	200.32
		②	20.10	120.66	2425.27	13.80	18	22.47	13.52	749.45	1172.94	864.69	1209.48	1.000		1.2	198.06
		③	20.10	242.44	4873.04	33.81	18	22.47	13.52	1505.85	2678.80	1874.08	3083.55	0.969		1.2	131.00
		④	20.10	78.87	1635.29	28.50	12	22.47	13.52	340.00	2936.79	1025.00	4014.16	0.978		1.2	-490.02
	饱和状态	①	20.60	38.60	795.16	12.64	42	16.25	11.88	532.07	532.07	329.71	329.71	0.828	1.08	1.2	308.77
		②	20.60	120.66	2485.60	13.80	18	16.25	11.88	768.09	1208.63	721.55	994.54	1.000		1.2	455.81
		③	20.60	242.44	4994.26	33.81	18	16.25	11.88	1543.31	2751.94	1548.63	2543.17	0.973		1.2	759.16
		④	20.60	78.87	1674.72	28.50	12	16.25	11.88	348.19	3024.55	807.73	3281.05	0.978		1.2	348.41

计算结果表明，边坡在天然状态下稳定系数在 1.31～1.42 之间，说明处于稳定状态；饱和状态下稳定系数在 1.05～1.13 之间，为基本稳定。这是考虑在环境最不利情况下的斜坡稳定情况，故说明该路基边坡整体是稳定的。

表 2.4 稳定性计算成果表

计算断面	天然		饱和	
	稳定系数	剩余下滑力	稳定系数	剩余下滑力
1-1′剖面	1.42	0	1.13	222.12
2-2′剖面	1.31	0	1.05	560.69
3-3′剖面	1.37	0	1.08	348.41

2.1.2 滑坡推力计算方法

滑坡推力计算提供沿滑坡主滑方向不同部位的滑坡推力，为进行滑坡治理工程设计提供荷载依据。

（1）沿圆弧形滑面旋转滑动的滑坡，一般不做推力计算，只在稳定性计算公式的阻滑力部分加上支挡工程的阻滑力 P，如以下公式：

$$F = \frac{\sum_{i=1}^{n}(W_i \cos\alpha_i \tan\varphi + c_i L_i) + \sum P}{\sum_{i=1}^{n} W_i \sin\alpha_i} \quad (2.16)$$

$$\sum P = F\sum_{i=1}^{n} W_i \sin\alpha_i - \sum_{i=1}^{n}(W_i \cos\alpha_i \tan\varphi + c_i L_i) \quad (2.17)$$

式中，P 为支挡工程沿滑面的抗滑阻力（kN）。若为锚索加固，则 $\sum P$ 为锚索所在滑块锚索拉力沿滑面的分力；若是抗滑桩，则 $\sum P$ 是抗滑桩沿滑面的抗剪力。推力的分布不甚明确。

（2）对沿平面或者折现滑面滑动的平移式滑坡，用传递系数法计算滑坡推力，当设计的安全系数为 F_{st} 时，支挡工程处的推力为

$$E_n = F_{st} W_i \sin\alpha_i - W_i \cos\alpha_i \tan\varphi_i - c_i L_i + E_{n-1}\psi_i \quad (2.18)$$

作用在结构上的力比较明确，滑坡的推力分布对结构影响较大，如用矩形分布，合力作用点高，弯矩大；用三角形分布则合力作用点低，弯矩小；有限的实测资料表明按梯形分布比较合理。

规范规定推力计算中安全系数 F_{st} 取 1.05～1.25。每差 0.05，推力值可能成倍变化，安全系数的确定可根据以下几点基本思路：

第一，安全系数是对研究对象了解和把握不足时的一种安全储备，或对未

来各种作用因素变化预测不足的储备。如果对滑坡性质了解得清楚，参数值准确性较高，考虑了将来的最不利情况，F_{st} 值可适当取小些，如 1.10～1.15，反之应大些。

第二，要考虑保护建筑物的重要性及破坏后损失大小和修复的难易。重大工程（如铁路、厂房）应取大值，反之可取小值。

第三，要考虑滑坡的活动状态和破坏的可能性，如正在滑动、破坏危险性大者，应取最大值，活动不太明显者，可取最小值。

第四，要考虑工程施工的质量保证情况及施工方法。正规施工队伍，质量有保证时，可取小些，反之可取大些。

在计算推力时还应根据具体滑坡的情况计入地震力、静水压力和动水压力等。考虑附加力时安全系数 F_{st} 值可根据出现的概率适当减小。如对Ⅷ度地震区的大型厚层滑坡，F_{st} 取 1.01～1.05。

2.2 悬臂抗滑桩设计方法

2.2.1 内力计算

1. 地基系数

目前将抗滑桩分为受荷段和锚固段来计算，受荷段按悬臂梁计算，锚固段按地基系数法计算[10-12]。用地基系数法计算抗滑桩锚固段的受力是将地基土视为一弹性介质采用弹性地基梁理论进行计算。本节重点介绍地基系数法分析桩的基本原理及桩身各截面内力的计算。

当桩周地基的变形处于弹性阶段时，按地基系数计算桩周抗力，地基抗力与桩的位移量成正比，可表达为

$$P_y = CB_p X_y \tag{2.19}$$

式中，P_y 为地基反力（kN/m²）；C 为地基系数，又称弹性抗力系数，表示单位面积地层产生单位变形所需施加的力（kN/m³）；B_p 为桩的计算宽度（m）；X_y 为地层 y 处桩的位移量（m）。

地基系数是地基土的一个物理量。由于土的可变性和复杂性，地基系数随深度的变化规律也比较复杂。根据一些实验资料，目前多假定地基系数随深度按幂函数规律变化，其表达式为

$$C = m(y + y_0)^n \tag{2.20}$$

式中，m 为地基系数随深度变化的比例系数；n 为随岩、土类别而变的指数，如

0、1、2；y 为深度。

当 $n=0$ 时，C 为常数，即 $C=K$，适用于较完整的硬质岩层、未扰动的硬黏土和性质相近的半岩质地层，采用此种假定的计算方法称为"K"法。

当 $n=1$，$y_0=0$ 时，$C=my$，C 值呈三角形规律变化（图 2.9），适用于一般硬塑至半坚硬的砂黏土、碎石类土或风化破碎呈土状的软质页岩以及密度随深度增加的土层，此假定的计算方法称为"m"法。

当 $n=1$，$y_0 \neq 0$ 时，$C=m(y+y_0)$，地基系数随深度成比例增加，呈梯形分布，表层地基系数不为零，适用于超固结土层。

不同地层的地基系数 C 值和地基系数随深度增加的比例系数 m 值，可参考表 2.5 和表 2.6 取值。

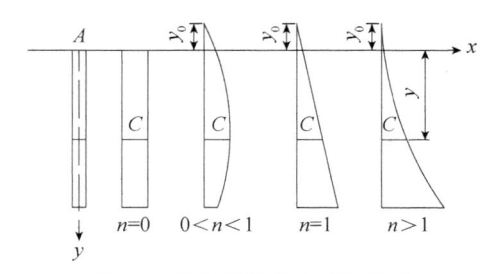

图 2.9 地基系数和深度的关系

表 2.5 抗滑桩地基系数及地层物理力学指标

地层岩性	内摩擦角 $\varphi/(°)$	弹性模量 E/kPa	泊松比 μ	地基系数 C/($\times 10^6$ kN/m³)	剪切应力/kPa
细类花岗岩、正长岩	80 以上	5430~6900	0.25~0.30	2.0~2.5	1500 以上
辉绿岩、玢岩		6700~7870	0.28	2.5	
中类花岗岩、粗类正长岩		5430~6500	0.25	1.8~2.0	
坚硬白云岩		6560~7000	0.25		
坚硬石灰岩	80	4400~10000	0.25~0.30	1.22~2.0	1500
坚硬砂岩、大理岩		4660~5430			
粗类花岗岩、花岗片麻岩		5430~6000			
较坚硬石灰岩	75~80	4400~9000	0.25~0.30	0.81~1.2	1200~1400
较坚硬砂岩		4460~5000			
不坚硬花岗岩		5430~6000			
坚硬页岩	70~75	2000~5500	0.15~0.30	0.4~0.8	700~1200
普通石灰岩		4400~8000	0.25~0.30		
普通砂岩		4600~5000	0.25~0.30		
坚硬泥灰岩	70	800~1200	0.29~0.38	0.3~0.4	500~700
较坚硬页岩		1980~3600	0.25~0.30		

续表

地层岩性	内摩擦角 $\varphi/(°)$	弹性模量 E/kPa	泊松比 μ	地基系数 $C/(×10^6 kN/m^3)$	剪切应力/kPa
不坚硬石灰岩	70	4400～6000	0.25～0.30	0.3～0.4	500～700
不坚硬砂岩		1000～2780	0.25～0.30		
较坚硬泥灰岩	65	700～900	0.29～0.38	0.2～0.3	300～500
普通页岩		1900～3000	0.15～0.20		
软石灰岩		4400～5000	0.25		
不坚硬泥灰岩	45	30～500	0.29～0.38	0.06～0.12	150～300
硬化黏土		10～300	0.30～0.37		
软片岩		500～700	0.15～0.18		
硬煤		50～300	0.30～0.40		
密实黏土	30～45	10～300	0.30～0.37	0.03～0.06	100～150
普通煤		50～300	0.30～0.40		
胶结卵石		50～100	—		
掺石土		50～100	—		

表 2.6 抗滑桩土质地基系数（随深度增加的比例系数）

序号	土的名称	竖直方向 m_0/(kN/m^4)	水平方向 m/(kN/m^4)
1	$0.5 < I_L < 1.0$ 的软塑黏土及粉质黏土；淤泥	1000～2000	500～1400
2	$0.5 < I_L < 0.75$ 的软塑粉质黏土及黏土	2000～4000	1000～2800
3	硬塑粉质黏土及黏土；细沙和中砂	4000～6000	2000～4200
4	坚硬的粉质黏土及黏土；粗砂	6000～10000	3000～7000
5	砾砂；碎石土、砾石土	10000～20000	5000～14000
6	密实的大漂石	80000～120000	40000～84000

注：I_L 为土的液性指数，其土质地基系数 m_0 和 m 值，相应于桩顶位移 0.6～1.0cm。

2. 计算宽度

桩的滑坡推力作用下，除了桩身宽度范围内桩侧土受挤压外，在桩身宽度以外的一定范围内的土体都受到一定程度的影响（空间受力），且对于不同截面形状的桩，土受到的影响范围大小也不同。为了将空间受力简化为平面受力，将桩的设计宽度（直径）换算成实际工作条件下的计算宽度 B_p。

对于土质地层：

圆形桩：当 $d \leqslant 1m$ 时，$B_p=0.9(1.5d+0.5)$；当 $d>1m$ 时，$B_p=0.9(d+1.0)$。

矩形桩：当 $b \leqslant 1m$ 时，$B_p=1.5b+0.5$；当 $b>1m$ 时，$B_p=b+1.0$。

式中，B_p 为桩计算宽度（m）；d 为桩径（m）；b 为桩宽度（m）。当有护壁时，桩径和桩宽度包括护壁厚度。

对于岩质地层：

矩形桩时：$B_p=b+\lambda a$，且 $b+1 \leqslant B_p \leqslant L_v$。

式中，L_v 为桩间距（m）；a 为桩截面高度（m）；λ 为修正系数，硬质岩层取 1.0，软质岩层取 0.8。

3. 抗滑桩刚度

桩受力后总要产生一定的位移和变形。位移指桩发生了平移与转动，变形指桩的挠曲、桩轴线性改变。如图 2.10 所示在抗滑桩内力计算中，根据桩的刚度将其分为两类：

刚性桩：桩在受荷期间始终处于完全刚性状态，受荷后桩在地基中只是发生了绕某一点的刚性转动，桩身不发生挠曲。

弹性桩：桩发生了绕某一点的转动，同时桩轴线形也改变了。

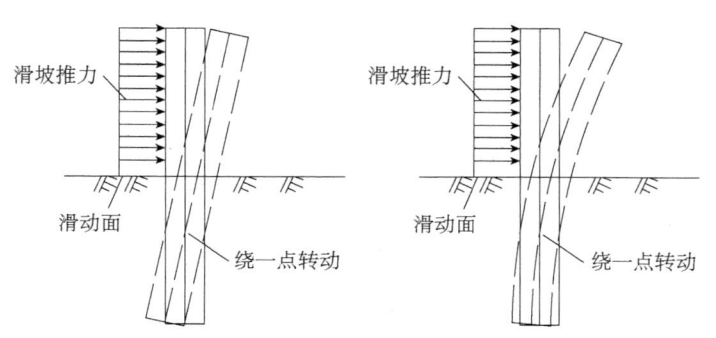

图 2.10 刚性桩与弹性桩受荷变形示意

在进行抗滑桩内力计算时，首先应判别拟采用的抗滑桩是刚性桩还是弹性桩。可用 K 法或 m 法进行判别。

1) 按 K 法判别

当 $\beta h \leqslant 1$ 时，属于刚性桩；当 $\beta h > 1$ 时，属于弹性桩。

其中，h 为桩在滑动面以下的深度（m）；β 为桩的变形系数（m^{-1}），由下式计算：

$$\beta = \sqrt[4]{\frac{CB_p}{4EI}} \tag{2.21}$$

式中，E 为桩材料弯曲弹性模量（kPa），一般是抗压弹性模量的 0.67 倍；I 为桩的截面惯性矩（m^4）；其余变量同前。

2) 按 m 法判别

当 $ah \leqslant 2.5$ 时，属刚性桩；当 $ah > 2.5$ 时，属弹性桩。

其中，β 为桩的变形系数（m^{-1}），由下式计算：

$$\beta = \sqrt[5]{\frac{mB_p}{EI}} \qquad (2.22)$$

式中变量同前。

4. 弹性桩内力计算

1) 桩轴挠曲微分方程

弹性桩受力变形问题和材料力学研究梁的受力变形问题一样，采用了弹性假定、平面假定、小挠度假定，但桩各截面的线位移 X_y、角位移 φ_y、剪力 Q_y、弯矩 M_y 与桩轴各点坐标的函数关系都不能用静力条件直接求得，只能根据导数关系列出微分方程。图 2.11 所示为埋于土中的一个弹性桩，距桩端 y 处截取微段 dy，其上作用有弯矩、剪力和抗力。根据微段的静力平衡条件及竖向弹性桩各物理量关系，可导出弹性桩的挠度微分方程。

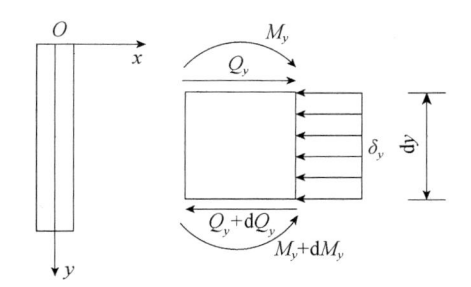

图 2.11 桩的挠曲微分方程

由微段的静力平衡条件得

$$Q_y - (Q_y + dQ_y) - \delta_y = 0 \qquad (2.23)$$

$$M_y + Q_y dy - \delta_y \frac{1}{2}(dy)^2 - (M_y + dM_y) = 0 \qquad (2.24)$$

略去二阶微量得 $\dfrac{dQ_y}{dy} = -\delta_y$，$\dfrac{dM_y}{dy} = Q_y$，则竖向弹性桩各物理量有如下关系式：

$$x_y = f(y) \qquad (2.25)$$

$$\varphi_y = \frac{dx_y}{dy} \qquad (2.26)$$

$$\frac{M_y}{EI} = \frac{d^2 x_y}{dy^2} \qquad (2.27)$$

$$\frac{Q_y}{EI} = \frac{d^3 x_y}{dy^3} \quad (2.28)$$

$$\delta_y + EI \frac{d^4 x_y}{dy^4} = 0 \quad (2.29)$$

由前述假定可知，地基反力 $\delta_y = Cx_y$，故对于桩截面承受的地基反力为

$$\delta_y = CB_p x_y \quad (2.30)$$

$$EI \frac{d^4 x_y}{dy^4} + CB_p x_y = 0 \quad (2.31)$$

式（2.31）称为弹性桩的挠度微分方程。求解抗滑桩桩身内力及变位就是解上式四阶微分方程式。根据桩受力的不同情况及对地基系数的不同假定分别求解。

2）地基系数为常数 K 时弹性桩的初参数解

初参数是指桩起始端的位移、转角、弯矩和剪力四个物理量，即 $y=0$ 时的 x_0、φ_0、M_0、Q_0，桩的初参数解是指用桩的四个初参数来表示弹性桩桩轴微分方程的通解及其他物理量的解。由于这些解是方程，故称为初参数方程。

地基系数为常数 K 时，四阶微分方程式为

$$EI \frac{d^4 x_y}{dy^4} + KB_p x_y = 0 \quad (2.32)$$

凑出 $\beta = \sqrt[4]{\dfrac{KB_p}{4EI}}$，则式（2.32）简化为

$$\frac{d^4 x_z}{dz^4} + 4\beta^4 x_z = 0 \quad (2.33)$$

式中，z 称为换算深度，$z=\beta y$。

通过数学求解，得到滑动面以下桩身任一截面的变位和内力的四个物理量的初参数解为

$$x_z = x_0 A_{1z} + \frac{\varphi_0}{\beta} B_{1z} + \frac{M_0}{\beta^2 EI} C_{1z} + \frac{Q_0}{\beta^3 EI} D_{1z} \quad (2.34)$$

$$\frac{\varphi_z}{\beta} = x_0 A_{2z} + \frac{\varphi_0}{\beta} B_{2z} + \frac{M_0}{\beta^2 EI} C_{2z} + \frac{Q_0}{\beta^3 EI} D_{2z} \quad (2.35)$$

$$\frac{M_z}{\beta^2 EI} = x_0 A_{3z} + \frac{\varphi_0}{\beta} B_{3z} + \frac{M_0}{\beta^2 EI} C_{3z} + \frac{Q_0}{\beta^3 EI} D_{3z} \quad (2.36)$$

$$\frac{Q_z}{\beta^3 EI} = x_0 A_{4z} + \frac{\varphi_0}{\beta} B_{4z} + \frac{M_0}{\beta^2 EI} C_{4z} + \frac{Q_0}{\beta^3 EI} D_{4z} \quad (2.37)$$

式中，x_z、φ_z、M_z、Q_z 分别为锚固段滑动面以下任一截面 z 处的变位（m）、转

角（rad）、弯矩（kN·m）和剪力（kN）；x_0、φ_0、M_0、Q_0 分别为滑面处桩的变位（m）、转角（rad）、弯矩（kN·m）和剪力（kN）；A_{iz}、B_{iz}、C_{iz}、D_{iz} 分别为随桩换算深度而异的"K"法的无量纲影响函数值；其余变量同前。

A_{iz}、B_{iz}、C_{iz}、D_{iz} 共 16 个系数，称为无量纲影响系数，其中只有 A_{1z}、B_{1z}、C_{1z}、D_{1z} 四个系数是独立的，其余系数均由前四个系数取导数而得，其关系式如表 2.7 所示。

$$A_{1z} = \cos z \cosh z = \cos(\beta y)\cosh(\beta y)$$

$$B_{1z} = \frac{1}{2}[\sin z \cosh z + \cos z \sinh z] = \frac{1}{2}[\sin(\beta y)\cosh(\beta y) + \cos(\beta y)\sinh(\beta y)]$$

$$C_{1z} = \frac{1}{2}\sin z \sinh z = \frac{1}{2}\sin(\beta y)\sinh(\beta y)$$

$$D_{1z} = \frac{1}{4}[\sin z \cosh z - \cos z \sinh z] = \frac{1}{4}[\sin(\beta y)\cosh(\beta y) - \cos(\beta y)\sinh(\beta y)]$$

根据 $z = \beta y$ 的变化，各截面的 4 个无量纲影响系数按上式计算的结果制成表 2.8，以备查用。

表 2.7 无量纲影响系数

	A_{iz}	B_{iz}	C_{iz}	D_{iz}
1	A_{1z}	B_{1z}	C_{1z}	D_{1z}
2	$-4D_{1z}$	A_{1z}	B_{1z}	C_{1z}
3	$-4C_{1z}$	$-4D_{1z}$	A_{1z}	B_{1z}
4	$-4B_{1z}$	$-4C_{1z}$	$-4D_{1z}$	A_{1z}

表 2.8 K 法影响系数法

$z=\beta y$	A_{1z}	B_{1z}	C_{1z}	D_{1z}
0	1	0	0	0
0.1	0.99998	0.10000	0.00500	0.00017
0.2	0.99973	0.19999	0.02000	0.00133
0.3	0.99865	0.29992	0.04500	0.00450
0.4	0.99573	0.39966	0.07998	0.01067
0.5	0.98958	0.49896	0.12491	0.02083
0.6	0.97841	0.59741	0.17974	0.03598
0.7	0.96001	0.69440	0.24435	0.05710
0.8	0.93180	0.78908	0.31854	0.08517
0.9	0.89082	0.88033	0.40205	0.12112
1.0	0.83373	96671	0.49445	0.16587
1.1	75683	1.04642	0.59517	0.22029
1.2	65611	1.11728	0.70334	0.28516
1.3	52722	1.17670	0.81825	0.36119

续表

$z=\beta y$	A_{1z}	B_{1z}	C_{1z}	D_{1z}
1.4	36558	1.22164	0.93830	0.44898
1.5	16640	1.24857	1.06197	0.54897
1.6	−0.07526	1.25350	1.18728	0.66143
1.7	−0.36441	1.23193	1.31179	0.78640
1.8	−0.70602	1.17887	1.43261	0.92367
1.9	−1.10492	1.08882	1.54633	1.07269
2.0	−1.56563	0.95582	1.64895	1.23257
2.1	−2.09224	0.77350	1.73585	1.40196
2.2	−2.68862	0.53506	1.80178	1.57904
2.3	−3.35618	0.23345	1.84076	1.76142
2.4	−4.09766	−0.13862	1.84612	194607
2.5	−4.91284	−0.58854	1.81044	2.12927
2.6	−5.80028	−1.12360	1.72557	2.30652
2.7	−6.75655	−1.75089	1.58264	2.47245
2.8	−7.77519	−2.47702	1.37210	2.62079
2.9	−8.84988	−3.30790	1.08375	2.74428
3.0	−9.96691	−4.24844	0.70686	2.83459
3.1	−11.11188	−5.30222	0.700686	2.83459
3.2	−12.26569	−6.47111	−0.35742	2.87694
3.3	−13.40480	−7.75487	−1.06777	2.80676
3.4	−14.50075	−9.15064	−1.91213	2.65892
3.5	−15.51973	−10.65246	−2.90144	2.41950
3.6	−16.42214	−12.25071	−4.04584	2.07346
3.7	−17.16216	−13.93148	−5.35434	1.60486
3.8	−17.93876	−17.45985	−8.49085	0.23211
3.9	−17.89431	−19.14062	−9.33521	−0.11393
4.0	−17.84985	−19.25241	−10.32654	−0.70726

3）地基系数随深度成比例增加时（m 法）弹性桩的初参数解

当地基系数按 $C=my$ 规律变化时，弹性桩基本微分方程式为

$$EI\frac{d^4x_y}{dy^4} + myB_p x_y = 0 \quad (2.38)$$

$$\frac{d^4x_y}{dy^4} + \alpha^5 y x_y = 0 \quad (2.39)$$

式中，α 为桩的变形系数（m^{-1}）。该式为一个四阶齐次变系数线性微分方程。通过数学求解可得一组幂级数的表达式，换算整理后得

$$x_z = x_0 A_{1z} + \frac{\phi_0}{\alpha} B_{1z} + \frac{M_0}{\alpha^2 EI} C_{1z} + \frac{Q_0}{\alpha^3 EI} D_{1z} \qquad (2.40)$$

$$\frac{\phi_z}{\alpha} = x_0 A_{2z} + \frac{\phi_0}{\alpha} B_{2z} + \frac{M_0}{\alpha^2 EI} C_{2z} + \frac{Q_0}{\alpha^3 EI} D_{2z} \qquad (2.41)$$

$$\frac{M_z}{\alpha^2 EI} = x_0 A_{3z} + \frac{\phi_0}{\alpha} B_{3z} + \frac{M_0}{\alpha^2 EI} C_{3z} + \frac{Q_0}{\alpha^3 EI} D_{3z} \qquad (2.42)$$

$$\frac{Q_z}{\alpha^3 EI} = x_0 A_{4z} + \frac{\phi_0}{\alpha} B_{4z} + \frac{M_0}{\alpha^2 EI} C_{4z} + \frac{Q_0}{\alpha^3 EI} D_{4z} \qquad (2.43)$$

式中，A_{iz}、B_{iz}、C_{iz}、D_{iz} 分别为随桩换算深度（αy）而异的 m 法的无量纲影响函数值，$i=1$，2，3，4；其余变量同前。

A_{iz}、B_{iz}、C_{iz}、D_{iz} 共 16 个系数，称为无量纲影响系数，随桩的换算深度而异。根据 $z=\alpha y$ 的变化，各截面的 16 个影响值意义如下，可查表求得，也可以编程计算。

$$A_{1y} = 1 + \sum_{k=1}^{\infty} (-1)^k \frac{(5k-4)!!}{(5k)!} (\alpha y)^{5k} = 1 - 1 \times \frac{(\alpha y)^5}{5!} + 1 \times 6 \frac{(\alpha y)^{10}}{10!}$$
$$- 1 \times 6 \times 11 \frac{(\alpha y)^{15}}{15!} + \cdots$$

$$B_{1y} = \alpha y + \sum_{k=1}^{\infty} (-1)^k \frac{(5k-3)!!}{(5k+1)!} (\alpha y)^{5k+1} = \alpha y - 2 \times \frac{(\alpha y)^6}{6!} + 2 \times 7 \frac{(\alpha y)^{11}}{11!}$$
$$- 2 \times 7 \times 12 \frac{(\alpha y)^{16}}{16!} + \cdots$$

$$C_{1y} = \frac{(\alpha y)^2}{2!} + \sum_{k=1}^{\infty} (-1)^k \frac{(5k-2)!!}{(5k+2)!} (\alpha y)^{5k+2} = \frac{(\alpha y)^2}{2!} - 3 \times \frac{(\alpha y)^7}{7!} + 3 \times 8 \frac{(\alpha y)^{12}}{12!}$$
$$- 3 \times 8 \times 13 \frac{(\alpha y)^{17}}{17!} + \cdots$$

$$D_{1y} = \frac{(\alpha y)^3}{3!} + \sum_{k=1}^{\infty} (-1)^k \frac{(5k-1)!!}{(5k+3)!} (\alpha y)^{5k+3} = \frac{(\alpha y)^3}{3!} - 4 \times \frac{(\alpha y)^8}{8!} + 4 \times 9 \frac{(\alpha y)^{13}}{13!}$$
$$- 4 \times 9 \times 14 \frac{(\alpha y)^{18}}{18!} + \cdots$$

$$A_{2y} = \frac{d(A_{1y})}{d(\alpha y)} = \sum_{k=1}^{\infty} (-1)^k \frac{(5k-4)!!}{(5k-1)!} (\alpha y)^{5k-1}$$

$$B_{2y} = \frac{d(B_{1y})}{d(\alpha y)} = 1 + \sum_{k=1}^{\infty} (-1)^k \frac{(5k-3)!!}{(5k)!} (\alpha y)^{5k}$$

$$C_{2y} = \frac{d(C_{1y})}{d(\alpha y)} = \alpha y + \sum_{k=1}^{\infty} (-1)^k \frac{(5k-2)!!}{(5k+1)!} (\alpha y)^{5k+1}$$

$$D_{2y} = \frac{\mathrm{d}(D_{1y})}{\mathrm{d}(\alpha y)} = \frac{(\alpha y)^2}{2} + \sum_{k=1}^{\infty} (-1)^k \frac{(5k-1)!!}{(5k+2)!} (\alpha y)^{5k+2}$$

$$A_{3y} = \frac{\mathrm{d}(A_{2y})}{\mathrm{d}(\alpha y)} = \sum_{k=1}^{\infty} (-1)^k \frac{(5k-4)!!}{(5k-2)!} (\alpha y)^{5k-2}$$

$$B_{3y} = \frac{\mathrm{d}(B_{2y})}{\mathrm{d}(\alpha y)} = \sum_{k=1}^{\infty} (-1)^k \frac{(5k-3)!!}{(5k-1)!} (\alpha y)^{5k-1}$$

$$C_{3y} = \frac{\mathrm{d}(C_{2y})}{\mathrm{d}(\alpha y)} = 1 + \sum_{k=1}^{\infty} (-1)^k \frac{(5k-2)!!}{(5k)!} (\alpha y)^{5k}$$

$$D_{3y} = \frac{\mathrm{d}(D_{2y})}{\mathrm{d}(\alpha y)} = \alpha y + \sum_{k=1}^{\infty} (-1)^k \frac{(5k-1)!!}{(5k+1)!} (\alpha y)^{5k+1}$$

$$A_{4y} = \frac{\mathrm{d}(A_{3y})}{\mathrm{d}(\alpha y)} = \sum_{k=1}^{\infty} (-1)^k \frac{(5k-4)!!}{(5k-3)!} (\alpha y)^{5k-3}$$

$$B_{4y} = \frac{\mathrm{d}(B_{3y})}{\mathrm{d}(\alpha y)} = \sum_{k=1}^{\infty} (-1)^k \frac{(5k-3)!!}{(5k-2)!} (\alpha y)^{5k-2}$$

$$C_{4y} = \frac{\mathrm{d}(C_{3y})}{\mathrm{d}(\alpha y)} = \sum_{k=1}^{\infty} (-1)^k \frac{(5k-2)!!}{(5k-1)!} (\alpha y)^{5k-1}$$

$$D_{4y} = \frac{\mathrm{d}(D_{3y})}{\mathrm{d}(\alpha y)} = 1 + \sum_{k=1}^{\infty} (-1)^k \frac{(5k-1)!!}{(5k)!} (\alpha y)^{5k}$$

以上各式中 $k=1$, 2, 3, …。$(5k-3)!!$, $(5k-2)!!$ 及 $(5k-1)!!$ 均仅作为一种符号，它所表示的意义如下：

$$(5k-4)!! = [5k-4][5(k-1)-4][5(k-2)-4]\cdots[5\times3-4][5\times2-4][5\times1-4]$$

例如，当 $k=4$ 时，得

$$(5k-4)!! = [5\times4-4][5\times3-4][5\times2-4][5\times1-4] = 16\times11\times6\times1$$

将各脚标 y 用 z 代替，可得初参数解中的 16 个无量纲影响系数。

m 法的 16 个无量纲影响系数制成表 2.9，以备查用。

地基系数按 $C=my$ 规律变化和 $C=K$ 时，弹性桩基本微分方程式解的形式完全相同，只是其中 16 个无量纲影响系数的意义不同。由于该解是方程式而且均表示为桩顶变位、转角、弯矩、剪力的函数，故称为初参数方程。桩顶变位、转角、弯矩、剪力称为 4 个参数。

表 2.9　m 法影响系数表

A_y	A_1	A_2	A_3	A_4	B_1	B_2	B_3	B_4
0	1	0	0	0	0	1	0	0
0.1	1	−0.000004	−0.000167	−0.005	0.1	1	−0.000008	−0.000333
0.2	0.999997	−0.000067	−0.001333	−0.02	0.2	0.999995	−0.000133	−0.002667

续表

A_y	A_1	A_2	A_3	A_4	B_1	B_2	B_3	B_4
0.3	0.99998	−0.000337	−0.0045	−0.045	0.299998	0.99996	−0.000675	−0.009
0.4	0.999915	−0.001067	−0.010667	−0.079998	0.399989	0.999829	−0.002133	−0.021333
0.5	0.99974	−0.002604	−0.020833	−0.124991	0.499957	0.999479	−0.005208	−0.041665
0.6	0.999352	−0.0054	−0.035998	−0.179967	0.59987	0.998704	−0.0108	−0.071994
0.7	0.998599	−0.010003	−0.057158	−0.244902	0.699673	0.997199	−0.020007	−0.114313
0.8	0.99727	−0.017064	−0.085308	−0.31975	0.799272	0.994539	−0.034128	−0.170608
0.9	0.99508	−0.027331	−0.121436	−0.404431	0.898524	0.99016	−0.05466	−0.242851
1.0	0.991668	−0.04165	−0.166518	−0.49881	0.997223	0.983337	0.083295	−0.332986
1.1	0.986583	−0.060965	−0.221514	−0.602681	1.09508	0.973168	−0.121917	−442922
1.2	0.979274	−0.086315	−0.28736	−0.715736	1.191708	0.958552	−0.172601	−0.574507
1.3	0.969082	−0.118829	−0.364953	−0.837533	1.286598	0.938171	−0.237599	−0.729502
1.4	0.955229	−0.159725	−0.455138	−0.967459	1.379099	0.910474	−0.319336	−0.909545
1.5	0.936814	−0.210302	−0.558688	−1.104677	1.46839	0.87366	−0.420392	−1.116106
1.6	0.9128	−0.271931	−0.67628	−1.248082	1.553458	0.825661	−0.543484	−1.350432
1.7	0.882012	−0.346045	−0.808463	−1.39623	1.633071	0.764135	−0.691436	−1.613472
1.8	0.843126	−0.434123	−0.955623	−1.547276	1.705747	0.68449	−0.867154	−1.905792
1.9	0.794671	−0.537675	−1.117938	−1.698892	1.769725	0.58968	−1.073574	−2.227476
2.0	0.735025	−0.658213	−1.295325	−1.848183	1.82294	0.470613	−1.31362	−2.577999
2.1	0.662413	−0.797229	−1.48738	−1.991579	1.862988	0.325743	−1.590094	−2.956087
2.2	0.574915	−0.956152	−1.693306	−2.124822	1.887103	0.151291	−1.905676	−3.359554
2.3	0.470474	−1.136311	−1.911833	−2.242679	1.892126	−0.056776	−2.262743	−3.785112
2.4	0.346906	−1.338878	−2.141125	−2.339015	1.874486	−0.302708	−2.663283	−4.228156
2.5	0.201919	−1.564812	−2.378678	−2.406586	1.830175	−0.590931	−3.108753	−4.682528
2.6	0.033142	−1.814781	−2.621204	−2.436947	1.754739	−0.925982	−3.599903	−5.140254
2.7	−0.161848	−2.08908	−2.864504	−2.420337	1.643256	−1.31243	−4.136582	−5.591249
2.8	−0.38548	−2.387534	−3.103334	−2.345577	1.490389	−1.754755	−4.717515	−6.023013
2.9	−0.640136	−2.709385	−3.33126	−2.199979	1.290303	−2.257321	−5.340039	−6.420289
3.0	−0.928089	−3.053156	−3.540495	−1.969271	1.036786	−2.824027	−5.999815	−6.764716
3.1	−1.251423	−3.416553	−3.721749	−1.63755	0.723244	−3.458317	−6.690497	−7.034471
3.2	−1.161943	−3.796218	−3.864055	−1.187266	0.342779	−4.162869	−7.40337	−7.203902
3.3	−2.011061	−4.187641	−3.954613	−0.599256	−0.111729	−4.939352	−8.126944	−7.243172
3.4	−2.449669	−4.584925	−3.978627	0.147172	−0.647503	−5.788129	−8.846526	−7.117924
3.5	−2.927993	−4.980586	−3.919163	1.07408	−1.271724	−6.707910	−9.543745	−6.788982
3.6	−3.445424	−5.365338	−3.757023	2.204654	−1.991345	−7.695386	−10.196063	−6.212109
3.7	−4.000322	−5.277852	−3.470645	3.562862	−2.812867	−8.74473	−10.77626	−5.337848
3.8	−4.589803	−6.054529	−3.036053	5.17298	−3.742064	−9.847159	−11.251902	−4.11147
3.9	−5.209499	−6.329245	−2.426852	7.05898	−4.783662	−10.99036	−11.584825	−2.473068
4.0	−5.853294	−6.533123	−1.614296	9.243746	−5.940953	−12.157895	−11.730626	−0.357837

续表

A_y	C_1	C_2	C_3	C_4	D_1	D_2	D_3	D_4
0	0	0	1	0	0	0	0	1
0.1	0.005	0.1	1	−0.000012	0.000167	0.005	0.1	1
0.2	0.02	0.2	0.999992	−0.0002	0.001333	0.02	0.2	0.999989
0.3	0.045	0.299997	0.999939	−0.001012	0.0045	0.045	0.299996	0.999919
0.4	0.079999	0.399983	0.999744	−0.0032	0.010667	0.079999	0.399977	0.999659
0.5	0.124995	0.499935	0.999219	−0.007812	0.020833	0.124994	0.499913	0.998958
0.6	0.179983	0.599806	0.998056	−0.016199	0.035998	0.179978	0.599741	0.997408
0.7	0.244951	0.69951	0.995798	−0.03001	0.057161	0.244935	0.699346	0.994398
0.8	0.319875	0.798908	0.991809	−0.051191	0.085317	0.319834	0.798544	0.989078
0.9	0.404715	0.897786	0.98524	−0.081987	0.121457	0.40462	0.897048	0.980032
1.0	0.499405	0.995834	0.975007	−0.124934	0.166567	0.499206	0.994445	0.966677
1.1	0.60384	1.09262	0.959754	−0.182857	0.221621	0.603454	1.090161	0.946342
1.2	0.717868	1.187563	0.937833	−0.258859	0.287573	0.717157	1.183418	0.917117
1.3	0.841266	1.279899	0.907268	−0.356311	0.365358	0.840022	1.273201	0.876372
1.4	0.973728	1.368651	0.865735	−0.478834	0.45587	0.971638	1.358206	0.821012
1.5	1.114836	1.452591	0.810538	−0.630271	0.55995	1.111449	1.436797	0.747447
1.6	1.264036	1.530201	0.738583	−0.814658	0.68408	1.258717	1.506852	0.651565
1.7	1.420604	1.599633	0.646368	−1.036175	0.811919	1.412477	1.566211	0.528713
1.8	1.583616	1.658669	0.529969	−1.299094	0.96108	1.571498	1.611623	0.373684
1.9	1.751904	1.704675	0.385027	−1.607699	1.126342	1.734224	1.639684	0.18071
2.0	1.924016	1.734564	0.206765	−1.966196	1.307984	1.89872	1.64629	−0.056521
2.1	2.098161	1.744745	−0.01001	−2.378597	1.506067	2.062609	1.626677	−0.344846
2.2	2.27217	1.731092	−0.270875	−2.848577	1.72039	2.223	1.575374	−0.691581
2.3	2.443429	1.688903	−0.581751	−3.379303	1.950435	2.376421	1.486157	−1.104453
2.4	2.608823	1.612869	−0.948843	−3.973229	2.195304	2.518735	1.352011	−1.591502
2.5	2.764677	1.497048	−1.378555	−4.631849	2.45365	2.645065	1.16511	−2.160956
2.6	2.906688	1.334854	−1.877379	−5.355411	2.723596	2.749711	0.916798	−2.821058
2.7	3.029861	1.119053	−2.451759	−6.142583	3.00265	2.826063	0.57608	−3.579849
2.8	3.12845	0.841776	−3.107909	−6.990068	3.287613	2.866529	0.197285	−4.44905
2.9	3.195886	0.494553	−3.851596	−7.892166	3.574473	2.82451	−0.295142	−5.423
3.0	3.224729	0.068369	−4.68788	−8.840278	3.858294	2.804044	−0.89127	−6.519713
3.1	3.206612	−0.446246	−5.260789	−9.82235	4.133106	2.680338	−1.603171	−7.738945
3.2	3.132205	−1.059099	−6.65295	−10.822261	4.39178	2.479139	−2.443202	−9.082357
3.3	2.991185	−1.780173	−7.785146	−11.819146	4.625904	2.187014	−3.423745	−10.548717
3.4	2.772231	−2.619414	−9.015807	−12.786679	4.825664	1.789303	−4.556885	−12.133131
3.5	2.463041	−3.58647	−10.340425	−13.692286	4.979719	1.270169	−5.853999	−13.826179
3.6	2.050375	−4.690365	−11.750888	−14.496339	5.0755008	0.612696	−7.325252	−15.612931
3.7	1.520138	−5.9391	−13.234734	−15.151313	5.097052	−0.200967	−8.978999	−17.471839
3.8	0.857508	−7.339177	−14.774317	−15.600945	5.0297	−1.189384	−10.821056	−19.373519

续表

A_y	C_1	C_2	C_3	C_4	D_1	D_2	D_3	D_4
3.9	0.047107	−8.895037	−16.345895	−15.7794	4.852718	−2.371541	−12.853855	−21.279408
4.0	−0.926754	−10.608403	−17.918631	−15.610498	4.547669	−3.766455	−15.075452	−23.140321

4）内力计算

采用无量纲影响系数法计算弹性桩的内力和变位的过程。

初参数方程式（2.34）～式（2.37）以及式（2.40）～式（2.43）中，均含有四个未知量 x_0、φ_0、M_0、Q_0，其中 M_0 和 Q_0 可以通过受荷段求出，但 x_0 和 φ_0 未知，所以尚不能直接用于计算。但是，桩有两个端部，即桩顶和底端，根据桩端的约束条件可以建立相应的方程式，从而解出相应的未知数。因此，为求得桩身任一点的位移、转角、弯矩、剪力和岩土体对该点的侧向应力，需先求出滑面处的位移 x_0 和转角 φ_0。现用"K"法和"m"法，根据桩底的三种不同边界条件，分别确定桩顶的位移和转角公式。各种不同支承条件下，求滑面处位移和转角时，若桩上滑体作用力已知，则桩锚固段计算图式可简化成图 2.12 形式。图中给出了锚固段地基系数分布规律。

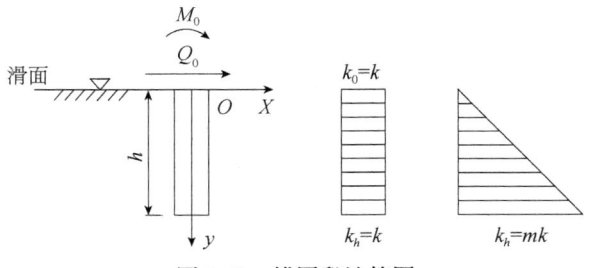

图 2.12 锚固段计算图

采用 K 法求解位移 x_0 和转角 φ_0：

当桩底为固定端时，$x_h=0$，$\varphi_h=0$，$M_h\neq 0$，$Q_h\neq 0$。将 $x_h=0$，$\varphi_h=0$ 代入式（2.34）和式（2.35）联立求解得

$$x_0 = \frac{M_0}{\beta^2 EI} \times \frac{B_1 C_2 - C_1 B_2}{A_1 B_2 - B_1 A_2} + \frac{Q_0}{\beta^3 EI} \times \frac{B_1 D_2 - A_1 C_2}{A_1 B_2 - B_1 A_2} \quad (2.44)$$

$$\varphi_0 = \frac{M_0}{\beta EI} \times \frac{C_1 A_2 - A_1 C_2}{A_1 B_2 - B_1 A_2} + \frac{Q_0}{\beta^2 EI} \times \frac{D_1 A_2 - A_1 D_2}{A_1 B_2 - B_1 A_2} \quad (2.45)$$

当桩底为铰支时，$x_h=0$，$M_h=0$，$\varphi_h\neq 0$，$Q_h\neq 0$，不考虑桩底弯矩的影响。将 $x_h=0$ 和 $M_h=0$ 代入式（2.34）和式（2.36），联立求解得

$$x_0 = \frac{M_0}{\beta^2 EI} \times \frac{C_1 B_3 - B_1 C_3}{B_1 A_3 - A_1 B_3} + \frac{Q_0}{\beta^3 EI} \times \frac{D_1 B_3 - B_1 D_3}{B_1 A_3 - A_1 B_3} \quad (2.46)$$

$$\varphi_0 = \frac{M_0}{\beta EI} \times \frac{A_1C_3 - C_1A_3}{B_1A_3 - A_1B_3} + \frac{Q_0}{\beta^2 EI} \times \frac{A_1D_3 - D_1A_3}{B_1A_3 - A_1B_3} \quad (2.47)$$

当桩底为自由端时，$M_h=0$，$Q_h=0$，$x_h\neq0$，$\varphi_h\neq0$。将 $M_h=0$，$Q_h=0$ 分别代入式（2.36）和式（2.37），联立求解得

$$x_0 = \frac{M_0}{\beta^2 EI} \times \frac{B_3C_4 - C_3B_4}{A_3B_4 - B_3A_4} + \frac{Q_0}{\beta^3 EI} \times \frac{B_3D_4 - B_4D_3}{A_3B_4 - B_3A_4} \quad (2.48)$$

$$\varphi_0 = \frac{M_0}{\beta EI} \times \frac{C_3A_4 - A_3C_4}{A_3B_4 - B_3A_4} + \frac{Q_0}{\beta^2 EI} \times \frac{D_3A_4 - A_3B_4}{A_3B_4 - B_3A_4} \quad (2.49)$$

将上述诸式求得的 x_0、φ_0 代入式（2.34）～式（2.37），即可求出地基系数为常数时桩身任一截面的变位、内力和侧应力。

采用 m 法求解位移 x_0 和转角 φ_0：

当桩底为固定端时，$x_h=0$，$\varphi_h=0$，$M_h\neq0$，$Q_h\neq0$。将 $x_h=0$，$\varphi_h=0$ 代入式（2.40）和式（2.41）联立求解得

$$x_0 = \frac{M_0}{\alpha^2 EI} \times \frac{B_1C_2 - C_1B_2}{A_1B_2 - B_1A_2} + \frac{Q_0}{\alpha^3 EI} \times \frac{B_1D_2 - A_1C_2}{A_1B_2 - B_1A_2} \quad (2.50)$$

$$\varphi_0 = \frac{M_0}{\alpha EI} \times \frac{C_1A_2 - A_1C_2}{A_1B_2 - B_1A_2} + \frac{Q_0}{\alpha^2 EI} \times \frac{D_1A_2 - A_1D_2}{A_1B_2 - B_1A_2} \quad (2.51)$$

当桩底为铰支时，$x_h=0$，$M_h=0$，$\varphi_h\neq0$，$Q_h\neq0$，不考虑桩底弯矩的影响。将 $x_h=0$ 和 $M_h=0$ 代入式（2.40）和式（2.42），联立求解得

$$x_0 = \frac{M_0}{\alpha^2 EI} \times \frac{C_1B_3 - B_1C_3}{B_1A_3 - A_1B_3} + \frac{Q_0}{\alpha^3 EI} \times \frac{D_1B_3 - B_1D_3}{B_1A_3 - A_1B_3} \quad (2.52)$$

$$\varphi_0 = \frac{M_0}{\alpha EI} \times \frac{A_1C_3 - C_1A_3}{B_1A_3 - A_1B_3} + \frac{Q_0}{\alpha^2 EI} \times \frac{A_1D_3 - D_1A_3}{B_1A_3 - A_1B_3} \quad (2.53)$$

当桩底为自由端时，$M_h=0$，$Q_h=0$，$x_h\neq0$，$\varphi_h\neq0$。将 $M_h=0$，$Q_h=0$ 分别代入式（2.42）和式（2.43），联立求解得

$$x_0 = \frac{M_0}{\alpha^2 EI} \times \frac{B_3C_4 - C_3B_4}{A_3B_4 - B_3A_4} + \frac{Q_0}{\alpha^3 EI} \times \frac{B_3D_4 - B_4D_3}{A_3B_4 - B_3A_4} \quad (2.54)$$

$$\varphi_0 = \frac{M_0}{\alpha EI} \times \frac{C_3A_4 - A_3C_4}{A_3B_4 - B_3A_4} + \frac{Q_0}{\alpha^2 EI} \times \frac{D_3A_4 - A_3B_4}{A_3B_4 - B_3A_4} \quad (2.55)$$

将上述诸式求得的桩顶位移和转角代入式（2.40）～式（2.43），即可求出地基系数随深度按 $C=my$ 规律变化时，桩身任一截面的变位、内力和侧应力。

滑面处地基系数不为零的处理方法：

结合抗滑桩的实际情况，滑动面以上一般有滑体存在，在滑面处岩土体的地基系数不为零，既不是 $C=K$ 中的情况，也不是 $C=my$ 中的情况，而是某一数

值 A，不能直接应用前述公式，必须做相应的处理。此时，滑面以下一定深度处岩土体的地基系数的表达式为 $C_y=A+my$，即滑面以下的地基系数为梯形变化。为了利用已求得的参数方程即式（2.40）～式（2.43），可采用"换算桩法"进行计算。滑面处地基系数不为零时的计算方法如图 2.13 所示。

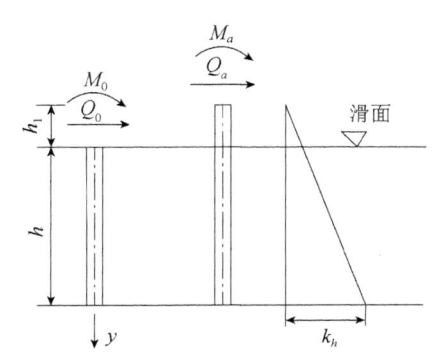

图 2.13 滑面处地基系数不为零的处理模式

将地基系数变化图形向上延伸至虚点 a，延伸的高度为 $h_1=ah/(k_h-A)$。自虚点 a 向下计算可以直接使用已有的系数表，但必须重新确定 a 点处参数 M_a、Q_a、x_a、φ_a。

在 M_a 和 Q_a 作用下，必须满足下列条件：

当 $y=0$ 时（滑面处）：$M=M_0$，$Q=Q_0$；
当 $y=h$ 时（桩底处）且当桩底为自由端时：$M_h=0$，$Q_h=0$；
当桩底为固定端时：$x_h=0$，$\varphi_h=0$。

桩底为自由端时可建立下列方程：

$$\frac{M_0}{\alpha^2 EI} = x_a A_3^0 + \frac{\varphi_a}{\alpha} B_3^0 + \frac{M_a}{\alpha^2 EI} C_3^0 + \frac{Q_a}{\alpha^3 EI} D_3^0 \quad (2.56)$$

$$\frac{Q_0}{\alpha^2 EI} = x_a A_4^0 + \frac{\varphi_a}{\alpha} B_4^0 + \frac{M_a}{\alpha^2 EI} C_4^0 + \frac{Q_a}{\alpha^3 EI} D_4^0 \quad (2.57)$$

$$0 = x_a A_3^h + \frac{\varphi_a}{\alpha} B_3^h + \frac{M_a}{\alpha^2 EI} C_3^h + \frac{Q_a}{\alpha^3 EI} D_3^h \quad (2.58)$$

$$0 = x_a A_4^h + \frac{\varphi_a}{\alpha} B_4^h + \frac{M_a}{\alpha^2 EI} C_4^h + \frac{Q_a}{\alpha^3 EI} D_4^h \quad (2.59)$$

当桩底为铰支时：

$$0 = x_a A_1^h + \frac{\varphi_a}{\alpha} B_1^h + \frac{M_a}{\alpha^2 EI} C_1^h + \frac{Q_a}{\alpha^3 EI} D_1^h \quad (2.60)$$

$$0 = x_a A_3^h + \frac{\varphi_a}{\alpha} B_3^h + \frac{M_a}{\alpha^2 EI} C_3^h + \frac{Q_a}{\alpha^3 EI} D_3^h \quad (2.61)$$

当桩底为固定端时：

$$0 = x_a A_1^h + \frac{\varphi_a}{\alpha} B_1^h + \frac{M_a}{\alpha^2 EI} C_1^h + \frac{Q_a}{\alpha^3 EI} D_1^h \qquad (2.62)$$

$$0 = x_a A_2^h + \frac{\varphi_a}{\alpha} B_2^h + \frac{M_a}{\alpha^2 EI} C_2^h + \frac{Q_a}{\alpha^3 EI} D_2^h \qquad (2.63)$$

式中，$A_3^0 \sim D_4^0$ 为在滑面处的 8 个无量纲影响系数值，由 αh 查表求出；$A_1^h \sim D_1^h$ 为在桩底处的 16 个无量纲影响系数值，由 $\alpha(h+h_1)$ 查表求得。

联立式（2.56）～式（2.63）求解，即求得相应情况的 M_a、Q_a、x_a、φ_a 值，然后可直接使用相关图表查取相应的无量纲影响系数，代入式（2.40）～式（2.43），求得滑面以下桩身任一点处的内力和变位。

算例 2.4

某抗滑桩设置于滑坡体前缘，该处附近一段滑面接近水平，滑面以上的滑体为风化极严重的砂砾岩、泥岩，已成土状，表层为黄土覆盖；滑床为风化较严重的砂砾岩、页岩和泥岩，可当作较密实的土层考虑；滑坡物理力学指标为：滑坡体容重 18.6kN/m³、黏结力为零、内摩擦角 30°，滑动面容重 18.6kN/m³、黏结力为零、内摩擦角 42.5°。滑面处的地基系数采用 A=78543kN/m³，滑床土的地基系数随深度变化的比例系数采用 m=39227kN/m⁴，桩位附近滑体厚度为 10.0m、滑坡推力 E=1176.8kN/m，拟抗滑桩采用 C30 混凝土，其弹性模量 Eh=30GPa，桩断面为 2m×3m。抗滑桩初拟方案见图 2.14，相对刚度系数 EI=0.85EhI=11.475×10⁷kN·m²，桩间距 5m，桩的计算宽度 Bp=b+1=3m，桩的埋深 h=10m。试用初参数法（普通法）的 m，计算桩身的内力，其计算过程分五个步骤，详述如下。

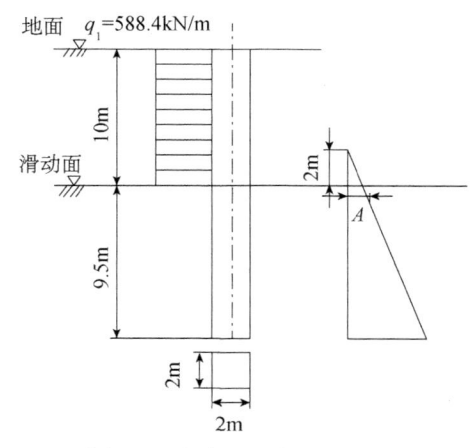

图 2.14 滑坡治理初拟抗滑桩

步骤一，计算桩的刚度。

桩的变形系数 $\alpha = \sqrt[5]{\dfrac{mB_p}{EI}} = \sqrt[5]{\dfrac{39227 \times 3}{11.475 \times 10^7}} = 0.252 \ (\text{m}^{-1})$。

桩的换算深度 $\alpha h = 0.252 \times 10 = 2.5$，故可按刚性桩或弹性桩计算。

步骤二，荷载计算。

每根桩承受的水平推力 $T = 1176.8 \times 5 = 5884 \ (\text{kN})$，则

$$q_1 = \dfrac{T}{h'} = \dfrac{1176.8 \times 5}{10} = 588.4 \ (\text{kN/m})$$

滑面处的剪力：$Q_0 = 1176.8 \times 5 = 5884 \ (\text{kN})$；

滑面处弯矩：$M_0 = \dfrac{5884 \times h'}{2} = 29420 \ (\text{kN} \cdot \text{m})$。

步骤三，求虚点高度 h_1。

$$h_1 = \dfrac{A \cdot h}{K_h - A} = \dfrac{78543 \times 10}{(78543 + 10 \times 39227) - 78543} = 2.0 \ (\text{m})$$

步骤四，求虚点的 M_a、Q_a、x_a 和 φ_a。

由滑面及桩底为自由端的边界条件，可建立计算方程。

根据滑面处和桩底处的换算深度，查 m 法无量纲影响系数表，用内插法求得 A_i^0、B_i^0、C_i^0、D_i^0、A_i^h、B_i^h、C_i^h、D_i^h 各值并代入式（2.56）～式（2.59）。

在滑面处，$y' = h_1 = 2\text{m}$，换算深度 $\alpha y' = 0.252 \times 2 = 0.504$ 时，查得

$A_3 = -0.02144$，$B_3 = -0.005432$，$C_3 = 0.9992$，$D_3 = 0.5039$

$A_4 = -0.1272$，$B_4 = -0.0429$，$C_4 = 0.008147$，$D_4 = -0.9989$

代入公式（2.56）和式（2.57）有

$$\alpha^2 EI\left[x_a(-0.02144) + \dfrac{\varphi_a}{0.252}(-0.005432) + \dfrac{M_a}{\alpha^2 EI}(0.9992) + \dfrac{Q_a}{\alpha^3 EI}(0.5039)\right] = 29420 \quad \text{①}$$

$$\alpha^3 EI\left[x_a(-0.1272) + \dfrac{\varphi_a}{0.252}(-0.0429) + \dfrac{M_a}{\alpha^2 EI}(0.008147) + \dfrac{Q_a}{\alpha^3 EI}(0.9989)\right] = 5884 \quad \text{②}$$

桩底 $y' = h + 2.0 = 12\text{m}$，$\alpha y' = 0.252 \times 12 = 3.024$

$A_3 = -3.5840$，$B_3 = -6.1656$，$C_3 = -4.9118$，$D_3 = -1.0686$

$A_4 = -1.8897$，$B_4 = -6.8295$，$C_4 = -9.0760$，$D_4 = -6.8123$

代入公式（2.58）和式（2.59）有

$$x_a(-3.5840) + \dfrac{\varphi_a}{0.252}(-6.1656) + \dfrac{M_a}{\alpha^2 EI}(-4.9118) + \dfrac{Q_a}{\alpha^3 EI}(-1.0686) = 0 \quad \text{③}$$

$$x_a(-1.8897) + \frac{\varphi_a}{0.252}(-6.8295) + \frac{M_a}{\alpha^2 EI}(-9.0760) + \frac{Q_a}{\alpha^3 EI}(-6.8123) = 0 \quad ④$$

联立①、②、③、④四个方程求解得

$x_a = 0.016\,302\text{m}$，$\varphi_a = -0.002\,980\,6\text{rad}$，$M_a = 13\,917.8\text{kN}\cdot\text{m}$，$Q_a = 8798.24\text{kN}$

步骤五，桩身内力及侧向应力。

锚固段内任一点侧应力：

$$\sigma_y = my'x_{y'}$$

式中，y' 为计算点到虚点 a 的距离；$x_{y'}$ 为计算点处桩的位移（m）。

$$\begin{aligned}x_{y'} &= x_a A_1 + \frac{\varphi_a}{\alpha}B_1 + \frac{M_a}{\alpha^2 EI}C_1 + \frac{Q_a}{\alpha^3 EI}D_1 \\ &= 0.016302 A_1 - 0.0029806\frac{1}{0.252}B_1 + \frac{13917.8}{0.252^2 \times 11.475 \times 10^7}C_1 \\ &\quad + \frac{8798.24}{0.252^3 \times 11.475 \times 10^7}D_1\end{aligned}$$

计算点的剪力：

$$\begin{aligned}Q_{y'} &= \alpha^3 EI\left(x_a A_4 + \frac{\varphi_a}{\alpha}B_4 + \frac{M_a}{\alpha^2 EI}C_4 + \frac{Q_a}{\alpha^3 EI}D_4\right) \\ &= 0.252^3 \times 11.475 \times 10^7 \times 0.016302 A_4 + 0.0252^2 \times 11.475 \times 10^7 \\ &\quad \times(-0.0029806)B_4 + 0.252 \times 13917.8 C_4 + 8798.24 D_4\end{aligned}$$

计算点的弯矩：

$$\begin{aligned}M_{y'} &= \alpha^2 EI\left(x_a A_3 + \frac{\varphi_a}{\alpha}B_3 + \frac{M_a}{\alpha^2 EI}C_3 + \frac{Q_a}{\alpha^3 EI}D_3\right) \\ &= 0.252^2 \times 11.475 \times 10^7 \times 0.016302 A_3 + 0.252 \times 11.475 \times 10^7 \\ &\quad \times(-0.0029806)B_3 + 13917.8 C_3 + \frac{8798.24 D_3}{0.252}\end{aligned}$$

计算的各点的桩侧应力、剪力和弯矩如图 2.15 所示。

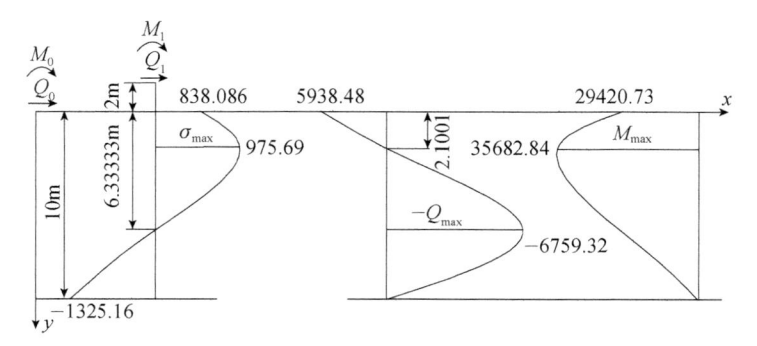

图 2.15 抗滑桩内力计算结果

5. 刚性桩内力计算

1）地基系数随深度成比例增加

锚固段地基系数随深度成比例增加，桩底地基的竖向地基系数 $C_0=m_0h$，且桩底为自由端时，如图 2.16（a）所示。抗滑桩在外荷作用下，绕桩轴某点 O' 发生平面转动后，桩处于静力平衡状态，假定其转角为 φ。为求解锚固段桩侧和桩底的弹性抗力以及截面内力，必须先求出桩转动中心位置和其转角。

y 深度处，桩的侧向位移

$$\Delta x = (y_0 - y)\tan\varphi \approx (y_0 - y)\varphi$$

则该处土体的弹性抗力

$$\sigma_y = (y_0 - y)\varphi my \tag{2.64}$$

可见，σ_y 是一个随深度呈二次抛物线变化的函数，以转角中心为界，分别作用在桩的前、后侧，并以阻止桩转动为其作用方向。

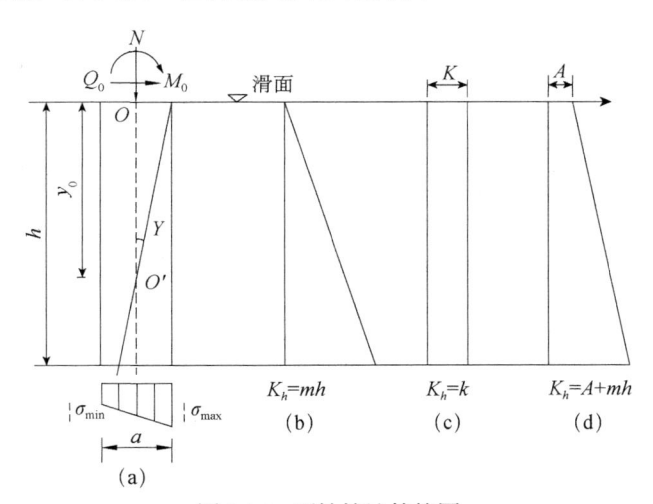

图 2.16 刚性桩计算简图

作用于桩底面的压应力，一部分是由垂直力 N 引起的，以 N/F 计算，F 为桩底底面积；另一部分则是由桩底转动引起的竖向弹性抗力 σ_x，即

$$\sigma_x = C_0 x \tan\varphi = C_0 x \varphi \tag{2.65}$$

式中，C_0 表示深度为 h 的竖向地基系数；x 和 φ 分别表示由于桩转动引起的桩底底面所求点的竖向位移和转角。

为求得 y_0 和 φ，可取全桩为分离体，利用静力平衡方程式 $\sum x = 0$ 及 $\sum M = 0$ 求出。

由 $\sum x = 0$，得

$$Q_0 - \int_0^h \sigma_y B_p \mathrm{d}y = 0 \tag{2.66}$$

式中，B_p 为桩的计算宽度（m）。

将 σ_y 代入式（2.66），经整理后得 $Q_0 - B_p m\varphi \int_0^h y(y_0 - y)\mathrm{d}y = 0$，积分得

$$Q_0 - \frac{1}{6} B_p m\varphi h^2 (3y_0 - 2h) = 0 \tag{2.67}$$

由 $\sum M = 0$，得

$$M_0 + \int_0^h \sigma_y B_p y \mathrm{d}y - 2\int_0^{\frac{a}{2}} b\sigma_x x \mathrm{d}x = 0 \tag{2.68}$$

式中，b 为桩的宽度（m）；a 为桩底沿 Q_0 作用方向的长度（m）。

将 σ_x 和 σ_y 的计算式代入式（2.68），经整理后得

$$M_0 + \frac{1}{12} B_p m\varphi h^3 (4y_0 - 3h) - C_0 \varphi \frac{A}{2} W = 0 \tag{2.69}$$

式中，$W = ba^2/6$，为桩底面抵抗矩；$C_0 = m_0 h$。

联立求解式（2.67）和式（2.68），得到未知参数 y_0 和 φ 的计算式为

$$y_0 = \frac{B_p m h^3 (4M_0 + 3Q_0 h) + 6Q_0 C_0 a W}{2B_p m h^2 (3M_0 + 2Q_0 h)} \tag{2.70}$$

$$\varphi = \frac{12(3M_0 + 2Q_0 h)}{B_p m h^4 + 18WC_0 a} \tag{2.71}$$

当求出 y_0 和 φ 时，便可算出桩前、后侧压应力 σ_y 和桩底竖向压应力 $\sigma_{\max}$ 和 $\sigma_{\min}$ 值。

$$\sigma_y = my(y_0 - y)\varphi \tag{2.72}$$

$$\sigma_{\max} = \frac{N}{F} + C_0 \frac{a}{2} \varphi \tag{2.73}$$

$$\sigma_{\min} = \frac{N}{F} - C_0 \frac{a}{2} \varphi \tag{2.74}$$

滑动面以下深度 y 处桩截面的弯矩和剪力，可取 y 处上部为分离体，由 $\sum x = 0$ 及 $\sum M = 0$ 求出

$$Q_y = Q_0 - \frac{1}{6} B_p m\varphi y^2 (3y_0 - 2y) \tag{2.75}$$

$$M_y = M_0 + Q_0 y - \frac{1}{12} B_p m\varphi y^3 (2y_0 - y) \tag{2.76}$$

当桩底偏心距离 $e > \dfrac{a}{6}$ 时，桩底产生应力重分布，此时需要按应力重分布条件导出桩轴线的转角 φ、转动中心距滑面处的距离 y_0 以及应力重分布的宽度，

然后再计算任一截面处的弯矩和剪力。

2）地基系数随深度为一常数

当滑面处的弹性抗力系数为某一常数 $K=A$ 时，滑面以下地层为均质岩层时地基系数随深度变化保持为常数，且桩底为自由端时，如图 2.16（b）所示。在桩端荷载、桩侧及桩底的基底反力作用下，当桩体处于极限平衡状态时，可导出桩身任意截面处的内力公式。

侧向弹性抗力

$$\sigma_y = (y_0 - y)\varphi A \tag{2.77}$$

剪力

$$Q_y = Q_0 - \frac{1}{2}AB_p\varphi y(2y_0 - y) \tag{2.78}$$

弯矩

$$M_y = M_0 + Q_0 y - \frac{1}{6}AB_p\varphi y^2(3y_0 - y) \tag{2.79}$$

$$y_0 = \frac{h(3M_0 + 2Q_0 h)}{3(2M_0 + Q_0 h)} \tag{2.80}$$

$$\varphi = \frac{6(2M_0 + Q_0 h)}{B_p A h^3} \tag{2.81}$$

3）滑面处弹性抗力系数 $K=A$，滑面以下地基系数随深度成比例增加

滑面处的弹性抗力系数 $K=A$，滑面以下地基系数随深度增加而增加，桩底为自由端时，如图 2.16（c）所示，可推导出锚固段内力和变形计算式。

当 $y<y_0$ 时，侧向弹性抗力为

$$\sigma_y = (y_0 - y)\varphi(A + my) \tag{2.82}$$

剪力

$$Q_y = Q_0 - \frac{1}{2}AB_p\varphi y(2y_0 - y) - \frac{1}{6}B_p m\varphi y^3(3y_0 - 2y) \tag{2.83}$$

弯矩

$$M_y = M_0 + Q_0 y - \frac{1}{6}AB_p\varphi y^2(3y_0 - y) - \frac{1}{12}B_p m\varphi y^3(2y_0 - y) \tag{2.84}$$

当 $y>y_0$ 时，侧向弹性抗力为

$$\sigma_y = (y_0 - y)\varphi(A + my) \tag{2.85}$$

剪力

$$Q_y = Q_0 - \frac{1}{6}B_p m\varphi y^2(3y_0 - 2y) - \frac{1}{2}AB_p\varphi y_0^2 + \frac{1}{2}AB_p\varphi(y - y_0)^2 \tag{2.86}$$

弯矩

$$M_y = M_0 + Q_0 y - \frac{1}{6} B_p A \varphi y_0^2 (3y_0 - y) + \frac{1}{6} B_p A \varphi (y - y_0)^3 - \frac{1}{12} B_p m \varphi y^3 (2y_0 - y)$$

（2.87）

根据桩底的边界条件 $M_h=0$，$Q_h=0$ 得

$$Q_0 - \frac{1}{2} B_p m \varphi y^2 (3y_0 - 2y) - \frac{1}{2} A B_p \varphi y_0^2 + \frac{1}{2} A B_p \varphi (y - y_0)^2 = 0 \quad (2.88)$$

$$M_0 + Q_0 y - \frac{1}{6} B_p A \varphi y_0^2 (3y_0 - y) + \frac{1}{6} B_p A \varphi (y - y_0)^3 - \frac{1}{12} B_p m \varphi y^3 (2y_0 - y) = 0$$

（2.89）

联立求解式（2.88）和式（2.89），可得 y_0 和 φ，滑面至桩旋转中心的距离 y_0 为

$$y_0 = \frac{h[2A(3M_0 + 2Q_0 h) + mh(4M_0 + 3Q_0 h)]}{2[3A(2M_0 + Q_0 h) + mh(3M_0 + 2Q_0 h)]} \quad (2.90)$$

桩的转角 φ 为

$$\varphi = \frac{12[3A(2M_0 + Q_0 h) + mh(3M_0 + 2Q_0 h)]}{B_p h^3 [6A(A + mh) + m^2 h^2]} \quad (2.91)$$

将 y_0 和 φ 代入式（2.82）～式（2.87），可求得桩旋转中心上、下桩各截面的剪力、弯矩和桩侧向抗力。当桩身置于两种不同地层，桩在变形时，其旋转中心依地质情况的不同可能在上层或下层，计算时应按地基系数的分布规律，导出相应计算式。

算例 2.5

已知抗滑桩锚固定 10m，桩截面为 2m×3m，材料弹性模量 E_h=30GPa；桩的计算宽度为 1m；滑面处的地基系数 $K=A$=78543kN/m³，锚固段土的地基系数随深度变化的比例系数采用 m=39227kN/m⁴；滑面处剪力 Q_0=5884kN，弯矩 M_0=29420kN·m。求锚固段桩身各点内力及抗力。

由于桩的换算深度 αh=0.252×10=2.5，故也可按刚性桩计算。

步骤一，滑面至旋转中心的距离

$$y_0 = \frac{h[2A(3M_0 + 2Q_0 h) + mh(4M_0 + 3Q_0 h)]}{2[3A(2M_0 + Q_0 h) + mh(3M_0 + 2Q_0 h)]}$$

$$= \frac{10[2 \times 78543 \times (3 \times 29420 + 2 \times 5884 \times 10) + 39227 \times 10 \times (4 \times 29420 + 3 \times 5884 \times 10)]}{2[3 \times 78543 \times (2 \times 29420 + 5884 \times 10) + 39227 \times 10 \times (3 \times 29420 + 2 \times 5884 \times 10)]}$$

$$= 6.8082 \text{m}$$

步骤二，桩的转角

$$\varphi = \frac{12[3A(2M_0 + Q_0h) + mh(3M_0 + 2Q_0h)]}{B_p h^3[6A(A+mh) + m^2h^2]}$$

$$= \frac{12[3 \times 78543 \times (2 \times 29420 + 5884 \times 10) + 39227 \times 10 \times (3 \times 29420 + 2 \times 5884 \times 10)]}{3 \times 10^3 \times [6 \times 78543 \times (78543 + 39227 \times 10) + 39227^2 \times 10^2]}$$

$$= 0.00115516 \text{rad}$$

步骤三，桩侧抗力

$$\sigma_y = (y_0 - y)(A + my)\varphi = (6.8082 - y)(78543 + 39227 \times y) \times 0.00115516$$

$$= 617.7062 + 217.7734y - 45.313y^2$$

步骤四，桩侧抗力最大点位置

$$217.7734 - 2 \times 45.313y = 0, \quad y = 2.40299 \text{m}$$

步骤五，桩身各点的剪力

$$Q_y = Q_0 - \frac{1}{2}AB_p\varphi y(2y_0 - y) - \frac{1}{6}B_p m\varphi y^2(3y_0 - 2y)$$

$$= 5884 - \frac{1}{2} \times 3 \times 78543 \times 0.00115516 \times y(2 \times 6.8082 - y)$$

$$- \frac{1}{6} \times 3 \times 39227 \times 0.00115516 \times y^2(3 \times 6.8082 - 2y)$$

$$= 5884 - 1853.1185y - 326.6594y^2 + 45.3134y^3$$

当 $Q_y=0$ 时，即可找出弯矩最大值的 y 值。经试算求得 $y=2.46875$ 时，M 最大。

步骤六，桩身各点的弯矩

$$M_y = M_0 + Q_0 y - \frac{1}{6}AB_p\varphi y^2(3y_0 - y) - \frac{1}{12}B_p m\varphi y^3(2y_0 - y)$$

$$= 29420 + 5884y - \frac{1}{6} \times 3 \times 78543 \times 0.00115516 y^2(3 \times 6.8082 - y)$$

$$- \frac{1}{12} \times 3 \times 39227 \times 0.00115516 y^3(2 \times 6.8082 - y)$$

$$= 29420 + 5884y - 926.5599y^2 - 108.8817y^3 + 11.328y^4$$

桩侧抗力、剪力及弯矩计算结果如图 2.17 所示。

算例 2.4 和算例 2.5 表明，相同设计资料，不同计算方法得出的桩的最大弯矩值及位置存在一定差异（表 2.10）。

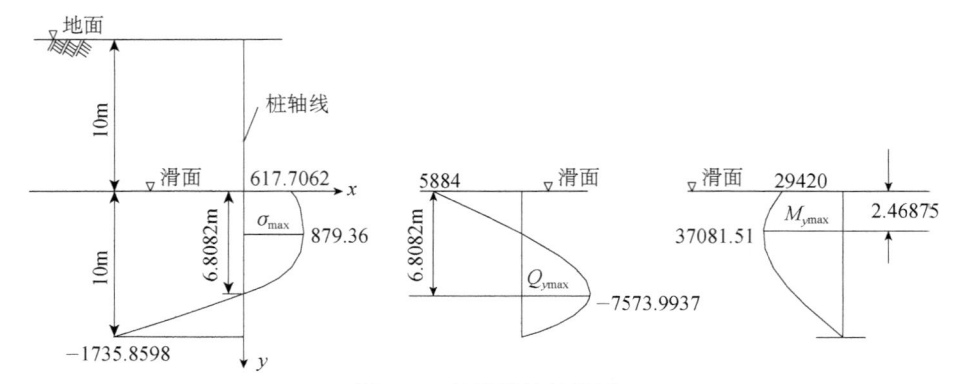

图 2.17　抗滑桩计算结果

表 2.10　弹性桩与刚性桩最大弯矩值及位置

	刚性桩	弹性桩
最大弯矩距离滑面处距离/m	2.46875	2.1201
最大弯矩值/(kN·m)	37081.1	35681.52

6. 抗滑桩受荷段内力计算

针对抗滑桩悬臂段。当桩前剩余下滑力（桩前滑体抗力）采用抛物线分布时，可将抗力图形简化成一个三角形和一个倒梯形，如图 2.18 所示。

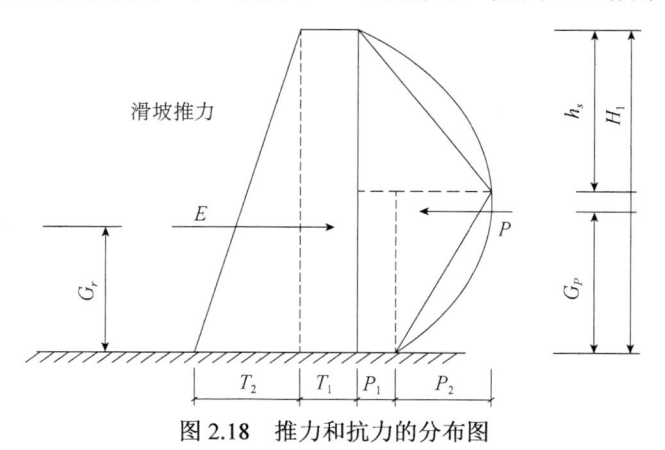

图 2.18　推力和抗力的分布图

图 2.18 中 h_s 为最大应力处距桩顶的高度，G_P 为滑坡桩前被动土压力作用点距滑动面的距离（m），它随滑体黏聚力的增大而减小，一般等于滑动面以上桩长的 1/4～1/3，该值对计算的影响不大，计算时根据滑体的性质，即滑坡推力假定的分布规律，参考选用表 2.11 给出的数值。G_r 为抗力作用点高度（m）。

表 2.11　最大应力处距桩顶高度 h_s 参考值

滑坡推力图形	G_r/H_1	h_s
三角形分布	1/3	$H_1/2$
梯形分布	1/3~1/2	$(1/2～1/5)H_1$
矩形分布	1/2	$H_1/5$

根据简化前后滑动面处弯矩和剪力相等的原理，得到 P_1 和 P_2 的计算公式：

$$P_1 = \frac{2PL\left(2 - \dfrac{h_s}{H_1} - 3\eta_p\right)}{H_1 - h_s} \tag{2.92}$$

$$P_2 = \frac{2PL\left[3\dfrac{h_s}{H_1} - \left(\dfrac{h_s}{H_1}\right)^2 - 3 + 3\eta_p\left(2 - \dfrac{h_s}{H_1}\right)\right]}{H_1 - h_s} \tag{2.93}$$

式中，P 为桩前滑体抗力（kN·m）；η_p 为桩前滑体抗力作用点距离滑动面的长度占抗滑桩总长度的比例。该值比滑坡推力的重心高 10%~15%；L 为桩间距（m）；H_1 为滑动面以上的桩长（m）。

此时，计算滑动面以上桩身内力时，应首先确定桩前抗力合力的重心高度，按上式计算 P_1 和 P_2，然后按下式计算桩身内力。

当 $y \leqslant h_s$ 时

$$Q_y = T_1 y + \frac{0.5 T_2 y^2}{H_1} - 0.5(P_1 + P_2)\frac{y^2}{h_s} \tag{2.94}$$

$$M_y = 0.5 T_1 y^2 + \frac{T_2 y^3}{6H_1} - \frac{(P_1 + P_2) y^3}{6 h_s} \tag{2.95}$$

当 $y > h_s$ 时

$$Q_y = T_1 y + \frac{0.5 T_2 y^2}{H_1} - 0.5(P_1 - P_2) h_s - P_1(y - h_s) - P_2(y - h_s) + \frac{0.5 P_2 (y - h_s)^2}{H_1 - h_s} \tag{2.96}$$

$$\begin{aligned} M_y = & 0.5 T_1 y^2 + \frac{T_2 y^3}{6 H_1} - 0.5(P_1 + P_2) h_s\left(y - \frac{2}{3} h_s\right) - 0.5 P_1 (y - h_s)^2 \\ & - 0.5 P_2 (y - h_s)^2 + \frac{1}{6}\frac{P_2 (y - h_s)^3}{H_1 - h_s} \end{aligned} \tag{2.97}$$

式中，Q_y 为桩身任意计算点的剪力（kN）；M_y 为桩身任意计算点的弯矩（kN·m）；y 为桩顶至任意计算点的距离（m）。

算例 2.6

已知抗滑桩受荷段 H_1=10.0m，滑坡推力 E=1176.8kN/m，桩间距 L=5m。桩前滑坡推力分布图形为矩形，桩截面 $b \times a = 2m \times 3m$ 为矩形。试计算桩身内力。

桩顶至滑面间各截面的计算结果如表 2.12 所示。抗滑桩计算结果见图 2.19。

表 2.12　桩顶至滑面间各截面的计算结果

距桩顶距离/m	剪力/kN	弯矩/(kN·m)	距桩顶距离/m	剪力/kN	弯矩/(kN·m)
0	0	0	6	3530.4	10591.2
2	1176.8	1176.8	8	4707.2	18828.8
4	2353.6	4707.2	10	5884.0	29420.0

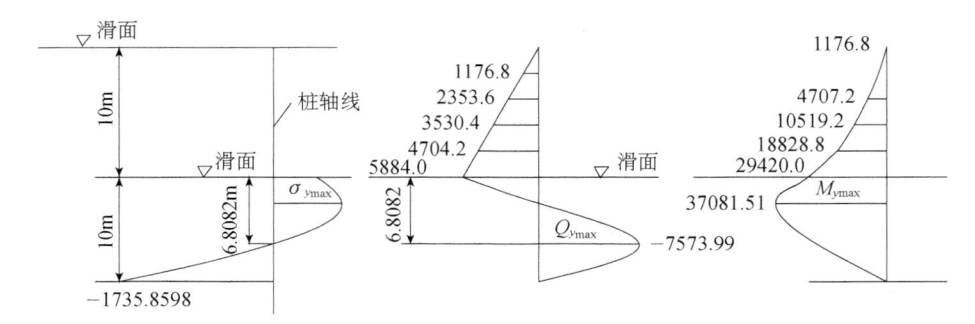

图 2.19　抗滑桩计算结果

2.2.2　结构设计

1. 设计步骤

根据抗滑桩的设计要求和设计内容，抗滑桩的设计步骤如下：

第一，在选定抗滑桩设桩位置后，根据滑坡推力、地基土层性质、桩用材料等资料拟定桩的间距、截面形状与尺寸、埋置深度。

第二，进行抗滑桩内力计算。确定桩后滑坡推力及其分布形式，当桩前滑体可能滑走时，不计桩前抗力；当桩前滑体不会滑走时，可有限计入桩前滑体抗力。

第三，确定地基系数，K 法或 m 法。

第四，计算桩的变形系数 α 或 β 及换算深度 αh 或 βh，据此进行刚性桩或弹性桩判别。

第五，受荷段内力计算，确定滑面处的弯矩 M_0 及剪力 Q_0。

第六，锚固段内力计算。根据桩底边界条件采用相应的计算公式求得滑面处的水平位移和转角及其下若干点（刚性桩一般每 1m 取一点，弹性桩一般按换算长度每 0.2m 取一点）处的地层侧向弹性应力、截面剪力和弯矩等，同时求出最大剪力及其位置，最大弯矩及其位置。

第七，校核地基强度。若桩身作用于地基地层的弹性应力超过其容许值或小于其容许值，则需调整桩的埋深，或桩的截面尺寸，或桩的间距，然后重新计算，直至合理地满足要求为止。

第八，根据计算的最后结果，绘制作用于桩身的弯矩图和剪力图。

第九，进行抗滑桩结构设计。

2. 抗滑桩结构设计

抗滑桩受到滑坡推力和锚固地层抗力作用，自身在上述荷载作用下产生弯曲（转动），为了防止桩体由于荷载作用产生过大变形与破坏，桩身需要配置纵向受力钢筋以抵抗弯矩、箍筋以抵抗剪力。桩身结构设计计算参照《混凝土结构设计规范》（GB50010—2002），按受弯构件考虑。无特殊要求时，一般不作变形、抗裂、挠度等项计算。

1）桩身截面配置纵向受力钢筋（控制截面受弯）

根据前述抗滑桩内力计算结果，取控制截面所受弯矩进行计算。计算可采用以下两种方法：

方法一，按混凝土结构正截面受弯承载力计算模式计算受力钢筋，计算可按单筋矩形截面考虑，经简化的计算图示如图 2.20 所示。

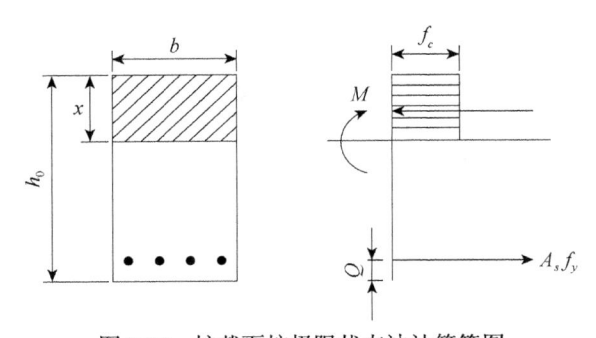

图 2.20 桩截面按极限状态法计算简图

由力的平衡条件得

$$\alpha_1 f_c b x = f_y A_s$$

由力矩平衡条件得

$$M = \alpha_1 f_c b x \left(h_0 - \frac{x}{2} \right)$$

联立上述两式求解，得

$$A_s = \frac{M}{f_y\left(h_0 - \dfrac{x}{2}\right)} \tag{2.98}$$

式中，x 为桩截面受压区高度，可按下式求得

$$x = \frac{\alpha_1 f_c b h_0 \pm \sqrt{\alpha_1^2 f_c^2 b^2 h_0^2 - 2 f_c b M}}{f_c b} \tag{2.99}$$

式中，M 为设计弯矩（kN·m）；A_s 为受拉钢筋截面积（mm²）；A_1 为混凝土受压区等效矩形应力图系数；当混凝土强度等级不高于 C50 时，α_1 取 1.0；f_c 为混凝土轴心抗压强度设计值（kPa）；f_y 为钢筋的抗力强度设计值（kPa）；b 为桩截面宽度（m）；h_0 为截面有效高度（含保护层厚度）（m）。

方法二，按基础梁简化计算公式估算。相对于一般混凝土梁来讲，抗滑桩更像一竖向弹性地基梁，因此可以参照基础梁截面设计计算的相关规定，按下式计算受拉钢筋截面积：

$$A_s = \frac{M}{0.9 f_y h_0} \tag{2.100}$$

在受压区高度 $x=0.2h_0$ 时，式（2.100）和式（2.98）的计算结果相同。当桩身弯矩较大，相对受压区高度较大时，简化公式的计算结果偏小。而当桩身弯矩较小，相对受压区高度较小时，简化公式的计算结果偏大。简化公式计算简单，可在初步设计阶段对桩身用钢筋数量进行估算。

从安全和经济方面考虑，控制截面位置一般取弯矩最大截面以及弯矩明显降低截面。当桩身较长，或设计精度要求相对较高（如施工图设计阶段）时，考虑到经济方面要求，控制截面可选多个。但此时，钢筋截断位置应符合相关规定。当设计精度要求相对较低（比如方案设计、初步设计阶段）或桩长不太长时，为了施工方便，可按最大弯矩截面通长配置受力钢筋。

2）桩身截面配置箍筋（控制截面受剪）

抗滑桩桩身除承受弯矩以外，还承受着剪应力。因此在设计计算时，必须进行剪应力的检算。为了施工方便，桩身不宜设斜筋，斜面上的剪应力由混凝土和箍筋承受。

桩身受剪承载力采用钢筋混凝土受弯构件斜截面受剪承载力相关公式计算。

对于均布荷载下矩形截面梁，当仅配箍筋时，斜截面承载力按下式计算：

$$V_u = 0.7 f_t b h_0 + 1.25 f_{yv} \frac{A_{sv}}{s} h_0 \tag{2.101}$$

式中，V_u 为抗剪承载力设计值（kN）；f_t 为混凝土抗拉强度设计值（kPa）；f_{yv} 为箍筋抗拉强度设计值（kPa）；A_{sv} 为配置在同一截面内箍筋各肢的全部截面积（mm²），$A_{sv}=nA_{sv1}$，其中 n 为在同一截面内箍筋的肢数，A_{sv1} 为单肢箍筋的截面面积（mm²）；s 为沿构件长度方向箍筋的间距（m）。

截面设计时，将上式中的抗剪承载力 V_u 用设计剪力代替，即可求得箍筋数量。

若剪力设计值小于等于混凝土抗剪承载力，即

$$V \leqslant 0.7 f_t b h_0 \tag{2.102}$$

则按构造要求配箍筋。

3）构造要求

桩身截面受拉钢筋和箍筋除由受弯、受剪承载力计算确定外，尚应符合下述规定：

桩身混凝土强度等级不低于 C30，护壁等级不低于 C20。混凝土用普通硅酸盐水泥拌制，当地下水有侵蚀性时，混凝土应根据侵蚀介质的性质、浓度氨的规定选用。水泥按有关规定选用。

纵向受拉钢筋可采用 Ⅱ 级带肋钢筋或型钢，且为大厂产品。

纵向受拉钢筋直径不宜小于 16mm，但不大于 32mm，滑坡推力过大时，可采用钢轨替代普通钢筋。净距不宜小于 120mm，困难情况下可适当减小，但不得小于 80mm，可以单根也可成束，成束布置时，每束不宜多于 3 根。主筋可以单排，也可按二排或三排甚至多排布置。受力钢筋保护层厚度一般不应小于 70mm，若有地下水侵蚀，还应适当加大。

护壁钢筋直径不大于 16mm，按照构造配筋即可。

纵向受力筋接长时，应采用人工机械绑扎或焊接，焊接质量和接头的位置均应符合有关规范的要求，原则上不采取对焊。当纵向受力筋需截断时，其截断点应按现行国家标准《混凝土结构设计规范》（GB50010—2010）的规定确定。

抗滑桩内不宜设置斜筋，可采用调整箍筋的直径、间距、桩身截面尺寸等措施，满足斜截面的抗剪强度。

箍筋宜采用封闭式，肢数不宜多于 4 肢，其直径不宜小于 14mm，间距不宜大于 400mm。

抗滑桩的两侧和受压边应适当配置纵向构造钢筋，其直径不宜小于 12mm。在桩的受压边两侧应布置架立钢筋，直径不宜小于 16mm。当桩身较长时，纵向构造钢筋和架立钢筋的直径应增大。

算例 2.7 抗滑桩结构设计

某抗滑桩内力计算结果见图 2.19，采用 C30 混凝土，纵向受力钢筋选用 HRB335 级（Ⅱ级），箍筋选用 HPB235 级（Ⅰ级），其他参数同算例 2.6。试对其进行桩身结构设计。

步骤一，根据设计弯矩计算纵向受力钢筋。

抗滑桩桩总长 20m，计算可按两个控制截面考虑配筋。控制截面Ⅰ-Ⅰ取桩身最大弯矩截面，控制截面Ⅱ-Ⅱ取地面下 7m 深处截面。若结构重要性系数取 1.0，则控制截面Ⅰ-Ⅰ处的设计弯矩为 37081kN·m，控制截面Ⅱ-Ⅱ的设计弯矩为 15058kN·m。

混凝土保护层厚度取 80mm，若为单排布筋，则桩截面有效高度 $h_0 \approx$ 2800mm。

计算Ⅰ-Ⅰ截面受力钢筋截面积：

混凝土受压区高度

$$x = \frac{\alpha_1 f_c b h_0 \pm \sqrt{\alpha_1^2 f_c^2 b^2 h_0^2 - 2 f_c b M}}{f_c b}$$

$$= \frac{1.0 \times 14.3 \times 2000 \times 2900 \pm \sqrt{1.0^2 \times 14.3^2 \times 2000^2 \times 2900^2 - 2 \times 14.3 \times 2000 \times 37081 \times 10^6}}{14.3 \times 2000}$$

$$= \frac{82940000 \pm 68978332.83}{28600}$$

$$= 488 \, (\text{mm})$$

Ⅰ-Ⅰ截面受力钢筋截面积

$$A_s = \frac{M}{f_y \left(h_0 - \frac{x}{2} \right)} = \frac{37081 \times 10^6}{300 \times \left(2900 - \frac{488}{2} \right)} = 46537.4 \, (\text{mm}^2)$$

若按简化方法计算所需受力钢筋截面积，则

$$A_s = \frac{M}{0.9 f_y h_0} = \frac{37081 \times 10^6}{0.9 \times 300 \times 2900} = 47357.6 \, (\text{mm}^2)$$

简化计算结果大于按混凝土结构梁承载力计算结果，但两种计算方法相差约 3%左右，可接受。

选 60 根 Φ32，实有 A_s=48252mm²，满足要求。可采取 3 根一束布置于受拉侧，考虑对钢筋净距的要求，实际布置为两排，每排 10 束。

计算Ⅱ-Ⅱ截面受力钢筋截面积：

混凝土受压区高度

$$x = \frac{\alpha_1 f_c b h_0 \pm \sqrt{\alpha_1^2 f_c^2 b^2 h_0^2 - 2f_c bM}}{f_c b}$$

$$= \frac{1.0 \times 14.3 \times 2000 \times 2900 \pm \sqrt{1.0^2 \times 14.3^2 \times 2000^2 \times 2900^2 - 2 \times 14.3 \times 2000 \times 15058 \times 10^6}}{14.3 \times 2000}$$

$$= 187.622 \text{ (mm)} \approx 188\text{mm}$$

Ⅱ-Ⅱ截面受力钢筋截面积

$$A_s = \frac{M}{f_y\left(h_0 - \dfrac{x}{2}\right)} = \frac{15058 \times 10^6}{300 \times \left(2900 - \dfrac{188}{2}\right)} = 17887.9 \text{ (mm}^2\text{)}$$

若按简化方法计算所需受力钢筋截面积，则

$$A_s = \frac{M}{0.9 f_y h_0} = \frac{15058 \times 10^6}{0.9 \times 300 \times 2900} = 19231.16 \text{ (mm}^2\text{)}$$

简化计算结果大于按梁受弯承载力计算结果，偏安全。

选 24 根 Φ32，实有 A_s=19300.8mm²，满足要求。采用 3 根一束，共 8 束布置于桩受拉侧。

步骤二，根据设计剪力配箍筋。

桩身剪力极值有位于滑面（地面下 10m）处的 5884kN 和地面下 16.8082m 处的 7572.4kN，同样，结构重要性系数取 1.0，则设计剪力首先按 7572.4kN 考虑。

先对是否需要配箍筋抵抗剪力进行验算：

$$0.7 f_t b h_0 = 0.7 \times 1.10 \times 2000 \times 2900 = 4466000(\text{N}) = 4466\text{kN}$$

可见，设计剪力大于混凝土提供的抗剪能力，需要配箍筋。

$$\frac{A_{sv}}{s} = \frac{V - 0.7 f_t b h_0}{1.25 f_{yv} h_0} = \frac{(7572.4 - 4466) \times 10^3}{1.25 \times 210 \times 2900} = 4.081 \text{ (mm}^2/\text{mm)}$$

若采用 4 肢箍，且取箍筋间距 s=300mm，则所需箍筋的截面面积：

$$A_{sv1} = \frac{4.081 \times 250}{4} = 255.04 \text{ (mm}^2\text{)}$$

选 HPB235 级 Φ20，实有 A_{sv1}=314.2mm²，满足要求。

从桩身剪力分布情况看，在地面下 0～7m 段，桩身混凝土即能抵抗剪力，因此从设计角度该段不需要配箍筋，该段箍筋可按构造要求取 4Φ16@400。

上述计算出的纵向受力钢筋布置于截面受拉侧，即一般的近山侧。受压侧，或远山侧布置构造钢筋以形成钢筋骨架，此处选 10 根 HRB335 级 Φ26。另外各选 7 根 HRB335 级 Φ26 布置于抗滑桩两侧边。根据上述计算结果和相应的构造要求做出两个截面的配筋图，见图 2.21。

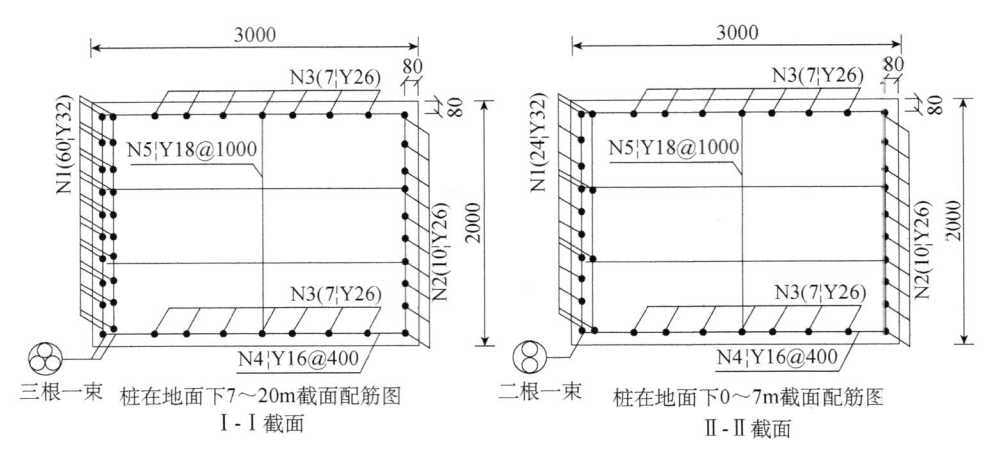

图 2.21　抗滑桩截面配筋图

2.3　预应力锚索抗滑桩设计方法

2.3.1　锚索抗滑桩

1. 计算模型

锚索抗滑桩包括钢筋混凝土桩和锚索两部分。精确计算中，图 2.22 所示锚索抗滑桩属于一次超静定体系。简化计算时，可令锚索的锚固力 N_t 承担滑坡推力的 30%~40%，则锚索抗滑桩的内力计算可分解为两个部分：其一是预应力锚索计算；其二为考虑锚索拉力后的悬臂抗滑桩计算。

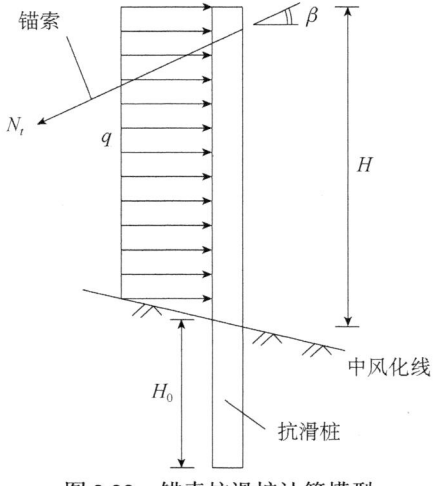

图 2.22　锚索抗滑桩计算模型

2. 预应力锚索锚固

锚固体的承载能力,由锚固体与锚孔壁的黏结强度、锚索与水泥砂浆的黏结强度及锚索强度三部分控制,设计时,应取其小值。锚索的锚固段长度,可按下列公式计算,采用 L_{sa}、L_m 中的大值,通常取 4~10m。

按锚索与水泥砂浆的黏结强度,确定锚固段长度 L_{sa},即

$$L_{sa} \geqslant \frac{r_o N_t}{\xi_3 \pi d_s f_b} \tag{2.103}$$

当锚索锚固段为枣核状时

$$L_{sa} \geqslant \frac{r_o N_t}{\xi_3 n \pi d f_b} \tag{2.104}$$

按锚固体与锚孔壁的黏结强度,确定锚固段长 L_m:

$$L_m \geqslant \frac{N_t}{\xi_1 \pi D f_{rb}} \tag{2.105}$$

式中,d_s 为锚索公称直径(m);d 为单根钢绞线公称直径(m);D 为锚固体直径(m);r_o 为结构重要性系数;ξ_1 为锚固体与地层黏结工作条件系数,取 1.0;ξ_3 为锚索与锚固体砂浆间的强度设计值,永久性锚杆取 0.4;f_b 为锚索与水泥砂浆的黏结强度设计值(kN),按表 2.13 和表 2.14 选用;f_{rb} 为锚固体与锚孔壁的黏结强度特征值(kPa),按表 2.15 选用。

表 2.13 锚索特征要素

束数	公称直径 d_s/mm	Φ12.7mm 型 直径 d_s/mm	周长/mm	Φ15.2mm 型 直径 d_s/mm	周长/mm
3	$(d\pi+3d)\pi$	21	77.9	30.0	94.2
4	$(d\pi+4d)\pi$	28.9	90.8	34.6	108.6
5	$(d\pi+5d)\pi$	32.9	103.4	39.4	123.8
6	$(d\pi+6d)\pi$	37.0	116.2	44.2	138.9
7	$(d\pi+6d)\pi$	37.0	116.2	44.2	138.9
9	$(d\pi+8d)\pi$	45.0	141.4	53.9	169.3
12	$(d\pi+9d)\pi$	49.1	154.3	58.7	184.4

表 2.14 锚索与水泥砂浆的黏结强度设计值

水泥浆与水泥砂浆强度等级	M25	M30	M35
锚索与水泥砂浆间 f_b/MPa	2.73	2.95	3.40

表 2.15 锚固体与锚孔壁的黏结强度特征值

岩石类别	f_{rb}/kPa
极软岩	120~180

续表

岩石类别	f_{rb}/kPa
软岩	170～400
较软岩	360～700
较硬岩	650～1100
坚硬岩	1000～1400

2.3.2 预应力锚索设计方法

预应力锚索主要用于岩质滑坡，当采取有效防腐措施时，也可与其他抗滑结构共同组成抗滑支挡体系用于岩质滑床上的土质滑坡。但是，下列情况不应采用预应力锚索：水位以下及水位变动带区和滑体土为欠固结土或对锚索可能产生横向荷载的地区。预应力锚索注浆水泥，分为永久性和临时性锚索，并分别考虑其重要性，应采用硅酸盐水泥或普通硅酸盐水泥，锚索可由单根或多根（Φ12.7mm 和 Φ15.2mm）钢绞线组成，单束锚索设计值宜在 500～2500kN 但不超过 3000kN 范围内选用。

采用预应力点锚加固滑坡时，按照下式确定锚索轴向拉力设计值：

$$N_t = \frac{F_n}{\sin(\alpha+\beta)\tan\varphi + \cos(\alpha+\beta)} \quad (2.106)$$

式中，N_t 为锚索轴向拉力设计值（kN）；F_n 为设锚处每孔锚索承担的滑坡推力值（kN）；φ 为滑动面内摩擦角（°）；α 为锚索与滑动面相交处，滑动面与水平面夹角（°）；β 为锚索与水平面夹角，以下倾为宜，宜取 11°～30°，且 $\alpha+\beta$ 不宜大于 45°，有条件时，取 $\alpha+\beta=\varphi$；锚索的轴向拉力设计值 N_t 不应大于锚索的承载力设计值 np_a，$N_t \leqslant np_a$，np_a 为单根钢绞线轴向受拉承载力设计值（kN）。

根据锚索轴向拉力设计值 N_t 和所选用锚索的钢绞线强度，计算每孔钢绞线的根数 n。

对于土质边坡及加固厚度（锚索自由段）较大的岩质滑坡，应对锚索在滑动面产生的法向阻力进行折减，公式修正如下：

预应力锚索锚固段计算方法：

$$N_t = \frac{F_n}{\lambda \sin(\alpha+\beta)\tan\varphi + \cos(\alpha+\beta)} \quad (2.107)$$

$$n = \frac{r_o N_t}{\xi_2 p_a} \quad (2.108)$$

式中，λ 为折减系数，与边坡岩性及加固厚度有关，在 0～1 之间选取；ξ_2 为锚索抗拉工作系数，取 0.85；r_o 为结构重要性系数，滑坡安全等级为一级、二级、三级、临时工程，应分别取值 1.15、1.10、1.05 和 1.00；预应力锚索间距宜采用 3～6m，最小不小于 1.5m。顶部第一排锚索锚固体的岩土层厚度，不应小于 3m。

算例 2.8

某滑坡滑面倾角为 22°，滑坡下滑力 F=755kN/m，滑面参数 φ=15°，滑坡防治工程安全等级为二级，拟采用预应力锚索进行整治，试进行设计。

步骤一，选用锚索钢绞线规格。

采用 Φ15.2mm 钢绞线，其公称直径为 15.2mm，强度标准值为 1860MPa，截面积为 139mm²，承载力设计值为 181kN、标准值为 259kN。

步骤二，确定锚索布设位置及设计倾角。

在设计中应考虑自由端伸入滑面长度不小于 1m，锚索布置在滑坡前缘，锚索与滑动面相交处滑面倾角 22°，锚索自由段长度 20m，锚索倾角确定为 22°。

步骤三，设计锚固力及锚索间距。

采用预应力锚索整治滑坡时，锚索提供的作用力主要有滑动面产生的抗滑力以及锚索在滑动面的法向产生的摩擦阻力，取折减系数 λ=0.8。

$$N_t = \frac{F_n}{\sin(\alpha+\beta)\tan\varphi + \cos(\alpha+\beta)}$$

$$T = \frac{F}{\cos(\alpha+\theta) + \lambda\sin(\alpha+\theta)\tan\varphi} = \frac{755}{\cos(22°+22°) + 0.8\times\sin(22°+22°)\times\tan15°}$$
$$= 870 \text{ (kN/m)}$$

设计锚索水平间距 d=4m，锚索排数 n=4，则每孔锚索设计的锚固力为

$$N_t = \frac{T \times d}{4} = \frac{870 \times 4}{4} = 870 \text{ (kN)}$$

步骤四，拉杆设计。

采用 Φ15.2mm 钢绞线，其每股钢绞线的截面积为 139mm²，拉杆所需钢绞线股数为

$$n = \frac{r_o N_t}{\xi_2 p_a} = \frac{1.1 \times 870}{0.85 \times 181} = 6.223 \approx 7 \text{ 根}$$

取整数 n=7，则采用 7 束 Φ15.2mm 钢绞线的锚索。

步骤五，锚固体设计。

设计采用锚索孔径直径 D=150mm，单根钢绞线直径 d=0.0152m；注浆材料采用 M35 水泥砂浆，锚索拉杆钢材与水泥砂浆的黏结强度 τ_s=2700kPa；锚索锚固段置于微风化的软岩中，锚孔壁与砂浆之间的黏结强度 q_s=300kPa；锚索锚固段设计为枣核状。

按水泥砂浆与锚索拉杆钢材黏结强度确定锚固段长度 L_a，当锚索锚固段为枣核状时 L_{sa}：

$$L_{sa} \geqslant \frac{r_o N_t}{\xi_3 n\pi d f_b} = \frac{1.1 \times 870}{0.4 \times 7 \times 3.14 \times 0.0152 \times 2700} = 2.65 \text{ (m)}$$

按锚固体与锚孔壁的黏结强度，确定锚固段长 L_m：

$$L_m \geqslant \frac{N_t}{\xi_1 \pi D f_{rb}} = \frac{870}{1.0 \times 3.14 \times 0.15 \times 300} = 6.16 \text{ (m)}$$

锚索的锚固长度取 2.65m 和 6.16m 的大值，并取整得锚固段长度 L_a=7m。

第 3 章 抗滑桩腐蚀耐久性

3.1 抗滑桩安全使用寿命的影响因素

3.1.1 混凝土的渗透性

混凝土是一种多孔非均质材料，水、侵蚀性介质可通过其内部孔隙渗入内部，与混凝土水化产物发生一系列的物理化学作用使混凝土劣化。因而混凝土的渗透性是混凝土耐久性的重要指标，也是影响抗滑桩使用寿命的重要因素。所谓混凝土的渗透性是指气体、液体或者离子受压力、化学势或者电场作用，在混凝土中渗透、扩散或迁移的难易程度。混凝土材料的腐蚀与混凝土的耐久性有着密切关系，渗透性越大，气体、液体中的有害介质越容易渗入混凝土内部，混凝土的耐久性就越差。例如混凝土中性化是由于 CO_2 等气体渗入混凝土内部与氢氧化钙等水化产物反应所致；混凝土的冻融破坏是由于渗入混凝土的水在负温下结冰冻胀所致；化学侵蚀是由于水及侵蚀性离子渗入混凝土内部所造成的。

混凝土的渗透性是由其微观结构决定的，如混凝土的孔隙率、孔径大小及分布，以及骨料-基体界面区的矿物组成等。

3.1.2 混凝土收缩开裂

1. 混凝土收缩

收缩是混凝土材料因物理和化学作用所产生的体积缩小的总称。产生收缩的原因：

第一，塑性收缩。混凝土拌合物在刚成型后，固体颗粒下沉，产生泌水而形成混凝土体积减小。

第二，化学收缩（自身收缩）。混凝土终凝后，水泥水化引起体积缩小，该类收缩发生于大体积混凝土内部，温度越高，水泥用量越大，水泥越细，化学收缩值越大。

第三，物理收缩（干燥收缩）。混凝土在未饱和的空气中，由于失水引起的体积缩小。空气相对湿度越低，收缩发展越快。

第四，碳化收缩。由于空气中二氧化碳的作用而引起的体积缩小。

2. 收缩对混凝土耐久性的影响

收缩不仅使混凝土产生内应力，导致抗滑桩发生变形，其强度和刚度降低；而且，因混凝土的极限拉伸变形值为 0.01%～0.02%，收缩变形值为 0.04%～0.06%，其拉伸变形值小于收缩值，故混凝土极易产生收缩裂缝。对于属于大体积混凝土工程的抗滑桩，浇筑后，水泥水化过程中产生大量的水化热，且大部分热量集中在浇筑后 3～4 天内放出。混凝土是热的不良导体，使桩身大量的水化热不易散发，混凝土内部温度不断升高，而混凝土表面散热较快，内外截面产生温度梯度，致使内部混凝土受热膨胀产生压应力，外部混凝土受冷收缩产生拉应力。由于混凝土抗拉强度低，混凝土内部拉应力超过混凝土抗拉强度时，便产生裂缝，这种裂缝一般较深，有时甚至为贯穿性的。在抗滑桩的使用过程中，在滑坡推力作用下属于受弯构件，容易在弯矩最大部位产生弯拉裂缝。裂缝产生后，为抗滑桩周围的水分及有害离子渗入混凝土内部提供了通道，导致混凝土渗漏、钢筋锈蚀，大大缩短抗滑桩的使用寿命。

3.1.3 混凝土中性化

混凝土的中性化是指空气、土壤或地下水中的酸性物质如 CO_2、HCl、SO_2 等渗入混凝土表面与水泥石中的碱性物质发生化学反应的过程[25-30]，如图 3.1 所示。

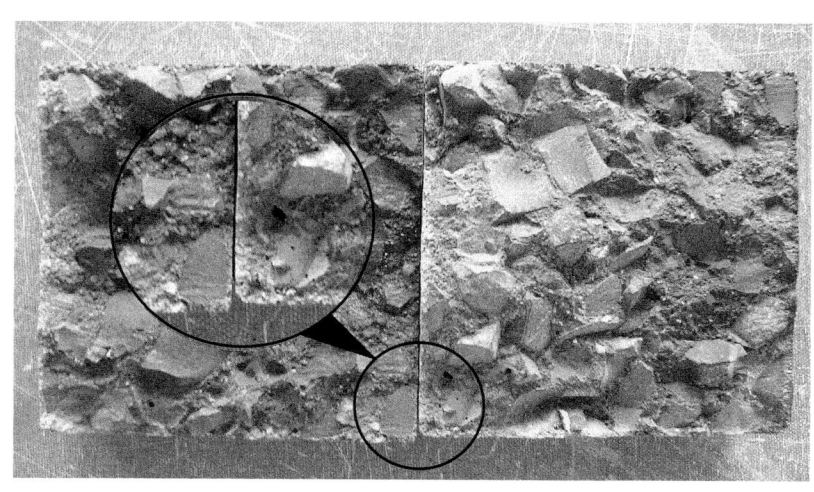

图 3.1 混凝土中性化

1. 产生中性化的原因

由于抗滑桩是地下工程,其使用环境主要是土壤或地下水,故其中性化原因也只有酸性水、酸性固体物和微生物腐蚀:

第一,酸性水。酸性水是指含有盐酸、硫酸、硝酸等无机酸盐类,含有醋酸、乳酸等有机酸类以及含有混合酸的工业废水。在工业化日益剧烈的今天,各地区普降酸雨,也是影响工程建筑物耐久性不可忽略的因素。它们对钢筋混凝土有强烈的腐蚀作用,水中酸的浓度越高,其侵蚀性越强。

第二,酸性固体物。原材料、中间品、产品或废料中如有酸性固体物或含酸的粉、渣等,它们与混凝土接触,也会使混凝土受到侵蚀破坏。

第三,微生物腐蚀。土壤中的微生物种群丰富,微生物对混凝土和钢筋都能造成腐蚀破坏,有时是相当严重的。某些微生物导致的腐蚀,本质上是酸化作用。典型的是硫酸盐菌,在它的生命过程中,能将环境中的硫元素转化成硫酸,导致混凝土中性化和酸化,进而引起硫酸盐膨胀腐蚀,并使钢筋锈蚀。

2. 混凝土中性化机理

在混凝土的硬化过程中,约占水泥用量的三分之一将生成氢氧化钙($Ca(OH)_2$),氢氧化钙在硬化水泥浆体中结晶或在混凝土空隙中以饱和水溶液的形式存在。土壤中的酸性物质通过混凝土内部空隙渗入混凝土内部,与氢氧化钙发生化学反应,生成碳酸盐或其他物质。以盐酸为例,主要化学反应式为

$$2HCl + Ca(OH)_2(微溶) = CaCl_2(易溶) + 2H_2O \tag{3.1}$$

正常设计、施工、养护的混凝土一般是呈碱性的,其 pH 值在 13 左右,此时钢筋表层生成一层致密的钝化膜,对钢筋防腐蚀有利。混凝土碳化时,酸性物质与混凝土内 $Ca(OH)_2$ 等碱性物质反应生成了可溶性盐,使混凝土内孔隙液体的 pH 值降低;当碳化深度达到钢筋表面时,pH 值降低到 10 以下,钢筋的钝化膜被破坏,引起钢筋锈蚀,最终降低抗滑桩的耐久性能及使用寿命。

3.1.4 化学侵蚀

抗滑桩属于隐蔽工程,其周围介质的化学特性各异,如岩土体的酸碱性及存在的生物种类,地下水中矿物质的种类与含量等对抗滑桩的寿命均有影响。化学侵蚀是环境介质对抗滑桩耐久性影响的重要因素。混凝土受侵蚀介质的侵害随介质的化学性质而不同,但根据所发生的化学反应,混凝土受化学侵蚀的方式主要是:混凝土中某些组分被介质溶解;化学反应产物易溶于水;化学反

应产物结晶膨胀等。

1. 结晶性侵蚀

某些地下水常含有硫酸盐如 Na_2SO_4、$CaSO_4$、$MgSO_4$ 等，硫酸盐溶液和混凝土中的氢氧化钙及水化铝酸钙发生化学反应，生成石膏和硫铝酸钙，硫铝酸钙体积膨胀使混凝土开裂甚至瓦解。

硫酸钠和氢氧化钙的反应式为

$$Ca(OH)_2 + Na_2SO_4 \cdot 10H_2O \longrightarrow CaSO_4 \cdot 2H_2O + 2NaOH + 8H_2O \qquad (3.2)$$

如在流动的硫酸盐溶液里，可以一直进行下去，直至 $Ca(OH)_2$ 被完全反应完；若 NaOH 被积聚，则反应达到平衡，只有部分 $CaSO_4$ 沉淀成石膏。从氢氧化钙转变为石膏，体积增加为原来的两倍。

硫酸钠和水化铝酸钙的反应式为

$$2(3CaO \cdot Al_2O_3 \cdot 12H_2O) + 3(Na_2SO_4 \cdot 10H_2O)$$
$$\longrightarrow 3CaO \cdot Al_2O_3 \cdot 3CaSO_4 \cdot 32H_2O + 2Al(OH)_3 + 6NaOH + 16 H_2O \qquad (3.3)$$

水化铝酸钙变成硫铝酸钙时体积增加 1.5 倍以上，固相体积增大。

混凝土硫酸盐侵蚀是一种常见的侵入型侵蚀，在侵蚀初期，含 SO_4^{2-} 的硫酸盐随溶液渗入水泥石内部，与水泥水化产物 $Ca(OH)_2$ 发生反应生成钙矾石之类的晶体，晶体体积膨胀将填充混凝土内部的部分空隙，从而提高混凝土的密实度，使混凝土的强度有所提高。但随着结晶的增多，结晶应力逐渐增大，直至超出了混凝土抗拉强度或极限拉伸率（0.01%～0.02%）时，混凝土产生裂缝，接着裂缝导致混凝土剥落，从而导致混凝土的强度降低、使用性能下降，最终使混凝土失效，影响结构物的使用安全。

2. 溶出性侵蚀

水泥石中的水化产物，都必须在一定浓度的石灰溶液中才能稳定存在，如果液相中的石灰浓度小于该水化产物的极限石灰浓度，则该水化产物将被溶解或分解。资料表明，当混凝土中钙溶出量达到 25%时，混凝土抗压强度下降 36%；当溶出量达到 33%时，混凝土会变得酥松而失去强度。

水化产物 $Ca(OH)_2$ 是提供水泥石强度的重要因素，但 $Ca(OH)_2$ 属微溶物质，常温下其极限石灰浓度约为 21mmol/L，pH 值为 12.5。水体使 $Ca(OH)_2$ 溶失，致使水泥石液相中 $Ca(OH)_2$ 浓度低于某些水泥水化产物稳定存在的极限浓度，致使部分水化产物分解。由于环境水的不断渗入，为了保证 $Ca(OH)_2$ 稳定存在，首先 $Ca(OH)_2$ 被溶解直至混凝土液相钙浓度达到极限浓度。但是混凝土内外液相钙的浓度差,导致钙不断向外扩散,钙不断向外流失,混凝土孔隙液 pH 值不断降低。众所周知,混凝土孔隙溶液的高碱性是保证混凝土水化物稳定存在的必要条件,$Ca(OH)_2$ 的流失,促使水化硅酸盐、铝酸盐等水化产物分解,使混凝土结构遭到严重的破坏。

3. 溶解性侵蚀

某些溶有 CO_2 等酸性气体或腐殖酸的水,除发生 $Ca(OH)_2$ 溶失外,还会发生化学溶解作用。它们与 $Ca(OH)_2$ 作用,生成水和可溶性钙盐,使混凝土的侵蚀明显加速。

3.1.5 碱-集料反应

碱-集料反应是指混凝土中的碱与集料中的活性组分之间发生的破坏性膨胀反应,是影响混凝土耐久性的主要因素之一。水泥含碱量的增加,水泥用量的提高以及含碱外加剂的推广应用,大大增加了混凝土发生碱-集料反应的概率。碱-集料反应导致的破坏是整体性的,一旦发生便无法治理。

1. 碱-集料反应的种类

依据参与碱-集料反应的集料种类与反应机理,可将碱-集料分为以下三类:

第一,碱-硅酸反应。其反应主要发生在碱与微晶氧化硅之间,其反应产物为硅胶体。这种硅胶体遇水膨胀,会产生很大的膨胀压力,能引起混凝土开裂。

第二,碱-硅酸盐反应。集料与混凝土中碱性化合物发生的反应属于碱-硅酸盐反应。这种反应引起缓慢的体积膨胀,也能引起混凝土开裂。

第三,碱-碳酸盐反应。集料与混凝土中的碱性化合物发生的反应。

2. 碱-集料反应机理

碱-集料反应是混凝土中某些活性矿物集料与混凝土孔隙中的碱性溶液之间发生的反应。可见,促使这类反应发生必须具备三个条件,即混凝土中同时存在活性矿物集料、碱性溶液和水。水泥水化反应初期,于集料颗粒周围形成 C—S—H 凝胶及 $Ca(OH)_2$ 附着层,然后水化生成的 $Ca(OH)_2$ 与集料中的钾长石或钠长石反应置换出 NaOH 和 KOH。

混凝土中的活性集料与混凝土中的碱发生的碱-集料反应为

$$2Na_2O + SiO_2 + 2H_2O \longrightarrow Na_2O \cdot SiO_2 + 2Na(OH)_2 \qquad (3.4)$$

反应生成的碱-硅酸盐凝胶吸水膨胀,体积增大约 3~4 倍,膨胀压力约为 3~4MPa,引起混凝土开裂破坏。碱-集料反应引起的混凝土开裂,在混凝土表面一般形成网状或地图状裂缝,并在裂缝处渗出白色凝胶物质,且裂缝宽度越宽,则深度越深,总长度越长。

碱-集料反应引起的混凝土结构破坏的发展速度和破坏程度,比其他耐久性破坏更快、更严重。混凝土结构发生碱-集料反应时,一般不到两年就会使结构出现明显裂缝,且一旦发生,就难以控制,还会加快结构的其他耐久性破坏过程。故,在选用集料时,应尽量避免使用具有碱活性的集料。

3.1.6 钢筋锈蚀

钢筋锈蚀是影响抗滑桩承载能力,进而影响其使用年限的首要因素。一般混凝土呈碱性,其 pH 值大于 12.5,在碱性环境中的钢筋容易发生钝化作用,使钢筋表面产生一层钝化膜,阻止混凝土中钢筋的锈蚀。氯离子及其他有害离子随溶液渗入混凝土内部孔隙,与混凝土材料中的碱性物质发生中和反应,便使钢筋周边的 pH 值降低。pH 下降至 9 以下时,埋置于混凝土内部的钢筋表面的钝化膜被逐渐破坏,导致钢筋锈蚀。钢筋锈蚀后体积膨胀 2~4 倍,导致混凝土保护层开裂,钢筋与混凝土之间的黏结力破坏,钢筋的受力截面减少、结构强度降低,从而导致抗滑桩耐久性降低。

1. 钢筋锈蚀机理

钢筋的锈蚀一般为电化学锈蚀。碳化深度或氯离子到达钢筋表面时,该处的 pH 值迅速下降,甚至降到 pH<4,钝化膜完全破坏。小区域钢筋表面钝化膜被破坏后,裸露的铁基体形成小阳极,与尚完好的钝化膜区域构成腐蚀电池,产生电势差,使钢筋表面产生点蚀或坑蚀。因而,酸及氯离子对混凝土本身都无严重破坏作用,但这些环境物质都是混凝土中钢筋钝化膜破坏的最重要而又最常遇到的环境介质。因此,混凝土中钢筋锈蚀机理主要有两种:混凝土的中性化和氯离子的侵入。钢筋的电极反应式为

阳极: $\quad Fe \longrightarrow Fe^{2+}+2e \quad$ (3.5)

阴极: $\quad O_2+2H_2O+4e \longrightarrow 4OH^- \quad$ (3.6)

阳极表面二次化学过程为

$$Fe^{2+}+2OH^- \longrightarrow Fe(OH)_2 \quad (3.7)$$

$$4Fe(OH)_2+O_2+2H_2O \longrightarrow 4Fe(OH)_3 \quad (3.8)$$

土壤中的氧气和水不断渗入混凝土内部,钢筋表面发生上述电化学反应,铁基不断失去电子而溶于水,从而逐渐被腐蚀,在钢筋表面生成红铁锈,引起混凝土开裂。钢筋锈蚀机理如图 3.2 所示。

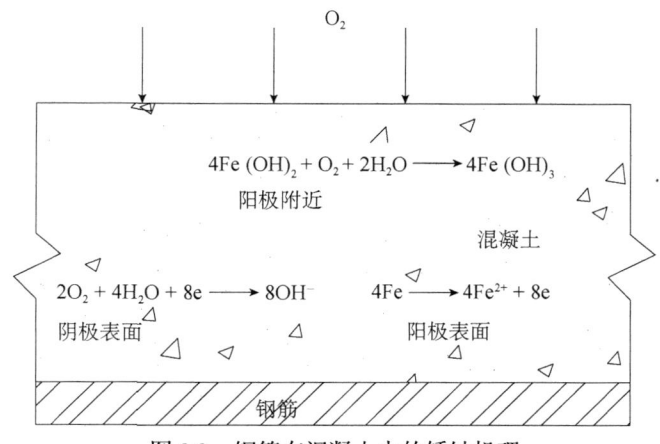

图 3.2　钢筋在混凝土中的锈蚀机理

2. 氯离子对钢筋锈蚀的影响

氯离子是影响钢筋锈蚀的重要因素，研究表明，在氯离子环境下的混凝土结构，即使混凝土碳化层未达到钢筋表面，钢筋也会发生锈蚀。氯离子的来源主要有两类：周边环境中的氯离子的渗入；拌和混凝土时原材料的引入，如掺入含氯盐的外加剂等。试验表明，混凝土拌合物中，氯离子含量只要达水泥质量的 0.035%，就足以使混凝土中的钢筋局部去钝化。所以，必须严格控制原材料的氯离子含量。

氯离子渗透到混凝土内部，破坏钢筋表面的钝化膜，加速了钢筋的锈蚀。当钢筋周围的混凝土孔隙液中氯离子浓度达到某临界值时，钢筋表面生成绿锈。因此，即使混凝土碳化深度还很浅，钢筋周围的混凝土仍具有高碱度，钢筋也会锈蚀。可见，氯化物盐是促使钢筋锈蚀、威胁钢筋混凝土建筑物耐久性的最危险的物质。氯离子本身不参与腐蚀过程，却大大加快了上述电化学反应的进程。氯离子（Cl^-）和氢氧根离子（OH^-）争夺腐蚀产生的 Fe^{2+}，形成 $FeCl_2 \cdot 4H_2O$（绿锈），绿锈从钢筋阳极向含氧量较高的混凝土孔隙迁徙，分解为 $Fe(OH)_2$（褐锈）。褐锈沉淀于阳极周围，同时放出 H^+ 和 Cl^-，它们又回到阳极区，使阳极区附近的孔隙液局部酸化，Cl^- 再带出更多的 Fe^{2+}。这样，氯离子虽然不构成腐蚀产物，在腐蚀中也不消耗，但是为腐蚀的中间产物，起催化作用。

反应式为

$$Fe^{2+} + 2Cl^- + 4H_2O \longrightarrow FeCl_2 \cdot 4H_2O \quad (3.9)$$

$$FeCl_2 \cdot 4H_2O \longrightarrow Fe(OH)_2 \downarrow + 2Cl^- + 2H^+ + 2H_2O \quad (3.10)$$

如果在大面积的钢筋表面上有高浓度的氯离子，由氯离子引起的腐蚀是均匀腐蚀，但是在混凝土中常见的是局部腐蚀。首先在很小的钢筋表面形成局部破坏，成为小阳极，此时钢筋表面的大部分仍具有钝化膜，成为大阴极。这种特定的由大阴极和小阳极组成的腐蚀电偶，由于大阴极区的阴极反应，气成 OH^- 使 pH 值增高；氯离子提高混凝土的吸湿性，使阴极和阳极之间的混凝土孔隙液欧姆电阻降低。这三方面的自发性变化，使得上述局部腐蚀电偶以局部深入的形式持续进行，这种局部腐蚀又被称为点蚀和坑蚀，如图 3.3 所示。

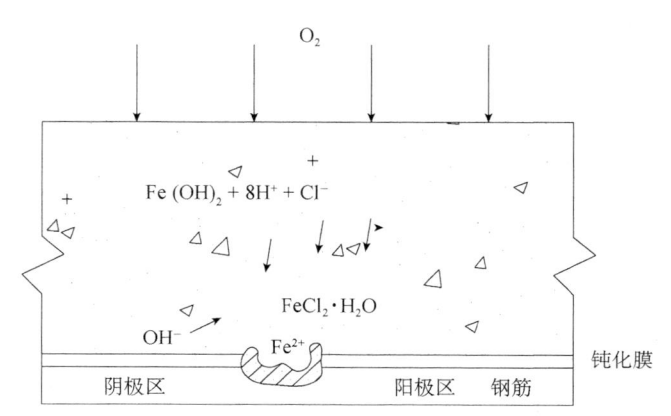

图 3.3 氯离子引起的钢筋点蚀示意图

3. 钢筋锈蚀过程

分析钢筋锈蚀过程，可为评估抗滑桩使用寿命提供理论基础。钢筋锈蚀有以下几个阶段（图 3.4）。

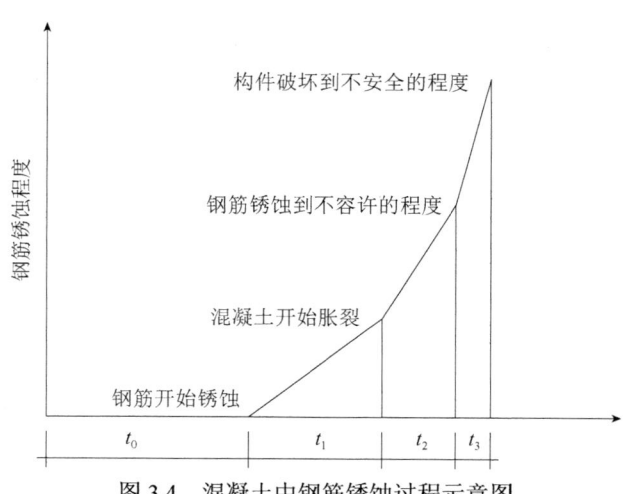

图 3.4 混凝土中钢筋锈蚀过程示意图

第一，腐蚀孕育期。从抗滑桩混凝土浇筑到混凝土碳化层深达到钢筋表面，或氯离子侵入混凝土已使钢筋去钝化，即钢筋开始锈蚀为止，以时间 t_0 表示。

第二，锈蚀发展期。从钢筋开始锈蚀发展到混凝土保护层表面因钢筋锈蚀肿胀而出现破坏，以时间 t_1 表示。

第三，腐蚀破坏期。从混凝土表面因钢筋锈蚀肿胀开始破坏发展到混凝土严重胀裂、剥落破坏，以时间 t_2 表示。

第四，腐蚀危害期。钢筋锈蚀已经扩大到使抗滑桩区域性破坏，致使结构不能安全使用，以时间 t_3 表示。

钢筋锈蚀破坏的特征有：裂缝沿主筋方向开展延伸；钢筋与混凝土的握裹力下降甚至丧失；钢筋断面损失；钢筋应力腐蚀断裂。抗滑桩是地下工程，这些腐蚀情况无法观察，但可以用这些特征判断模型试验中模型桩的最长安全使用寿命。一般，$t_0 > t_1 > t_2 > t_3$。

3.1.7 荷载

抗滑桩是受力构件，荷载的大小和符号对其耐久性能影响很大。以上的影响因素仅仅考虑单一的环境影响，而未考虑受力的影响。抗滑桩周边土体、桩土间作用的复杂性，使得其耐久性有别于一般钢筋混凝土构件。

荷载对抗滑桩耐久性的影响可由不同的应力水平下抗滑桩模型的腐蚀情况获得，所谓应力水平是指结构实际承受的应力与极限应力的比值。一般，混凝土受压时，其中性化深度较不受力的构件小，而受拉构件最大。给混凝土施加应力之后对内部的微细裂缝起到了抑制或扩散作用。微细裂缝的存在使 CO_2 等物质容易渗透，引起中性化速度加快；但施加了压应力之后，使混凝土的大量微细裂缝闭合或宽度减小，CO_2 等物质的渗透速度减慢，从而减弱了混凝土的中性化速度。当然，混凝土中的压应力过大时，也可使混凝土产生微观裂缝，加速耐久性退化过程；相反，施加拉应力后，混凝土的微裂缝扩展，加快了混凝土的耐久性退化速度。

3.1.8 地质环境

地质环境对抗滑桩耐久性的影响主要体现在土体 pH 值、腐蚀介质的种类和含量及土壤质地三方面。

第一，土体 pH 值。pH 值越小，土体腐蚀性越强，混凝土中性化程度越大，保护层完全中性化所需时间也就越短。

第二，土体中腐蚀介质的种类和含量。当土体中含有 SO_4^{2-}、H_2S 等腐蚀性介质时，由于它们与 Ca(OH)$_2$ 反应生成不溶性 CaSO$_4$、CaS，混凝土发生 Ca(OH)$_2$ 溶失和结晶型腐蚀，影响混凝土耐久性。

第三，土壤质地。当土质为重黏土或砂岩土等含有较多碎石和粗砂的土质时，由于有利于地下水的流通，有利于腐蚀产物的生成、溶解和流失以及再生成、再溶解和流失，加速了腐蚀性介质对混凝土材料进行溶出性腐蚀和分解性腐蚀的速度。

3.1.9 施工控制

混凝土施工质量对混凝土的品质有很大影响，混凝土的浇筑、振捣不仅影响混凝土的强度，而且直接影响混凝土的密实性，因此，施工质量对抗滑桩的使用寿命有很大影响。实际调查结果表明，在其他条件相同时，施工质量好，混凝土的强度高，密实性好，抗环境侵蚀能力较强；施工质量差，混凝土密实性差，内部有裂缝、蜂窝、孔洞等，孔隙率较大，环境中有害介质在混凝土中的扩散路径增加，混凝土的抗侵蚀能力衰减加快，耐久性大大降低。

混凝土的养护状况及养护龄期对抗滑桩使用寿命也有影响。混凝土的早期养护不良，水泥水化不充分，使桩表层混凝土的渗透性增大，环境中有害离子较易渗入混凝土内部，与水泥水化产物发生反应而劣化混凝土材料的物理力学性能。

3.2 抗滑桩耐久性试验

3.2.1 相似比

相似是指自然界两个及两个以上的现象在外在表象及内在规律方面的一致性。根据这个概念，进行模型试验的时候引入了相似理论，相似理论主要应用于指导模型试验，确定"模型"与"原型"的相似程度等。而采用相似材料原理设计模型的目的是求出各待测参数的相似准则，并通过模型试验所得各个参数的试验值进行换算求得能够反映实际情况的参数。

抗滑桩模型试验设计引入的物理量主要有如下几项。模型特征量：几何尺寸 l、弹性模量 E、密度 ρ、泊松比 μ；荷载作用量：滑坡推力 q（线荷载）、荷载施加的坐标 x、y、z；待求的量：锚索拉力 R、应力 σ、应变 ε 等物理量。主要相似常数为：几何相似常数 C_l、弹性模量相似常数 C_E、密度相似常数 C_ρ、泊松比相似常数 C_μ、滑坡推力相似常数 C_q、应力相似常数 C_σ、应变相似常数

C_ξ。采用力制量纲,即长度[L]、力[F]和时间[T]作为基本量纲,用量纲分析法求相似关系,求得相似关系见表3.1。根据试验目的、场地、仪器设备要求先确定几何相似常数C_l,再由这些相似关系,可确定模型试验中所涉及物理量的相似比以设计试验模型。

表3.1 静力弹性模型的常用相似关系

类型	物理量	量纲(力制)	相似关系
材料特性	应力 σ	FL^{-2}	$C_\sigma = C_E$
	应变 ε	—	$C_\varepsilon = 1$
	弹性模量 E	FL^{-2}	C_E
	泊松比 μ	—	$C_\mu = 1$
	质量密度 ρ	FT^2L^{-4}	$C_\rho = C_E/C_l$
几何特征	长度 l	L	C_l
	线位移 x	L	$C_x = C_l$
	角位移 θ	—	$C_\theta = 1$
	面积 A	L^2	$C_A = C_l^2$
	截面抵抗矩 W	L^3	$C_W = C_l^3$
	惯性矩 I	L^4	$C_I = C_l^4$
荷载	集中荷载 F	F	$C_F = C_E C_l^2$
	线荷载 q	FL^{-1}	$C_q = C_E C_l$
	面荷载 p	FL^{-2}	$C_p = C_E$
	力矩 M	FL	$C_M = C_E C_l^3$

3.2.2 悬臂抗滑桩耐久性模型试验

试验着重考虑酸性条件下抗滑桩的应力腐蚀情况,通过在酸-应力耦合作用下的悬臂式抗滑桩腐蚀情况来研究抗滑桩的耐久性。通过监测模型桩桩身位移变化,测试混凝土受腐蚀后的强度、中性化深度及桩身混凝土中性化深度,分析在酸-应力耦合作用下抗滑桩的耐久性能及确定悬臂式抗滑桩的最不利部位。

1. 试验设计

本试验装置如图3.5所示,由仪表量测装置、模型桩和加载持荷装置三部分组成。

1)模型桩

根据相似原理,为了使试验结果更接近实际情况应尽量采用大比例模型试验,确定几何相似比 C_l=1∶12。模型桩为 C20 的钢筋混凝土,强度与实际情况相当。其横截面尺寸为 15cm×20cm,桩长 l=2.0m,其中,三分之一倍桩长为嵌固段,其余为受力段。

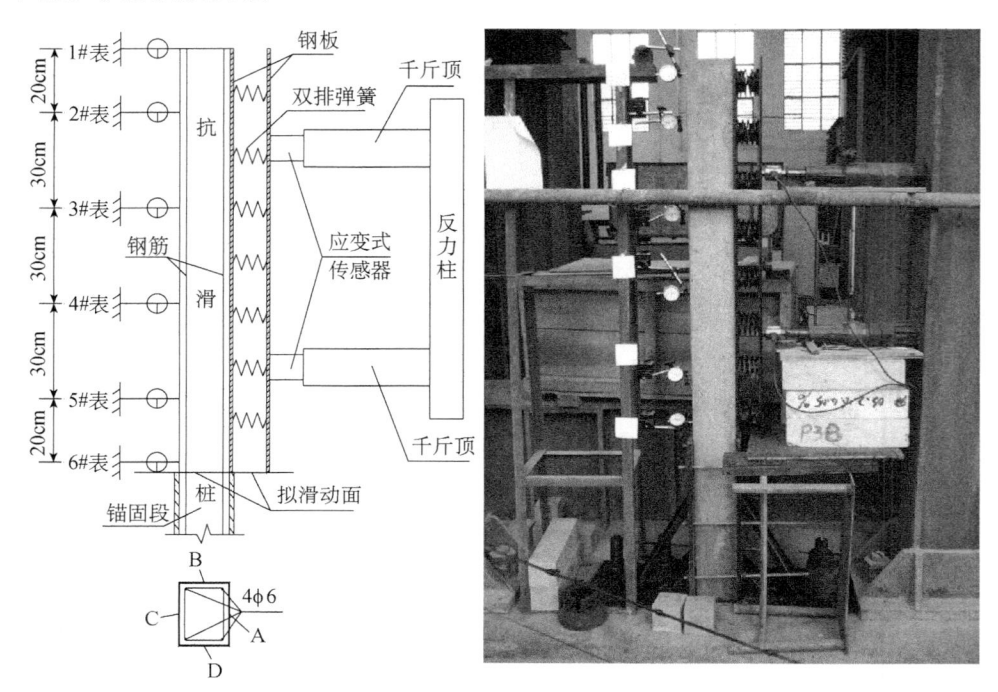

图 3.5 悬臂抗滑桩试验模型

2)混凝土试件尺寸与数量

为对比抗滑桩在腐蚀及应力耦合作用下的腐蚀情况,在成型模型桩的同时,预制 19 组混凝土试件,其配合比与模型桩的配合比相同。试件每组 3 个试块,尺寸为 100mm×100mm×100mm。混凝土试件的组数及其测试项目见表 3.2。

表 3.2 混凝土试件组数及其测试项目

试件编号	试件组数	养护条件	测试项目
O-Ⅰ	1	标准养护 28d(Ⅰ)	立方体抗压强度
A-Ⅱ	5	自然养护(Ⅱ)	抗压强度(不同龄期)
	5		中性化深度(不同龄期)
B-Ⅲ	4	自然养护 28d 后定时喷淋腐蚀液(Ⅲ)	抗压强度(不同龄期)
	4		中性化深度(不同龄期)

注:立方体抗压强度是按照标准的制作和成型方法制作立方体试件,在标准养护条件(养护温度为 20±2℃,相对湿度大于 95%以上即标准养护)下,养护至 28d 龄期,按标准的测定方法测定其抗压强度值。自然养护即将试件直接置于空气中养护。

3）加载装置及荷载设计

试验设计荷载为水平荷载。目前通常认为滑坡推力的分布图式有三角形、矩形和梯形三种模式，此处采用矩形分布模式。试验中采用千斤顶加载，接应变式传感器量测荷载大小。为使试验过程中模型桩受荷均匀并保持不变，采用弹簧（2 排共 16 个，弹簧刚度 k=4kN/m）及 2 块钢板置于模型桩与传感器之间。设计 q=1.5kN/m，分步分级施加荷载。第一次加载量为 $2q/3$，持荷 7d；第二次加载至 q，此后保持此荷载不变。

4）腐蚀方法

配制 pH=4.5 的盐酸溶液，做腐蚀试验时定时向模型桩及混凝土试块表面喷淋盐酸溶液。试验过程中的温湿度以室内为准。

2. 测试内容与方法

1）桩身位移

按所设计的程序加载，通过设置在模型桩 C 面的 6 个百分表，其位置详见图 3.5，分别量测桩在各级荷载条件下的位移。达到 q=1.5kN/m 后，持荷腐蚀，测取模型桩在酸-应力耦合长期作用下的位移变化情况，每 1d 读取一次数据。

2）混凝土试件的抗压强度及中性化深度

测 O-Ⅰ 试件的立方体抗压强度；测与模型桩受同步腐蚀的 B-Ⅱ 混凝土试件经不同腐蚀时间的抗压强度及中性化深度，每腐蚀 20d 测一次；同时测取 A-Ⅲ 试件在相同龄期的抗压强度及中性化深度。

3）模型桩的中性化深度

长期腐蚀试验结束时，加载直至模型桩破坏，于桩身不同部位选取测点，钻孔，用酚酞指示剂法测桩身不同部位的中性化深度。

3. 试验结果分析

1）混凝土腐蚀前后的强度对比

根据表 3.2，测试 O-Ⅰ 的标准抗压强度（f_{cu}），A-Ⅱ、B-Ⅲ（各 4 组试件）于不同龄期的抗压强度 $f_{A-Ⅱ}^n$、$f_{B-Ⅲ}^n$。为评价盐酸腐蚀对混凝土强度的影响，定义强度降低率 ξ_f（%）：

$$\xi_f = \frac{\left| f_{A-Ⅱ}^n - f_{B-Ⅲ}^n \right|}{f_{A-Ⅱ}^n} \times 100\% \tag{3.11}$$

式中，$f_{A-Ⅱ}^n$ 和 $f_{B-Ⅲ}^n$ 分别为 A-Ⅱ 和 B-Ⅲ 混凝土在龄期为 n 时抗压强度，单位 MPa。将试验结果列入表 3.3。

表 3.3 混凝土抗压强度

试验龄期/d	抗压强度 f_{cu}/MPa			盐酸腐蚀时间/d	因盐酸腐蚀引起的强度降低率 ξ_f /%
	O-I	A-II	B-III		
28	22.7	24.5	—	0	
50	—	26.1	25.0	22	4.2
70	—	26.7	24.8	42	7.1
90	—	27.0	24.3	62	10.0
110	—	27.1	23.4	82	13.6

混凝土标准抗压强度为 22.7MPa。于空气中自然养护的 A-II 试件的抗压强度随时间的延长而逐渐增加，而喷淋盐酸溶液的 B-III 试件的抗压强度随腐蚀时间的增加先增大后减少。这是因为，在喷淋盐酸溶液初期，溶液中的水对混凝土起较大的养护作用，使得强度增长值大于因酸腐蚀而造成的强度削减；随着腐蚀进一步发展，腐蚀造成的强度削减占主导地位，混凝土强度随即逐渐降低，强度降低率随之增大。当盐酸腐蚀时间达 82d 时，因酸腐蚀引起的强度降低率达 13.6%。

2）抗滑桩桩身位移变化规律[8, 9]

加载阶段：见图 3.6～图 3.8。随荷载的增加，抗滑桩桩身各部位的位移也逐渐增加。当荷载量较小时，桩身各部位的位移几乎呈线性。随着荷载量的增加，靠近滑动面桩身位移增量较小（如 5#、6#表所示），桩顶的位移增量最大，这与均布荷载作用下悬臂梁的挠度变化相似。

持荷腐蚀阶段：①第一次持荷时保持荷载 1359N 不变，持荷腐蚀 7d，每天观测桩身位移，其结果如图 3.7 所示。荷载不变，桩身各部位的位移随时间的增加仍有所增长，最后逐渐趋于稳定。1#、2#、3#、4#表处桩身位移增长较一致，5#、6#表因靠近滑动面其位移值几乎不变。②第二次持荷时保持荷载 1982N 不变，每天定时向抗滑桩喷淋腐蚀液，监测模型桩桩身位移情况如图 3.9 所示。由图可见，在应力和盐酸溶液双重作用下，桩身各部位的位移随作用时间增加而增加。从桩顶由上而下，位移的变化率逐渐减少，增长幅度分别为 24.1%、21.7%、21.7%、16.7%、7.0%、2.4%。而靠近滑动面的 5#、6#表，因锚固端的锚固效应，其位移基本保持不变。

在盐酸溶液作用下，混凝土强度劣化明显。承受滑坡推力的抗滑桩，即使滑坡推力不变，桩身承载能力随混凝土强度的降低有所下降，且随着时间的增加，抗滑桩桩身混凝土发生收缩、徐变，甚至开裂，桩承载能力进一步弱化，

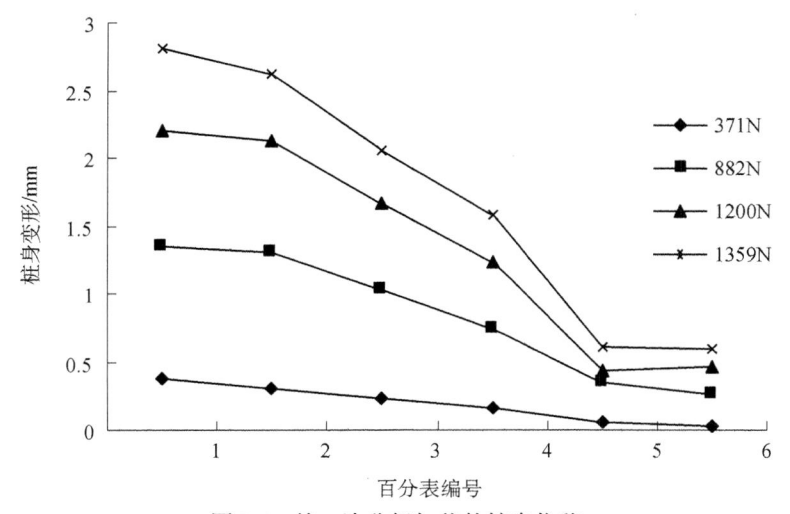

图 3.6　第一次分级加载的桩身位移

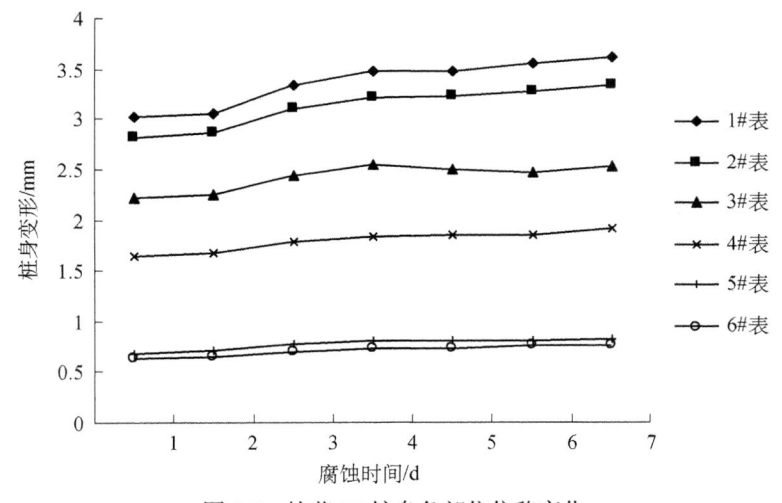

图 3.7　持荷 7d 桩身各部位位移变化

则桩身的位移也就随时间的增加而增加。显然，尽管桩身位移不断增加，但部分点的位移值波动幅度较大，如与 $t=69d$ 相比，$t=70d$ 的 1#、2#、3#、4#表读数均有较大增加，最大达 0.194mm。由试验记录可知，$t=69d$ 时，空气温度为 28℃，相对湿度为 53.0%；$t=70d$ 时，空气温度为 32℃，相对湿度为 36.0%。试验温湿度的变化会引起混凝土弹性模量等力学参数的变化；作为混凝土结构的抗滑桩，温湿度变化会导致其内部产生附加应力，故而在抗滑桩的实际设计、施工、使用中，应考虑环境温湿度对抗滑桩使用功能的影响，并预先采用有效可行的控制措施。

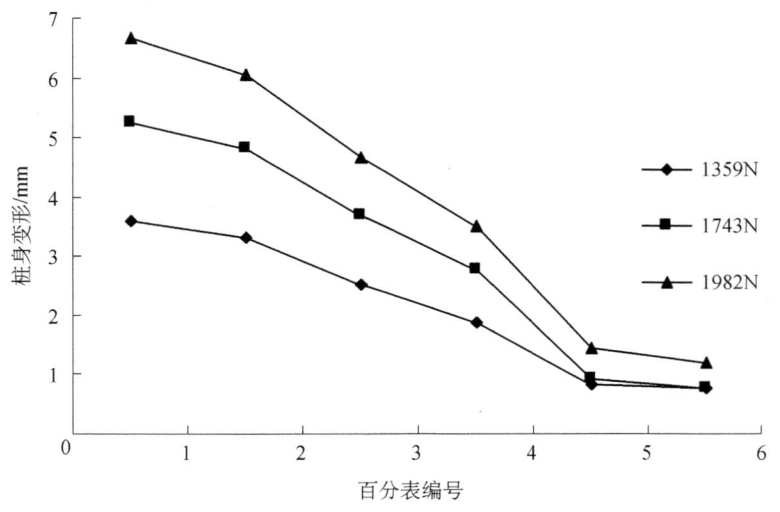

图 3.8 第二次分级加载的桩身位移

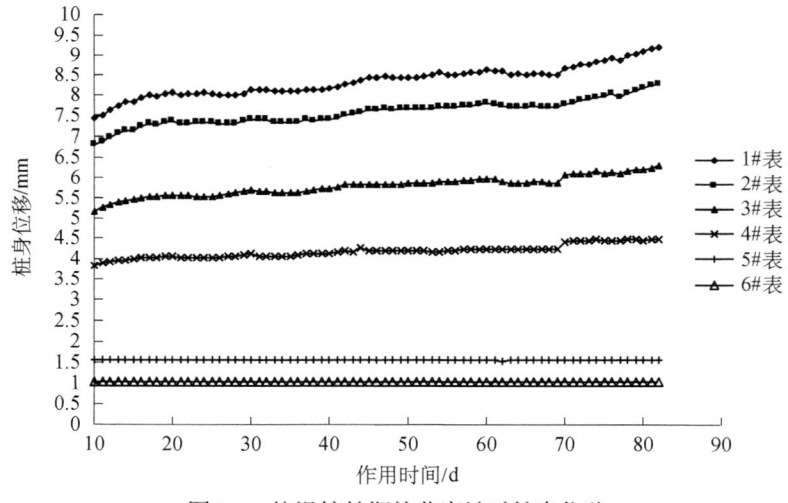

图 3.9 抗滑桩长期持荷腐蚀时桩身位移

3）中性化深度

喷淋试验进行一段时间后，可观测到试件及模型桩表面均有较明显起砂现象，且呈淡黄色，混凝土表面的胶凝材料被腐蚀掉，露出沙子等细骨料。试验进行至82d后，继续对模型桩加载，直至破坏。卸下百分表等试验装置，在模型桩上选点钻孔，A、C面每面钻两排，B、D面每面钻一排。同时测取了未腐蚀（A-Ⅱ）及受盐酸腐蚀（B-Ⅲ）的混凝土试块的中性化深度，以对比应力及盐酸溶液双重作用对抗滑桩的腐蚀效果。混凝土中性化深度测试过程如图 3.10

所示。

(a) 喷酚酞酒精溶液前　　　　　　(b) 喷酚酞酒精溶液后

图 3.10　混凝土中性化

测得混凝土试件中性化深度如表 3.4 和图 3.11 所示。随着腐蚀时间的增加，混凝土中性化深度值也越来越大。对数据进行回归分析如图 3.11 所示，两组试件的中性化深度 $\bar{x}$ 均与 $\sqrt{t}$ 成正比，且 A-II 试件的直线斜率要小于 B-III 试件，即经盐酸腐蚀的混凝土试件的中性化深度比同龄期自然养护混凝土中性化深度大。

表 3.4　混凝土中性化深度　　　　　　（单位：mm）

试件编号	试验龄期/d	喷淋盐酸时间/d	测点数 n	$\bar{x}$	σ	C_v
A-II	28	—	18	1.06	0.6391	0.60
	50	—	17	1.65	0.7859	0.48
	70	—	13	1.85	0.5547	0.30
	90	—	22	2.09	0.5264	0.25
	110	—	20	2.25	0.6387	0.28
B-III	50	22	23	2.04	0.5623	0.28
	70	42	20	2.25	0.6387	0.28
	90	62	14	2.78	0.5789	0.21
	110	82	18	3.00	0.8224	0.27

测得模型桩中性化深度如图 3.12 所示。其中，测点位置是以桩顶为坐标原点，沿桩由上而下不同测孔中心距桩顶的距离。模型桩被破坏时，可以看到两条明显的裂缝，分别位于距桩顶约 134cm 及 144cm 处，均在滑动面附近。桩身中性化特征主要如下：

（1）B、D 两个侧面的中性化深度特征值为：$n=18$，$\bar{x}=3.14\text{mm}$，$\sigma=$

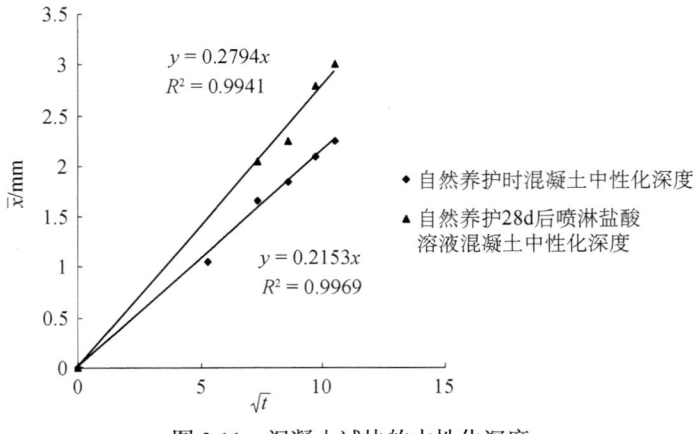

图 3.11 混凝土试块的中性化深度

0.0390，即中性化深度相差很小，沿桩身变化亦很小。桩的上半段（0~80cm）中性化深度特征值为：$n=24$，$\bar{x}=3.14\text{mm}$，$\sigma=0.1644$。桩上半段的受力差别较小，其中性化深度差值亦较小。且其中性化深度均大于同龄期仅受盐酸腐蚀的混凝土试块的中性化深度（$\bar{x}=3.00\text{mm}$），桩身受应力腐蚀能促进混凝土的中性化。

（2）A 面为直接受推力面，主要是承受弯拉应力，且弯拉应力值随桩身先增大后减小，至拟滑动面处达到最大值。其中性化深度值亦随之先增大后减小，裂缝处中性化值最大为 $x_{max}=4.28\text{mm}$，比同龄期的混凝土中性化深度大 42.7%。与此相反，C 面应力状态为受压，沿桩身压力逐渐增大，至拟滑动面处所受压力达最大值，而后减小。C 面的中性化深度呈现先减小后增加的趋势，其 $x_{min}=1.80\text{mm}$，较同龄期混凝土中性化深度小 40%。随着测点位置的增加，桩身不同侧面的应力状态差别越大，桩中性化深度随之增大，在靠近滑动面处，A、C 两个面的中性化深度差达到最大值 2.48mm。

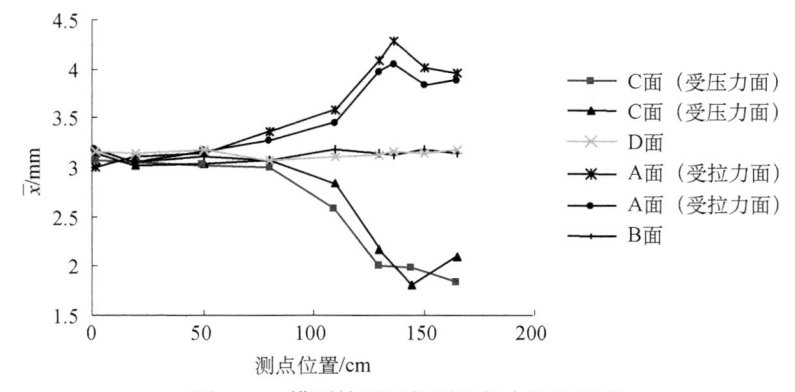

图 3.12 模型桩不同位置处的中性化深度

可见，应力状态、应力大小对桩的中性化深度有较大影响：桩上半段，应力差别较小，受弯拉应力一侧，桩中性化深度大；受压应力一侧的中性化深度则较小。这是因为施加应力对桩身混凝土内部的微细裂缝的发展起抑制或促进作用。拉应力使酸性介质更容易渗入桩内部，中性化加快；但施加压应力时，混凝土内部大量微细裂缝闭合或宽度减小，CO_2 等酸性介质渗透速度减慢，中性化即受抑制。

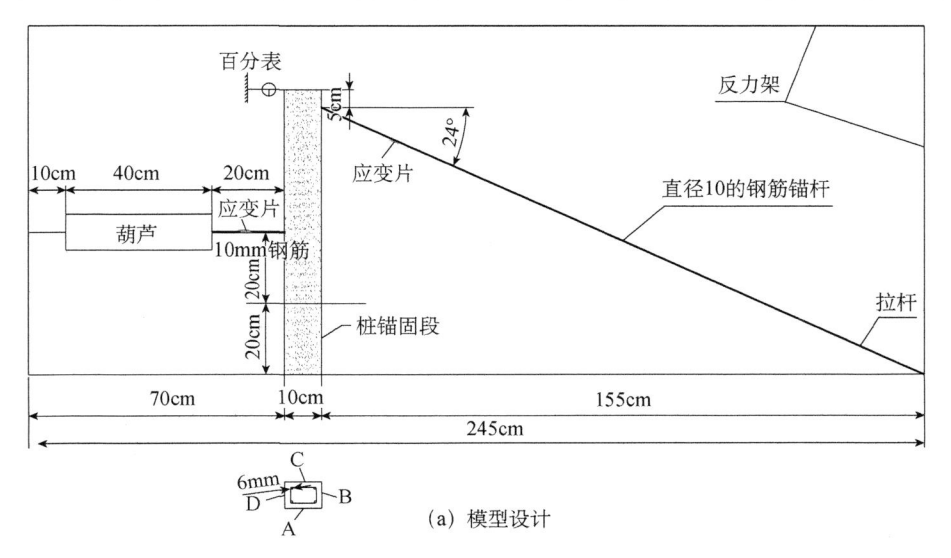

3.2.3 预应力锚索抗滑桩耐久性模型试验

1. 试验设计

本试验装置如图 3.13 所示，采用葫芦加载。

1）模型桩

根据相似理论及试验场地、仪器要求，为使试验结果更接近实际情况，确定几何相似比 C_L=1:20。采用原材料进行模型试验，模型桩为 C30 的钢筋混凝土，强度与实际情况相当。其横截面尺寸为 7.5cm×10cm，桩长 l=80cm。距桩顶 5cm 处设一 Φ10 的钢筋作为锚杆，其倾角为 24°，在钢筋上贴应变片，以监测锚杆的拉力变化情况。模型桩 20cm 为嵌固段，锚杆用 M25 的砂浆裹覆以避免硫酸对其的腐蚀。

2）混凝土试件尺寸与数量

为对比预应力锚拉桩在腐蚀及应力耦合作用下的腐蚀情况，在成型模型桩的同时，预制 26 组混凝土试件，其配合比与模型桩的配合比相同。每组试件

(a) 模型设计

(b) 物理模型浇筑

图 3.13 预应力锚索抗滑桩耐久性模型试验装置图

3 个试块，尺寸为 100mm×100mm×100mm。混凝土试件的组数及其测试项目见表 3.5。

表 3.5 混凝土试件组数及其测试项目

试件编号	试件组数	养护条件	测试项目
O-Ⅰ	1	标准养护 28d（Ⅰ）	立方体抗压强度
A-Ⅱ	7	自然养护（Ⅱ）	抗压强度（不同龄期）
	6		中性化深度（不同龄期）
B-Ⅲ	6	自然养护 14d 后埋置于含 3%硫酸的砂中（Ⅲ）	中性化强度（不同龄期）
	6		中性化深度（不同龄期）

注：抗压强度是按照标准的制作和成型方法制作的立方体试件，在标准养护条件（养护温度为 20±2℃，相对湿度大于 95%以上即标准养护）下，养护至 28d 龄期，按标准的测定方法测定其抗压强度值。自然养护即将试件直接置于空气中养护。

3）加载装置及荷载设计

试验设计荷载为水平集中荷载，由于腐蚀土体采用的是散体，故设计滑坡推力的分布模式为三角形分布，如图 3.14（a）所示。将三角形荷载等效为集中荷载，如图 3.14（b）所示。试验中采用葫芦加载，在预埋受拉钢筋上贴应变片量测所施荷载的大小。对锚拉桩施加 $T=1kN$ 的预应力，预应力通过拉杆施加。设计滑坡推力 $F=5kN$，分级施加荷载，每级施加 1kN。在每级荷载施加后，均需持荷一定时间，待桩受力和变形趋于稳定后才施加下一级荷载。桩身所受弯矩如图 3.15 所示。

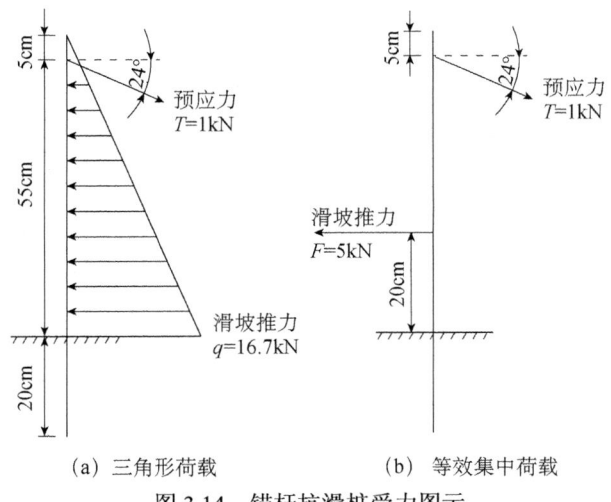

图 3.14 锚杆抗滑桩受力图示

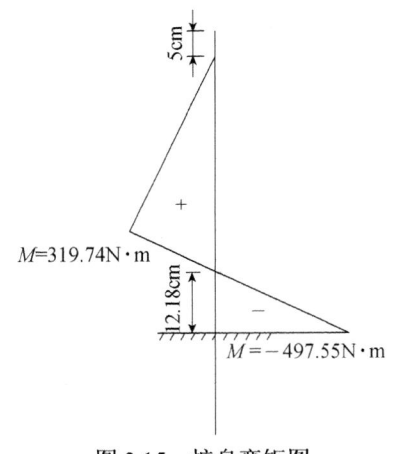

(a) 三角形荷载　　(b) 等效集中荷载

图 3.15 桩身弯矩图

4）腐蚀方法

由于混凝土土壤腐蚀进程比较慢，因此此处采用混凝土土壤加速试验方法，选用对混凝土腐蚀性较强的硫酸为腐蚀介质，将桩及对比混凝土试件埋置于含 3%硫酸溶液的砂土体中。试验过程中的温湿度以室内为准。

2. 测试内容与方法

1）桩顶位移及锚杆应变

按所设计的程序加载，通过设置在锚杆上的应变片，监测锚杆在各级荷载下的应变。施加荷载达到 $F=5kN$ 后，持荷腐蚀，监测锚杆在应力-土壤长期腐蚀下的应变及桩顶位移变化情况，每 1d 读取一次数据。

2）桩身应变

于模型桩身设置 6 组应变片，其布置如图 3.16 所示，由桩顶自上而下每隔 10cm 设置一组应变片，监测抗滑桩在持荷腐蚀时各部位的应变变化情况，每 1d 读取一次数据。

3）混凝土试块的抗压强度及中性化深度

测 O-I 试件的立方体抗压强度。测试埋置于硫酸土体中的 B-II 组混凝土试块经不同腐蚀时间的抗压强度及中性化深度，每腐蚀 10d 测一次，同时测取 A-III 试件在相同龄期的抗压强度及中性化深度。

4）模型桩的中性化深度

长期腐蚀试验结束时，卸载，于桩身不同部位选取测点、钻孔，用酚酞指示剂法测取桩身不同部位的中性化深度。

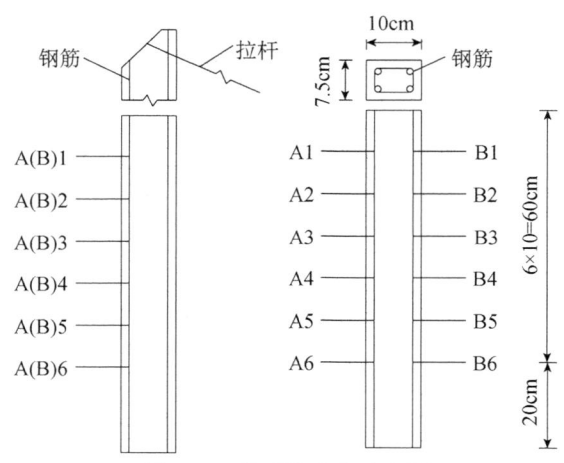

图 3.16 模型桩应变片布置

3. 试验结果分析

1）混凝土腐蚀前后的强度对比

测试 O-I 的标准抗压强度（f_{cu}），A-II、B-III（各 3 组试件）于不同龄期的抗压强度 $f''_{A\text{-}II}$、$f''_{B\text{-}III}$。为评价硫酸腐蚀对混凝土强度的影响，定义强度降低率 ξ_f（%）同式（3.11），将试验结果列入表 3.6。

表 3.6 混凝土抗压强度

试验龄期/d	抗压强度 f_{cu}/MPa			硫酸腐蚀时间/d	因硫酸腐蚀引起的强度降低率 ξ_f/%
	O-I	A-II	B-III		
14	—	25.9	—	—	—

续表

试验龄期/d	抗压强度 f_{cu}/MPa			硫酸腐蚀时间/d	因硫酸腐蚀引起的强度降低率 ξ_f /%
	O-I	A-II	B-III		
28	34.8	—	—	0	—
28	—	35.6	33.3	10	6.5
38	—	37.5	34.0	20	9.3
48	—	38.9	34.6	30	11.2
58	—	39.4	34.2	40	13.2
68	—	40.5	33.9	50	16.3
78	—	41.2	33.5	60	18.7

混凝土标准抗压强度为34.8MPa。于空气中自然养护的A-II试件的抗压强度随时间的延长而逐渐增加，在腐蚀初期，埋入硫酸溶液的B-III试件的抗压强度随腐蚀时间的增加也逐渐增加。这是因为水对混凝土的试件起养护作用，且硫酸盐侵蚀是结晶型腐蚀，在混凝土试件腐蚀初期，硫酸盐与混凝土中的水化产物生成结晶填充混凝土中的孔隙，使混凝土密实度提高，混凝土抗压强度增大。但其强度增加幅度逐渐减小，随着腐蚀时间的延续，结晶体膨胀压力逐渐增大，当超过混凝土的抗拉强度时产生微裂缝，导致混凝土的抗压强度降低。因硫酸盐腐蚀造成的混凝土抗压强度降低率逐渐增加，至腐蚀时间为60d时，其抗压强度降低率达到18.7%。

2）桩顶位移、桩身及锚杆应变变化规律

预应力锚拉桩桩顶位移及锚杆应变分别如图3.17和图3.18所示。由图可知，在荷载及预应力施加完毕的前期，抗滑桩的桩顶位移有前后"摇摆"现象，由于所施加的滑坡推力不变，则表明预应力锚杆所受的拉力呈现波动变化，这与图3.18展示的变化规律相吻合。这是因为施加滑坡推力预应力后，荷载锁定时，作为锚杆的钢筋难免会产生一定量的回弹，钢筋的回弹变形导致锚杆预应力损失，这种预应力损失随时间的延长逐渐趋于稳定，这与实际工程测试的结果相同。

荷载锁定后，由于硫酸对桩身混凝土的腐蚀，桩身混凝土强度降低，桩身承载能力亦随之降低，使抗滑桩桩顶的位移随腐蚀时间的延长而增加，锚杆的应变亦随腐蚀时间的延长而增加。

桩身各部位应变变化如图3.19所示，图中实线为拉应变，虚线为压应变，即距桩顶20cm、30cm、40cm处为受拉状态，距桩顶10cm、50cm、60cm处为受压状态。由图可知，靠近滑面位置（距桩顶50cm、60cm处）的桩身应变值

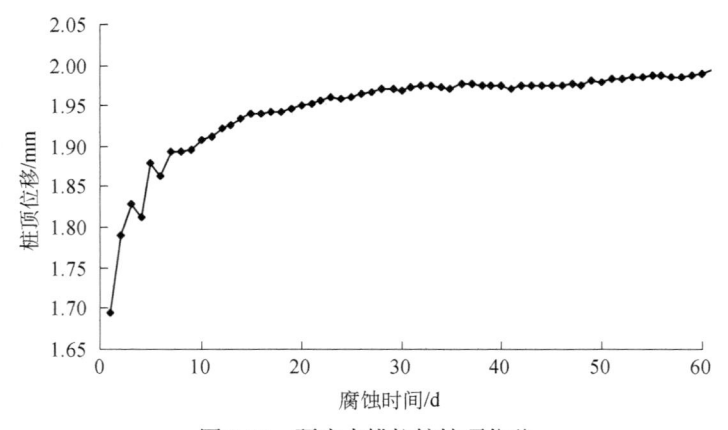

图 3.17　预应力锚拉桩桩顶位移

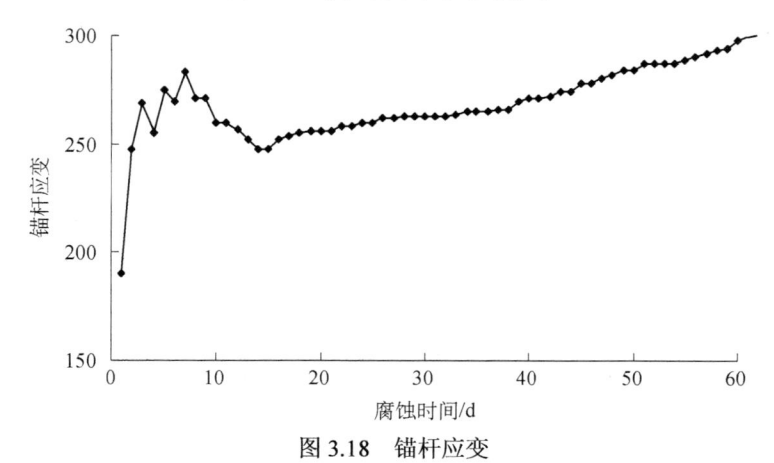

图 3.18　锚杆应变

最大,其次为滑面以上靠近桩身最大弯矩(距桩顶 30cm 处),此两处为预应力锚拉桩的薄弱部位。锚杆锁定初期,桩随锚杆预应力损失而调整其受力状态,桩身各部位的应变呈现波动现象。随着桩受硫酸土腐蚀时间的延长,桩身混凝土劣化明显,桩身承载能力随之下降,使得除距桩顶 10cm 处的桩身应变呈减少趋势外,其余各部位的桩身应变均随之增大。

3）中性化深度

混凝土试件腐蚀后的形态如图 3.20 所示,由图可以看出,混凝土试件在硫酸砂土体中埋设一段时间之后,试件表面泛黄,有明显的起砂现象,其表面的胶凝材料被腐蚀掉,细骨料（砂）外露。

混凝土中性化深度如图 3.21 所示。测得混凝土试件中性化深度如表 3.7 和图 3.22 所示。随着腐蚀时间的增加,混凝土中性化深度值也越来越大。对数据

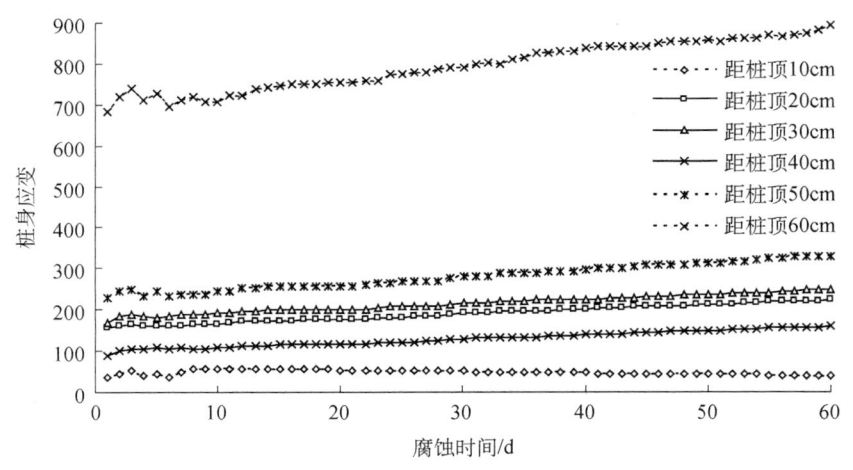

图 3.19 抗滑桩桩身各部位应变变化

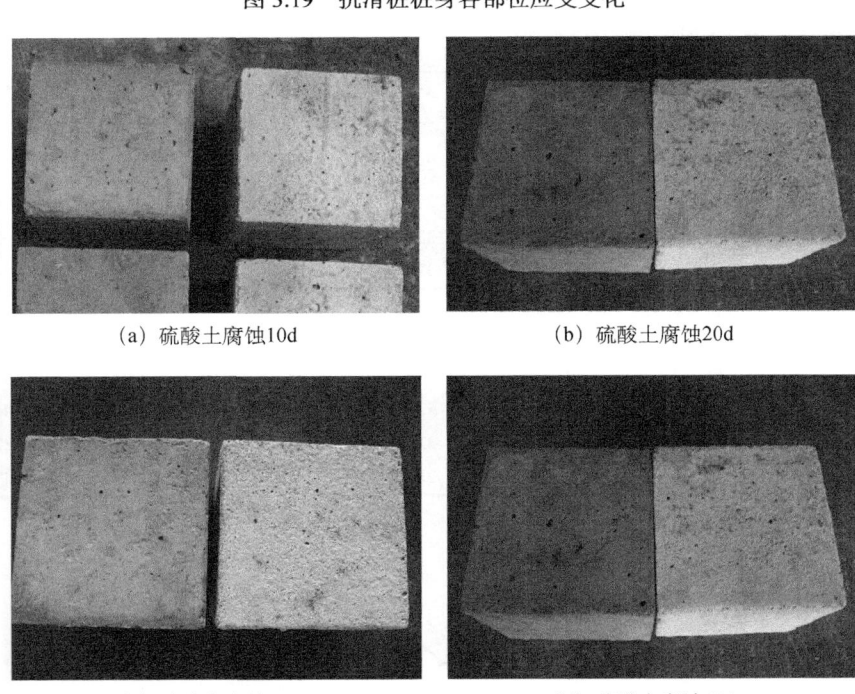

(a) 硫酸土腐蚀10d
(b) 硫酸土腐蚀20d
(c) 硫酸土腐蚀50d
(d) 硫酸土腐蚀60d

图 3.20 受硫酸土腐蚀的混凝土表面形态
左边试件为未腐蚀试件，右边试件为硫酸土腐蚀试件

进行回归分析如图 3.22 所示，两组试件的中性化深度 $\bar{x}$ 均与 $\sqrt{t}$ 成正比，且 A-Ⅱ 试件的直线斜率要小于 B-Ⅲ 试件，即经硫酸土腐蚀的混凝土试件的中性化深度比同龄期自然养护混凝土的中性化深度大。

(a) 自然养护混凝土的中性化深度　(b) 硫酸土腐蚀混凝土的中性化深度

图 3.21　混凝土中性化深度

表 3.7　混凝土试件中性化深度　　　　　　　　　　　　　（单位：mm）

试件编号	试验龄期/d	喷淋盐酸时间/d	测点数 n	中性化深度特征值 $\bar{x}$	σ	C_v
A-Ⅱ	28	—	35	1.01	0.216	0.214
	38	—	29	1.18	0.159	0.135
	48	—	28	1.32	0.141	0.107
	58	—	25	1.56	0.147	0.094
	68		33	1.62	0.270	0.167
	78		32	1.69	0.294	0.174
B-Ⅲ	28	10	27	1.16	0.261	0.225
	38	20	28	1.33	0.167	0.126
	48	30	32	1.58	0.233	0.147
	58	40	22	1.73	0.250	0.144
	68	50	32	1.79	0.237	0.132
	78	60	28	1.98	0.292	0.147

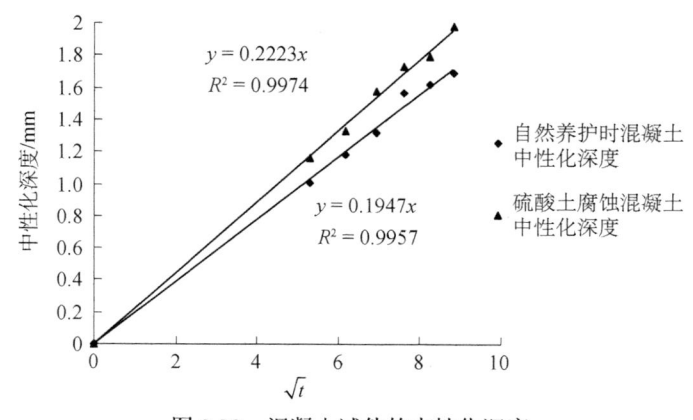

图 3.22　混凝土试件的中性化深度

桩身混凝土中性化：试验结束时，卸荷，沿模型桩的 A、B、C、D 四个面（见图 3.13（a））选点钻孔，A、C、D 面每个面钻一排测孔，B 面钻两排测孔。用酚酞指示剂法测各孔的中性化深度（图 3.23），测得数据如图 3.24 所示，测点位置表示以桩顶为原点，沿桩身由上而下不同测孔的中心与桩顶的距离。

图 3.23　模型桩中性化深度示意图

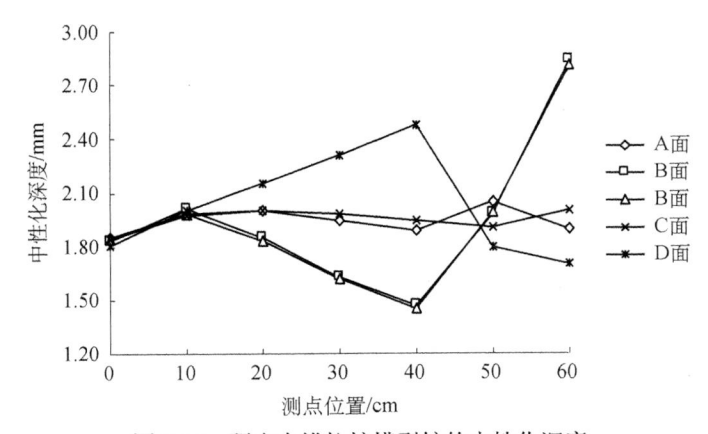

图 3.24　预应力锚拉桩模型桩的中性化深度

桩身中性化特征主要如下：

（1）四个面在桩顶处（测点位置为 0）的中性化深度值差异很小，其 $\bar{x}$ = 1.83，σ = 0.0152，由于桩顶部分裸露于空气中，其中性化深度介于埋入硫酸土中混凝土试件中性化深度（1.69mm）与自然养护条件下混凝土试件的中性化深度（1.98mm）之间。

（2）A、C 两侧面的中性化深度特征值为 n=14，$\bar{x}$=1.95，σ=0.0617，其中性化深度均值与埋入硫酸土中的混凝土试件中性化深度（1.98mm）相近，各个中性化深度值相差很小，沿桩身高度的变化亦较小。

（3）B、D 两个面的中性化深度差异很大，与其受力状态有密切关系。B 面从 10~40cm 处的混凝土中性化深度比自然养护条件下混凝土中性化深度小，同样位置的 D 面混凝土中性化深度则比 1.98mm 大。在靠近滑面处（50cm、60cm 处）则相反，B 面桩身中性化深度大于 1.98mm，D 面桩身中性化深度小于 1.98mm。这是因为对于 B 面，桩身 10~40cm 为受压状态，50~60cm 为受拉状态；对于 D 面正好相反。这与桩身 D 面应变测量的拉、压应变位置相吻合。拉应力状态可促进混凝土中性化进程，而压应力状态则可抑制混凝土中性化。

3.3 抗滑桩耐久性评价

3.3.1 混凝土中性化预测模型介绍

国内外不同学者，采用快速碳化试验、长期暴露试验、实际建筑物调查及扩散理论等不同方法，对混凝土中性化问题进行了多角度的研究，并围绕中性化系数建立了相应的速度计算模型，可分为 3 类：①基于扩散理论建立的模型；②基于碳化试验建立的经验模型；③基于扩散理论与试验结果的中性化模型。这些模型都是用来计算碳化速度的，但由于混凝土碳化的实质就是中性化，两者并无本质上的差别，故可参考碳化模型建立混凝土中性化模型。

1. 基于扩散理论的理论模型

基于扩散理论的理论模型认为，环境中的 CO_2 向混凝土内的渗透遵循菲克（Fick）第一扩散定律，其碳化模型可以表示为

$$X = \sqrt{\frac{2D_c C_0}{M_0}} \cdot \sqrt{t} \tag{3.12}$$

式中，X 为碳化深度（mm）；t 为碳化时间（a）；D_c 为 CO_2 等物质在混凝土中的扩散系数；C_0 为环境中的 CO_2 等酸性物质的浓度；M_0 为单位体积混凝土吸收 CO_2 等物质的量。

2. 基于碳化试验的经验模型

第一，以水灰比为主要变量的经验模型。模拟以水灰比（W/C）为主要变量，经大量试验，得出了相应的碳化深度经验公式，即

$$X = \gamma_1 \gamma_2 \gamma_3 \left(12.1 \frac{W}{C} - 3.2\right) \cdot \sqrt{t} \tag{3.13}$$

式中，γ_1 为水泥品种影响系数，矿渣水泥取 1.0，普通水泥取 0.5~0.7；γ_2 为粉煤灰影响系数，取代水泥量小于 15%时取 1.1；γ_3 为气象条件影响系数，我国的中部地区取 1.0，南方取 0.5~0.8，北方取 1.1~1.2。基于水灰比变化，Nishi 提出了碳化深度计算公式，即

$$X = \frac{g}{\sqrt{k_w}} \cdot \sqrt{t} \quad (3.14)$$

式中，当 $W/C \geq 0.6$ 时，$k_w = \frac{[0.3 \times (1.15 + 3 \times W/C)]}{(W/C - 0.25)^2}$；当 $W/C < 0.6$ 时，$k_w = \frac{7.2}{(4.6 \times W/C - 1.76)^2}$；$g$ 为集料品种、水泥品种和外加剂等影响系数。

第二，以混凝土抗压强度为主要参数的经验模型。邸小坛等提出了以混凝土抗压强度为主要参数，在考虑使用环境、养护条件和水泥品种等影响因素的基础上，提出了碳化深度计算公式，即

$$X = \alpha_1 \alpha_2 \alpha_3 \left(\frac{60.0}{f_{cuk}} - 1.0 \right) \cdot \sqrt{t} \quad (3.15)$$

式中，f_{cuk} 为混凝土抗压强度标准值（MPa）；α_1、α_2 和 α_3 分别为养护条件修正系数、水泥品种修正系数和环境条件修正系数。而 Smolczyk 基于混凝土抗压强度提出的碳化深度计算公式，即

$$X = 250 \left(\frac{1}{F_c} - \frac{1}{F_g} \right) \cdot \sqrt{t} \quad (3.16)$$

式中，F_c 为混凝土抗压强度（MPa）；F_g 为假定不碳化的极限强度，F_g = 62.5MPa。

第三，多系数碳化深度经验模型。郭院成等在综合考虑影响碳化速度的各种因素后，提出了多系数碳化预测公式，即

$$X = k_c k_w k_F k_g k_y a \sqrt{t} \quad (3.17)$$

式中，a 为混凝土碳化速度系数，对于普通混凝土取 2.32，对于轻集料混凝土取 4.18；k_c、k_w、k_F、k_g、k_y 分别为水泥用量影响系数、水灰比影响系数、粉煤灰取代量影响系数、骨料品种影响系数和养护方法影响系数。

3. 混凝土碳化预测的随机模型

牛荻涛等从碳化模型入手，以工程实用为目标，考虑了环境条件与混凝土质量等主要影响因素，以及碳化位置、混凝土养护浇筑面、工作应力等情况，提出了预测混凝土碳化深度的多系数随机模型公式，即

$$X = 2.56 K_{mc} k_j k_{CO_2} k_p k_g \sqrt[4]{\theta}(1-R_H)R_H \left(\frac{57.94}{f_{cu}} - 0.76\right)\sqrt{t} \qquad (3.18)$$

式中，K_{mc} 为计算模式不定性随机变量；k_j 为角部修正系数；k_{CO_2} 为 CO_2 浓度影响系数；k_p 为浇筑面修正系数；k_g 为工作应力影响系数；θ 为环境年平均温度（℃）；R_H 为环境年平均相对湿度（%）；f_{cu} 为混凝土立方体抗压强度标准值。

3.3.2 抗滑桩混凝土中性化预测模型

1. 中性化深度与腐蚀时间的关系

混凝土中性化深度 x（mm）与土壤中有害介质侵蚀时间 t（d）的平方根呈线性关系，即

$$x \propto \sqrt{t} \qquad (3.19)$$

可知，混凝土碳化与混凝土的中性化的时变特性相似，故可采用前述模型预测混凝土的中性化。

2. 应力状态及应力水平对中性化深度的影响

抗滑桩是受力结构，其应力状态及应力水平对其耐久性能不可忽视，主要表现为应力状态及应力水平对混凝土的中性化影响。由试验测得悬臂式抗滑桩桩身混凝土的中性化深度值如表 3.8 所示。

表 3.8 不同应力水平条件下桩身混凝土中性化深度

桩身位置/cm	应力水平 η	中性化深度/mm 压力状态		均值	拉力状态		均值
2	0	3.08	3.14	3.11	3.00	3.18	3.09
20	0.008	3.06	3.02	3.04	3.10	3.06	3.08
50	0.060	3.02	3.04	3.03	3.14	3.16	3.15
80	0.152	3.00	3.08	3.04	3.36	3.28	3.32
110	0.288	2.56	3.84	2.7	3.58	3.46	3.52
130	0.4	2.00	2.16	2.08	4.08	3.98	4.03

注：（1）桩身位置为桩身某点距桩顶的距离（cm）；
（2）应力水平是指结构或构件当前承受的力与其极限承载力的比值；
（3）表中数据均为腐蚀时间 t=72d 时测得。

在不同应力状态及应力水平下的中性化深度如图 3.25 所示。

由图 3.25 可知，不同应力水平下桩身混凝土的中性化深度 x（mm）与应力水平 η 近似呈指数关系，其关系为

$$x = C_0 e^{\alpha \eta} \qquad (3.20)$$

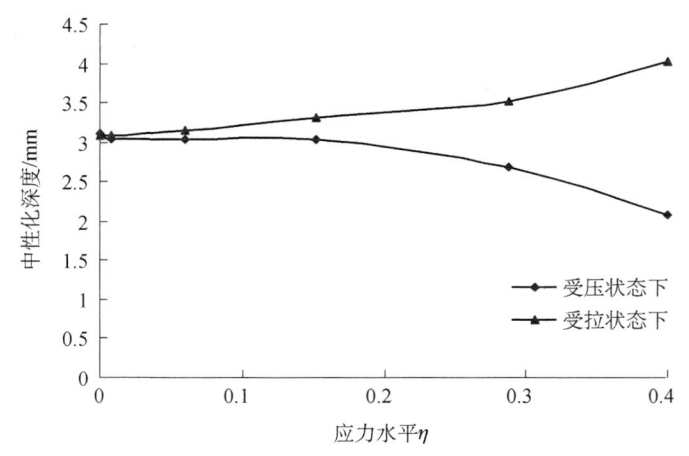

图 3.25 桩身混凝土中性化深度与应力水平的关系

对该数据进行拟合分析，拟合参数和相关系数如表 3.9 所示。可以看出，不同应力状态下混凝土中性化深度与应力水平有较好的相关性，尤其是受拉状态下（相关系数达 0.977），即式（3.20）可以较准确地描述荷载作用下抗滑桩桩身混凝土的中性化过程。受压状态下混凝土的中性化深度要小于同龄期受拉状态下混凝土的中性化深度，且在受压状态下，α 值小于零，说明压应力可以有效减缓混凝土的中性化过程；而在受拉状态下，α 值大于零，说明拉应力会加速混凝土的中性化过程。这主要是因为施加拉应力之后，混凝土内部的微裂缝产生和扩展，使土壤中的有害离子更容易渗入混凝土内部与水化产物发生中性化；施加压应力可以抑制混凝土内微裂缝的产生和扩展，从而延缓混凝土的中性化。预测抗滑桩的安全使用寿命时，应保证桩体最薄弱部位满足安全的要求，故应选取中性化进程快的情况即拉应力状态进行寿命预测。

表 3.9 桩身混凝土中性化深度拟合参数和相关系数

应力状态	拟合参数 C_0	拟合参数 α	相关系数 R
混凝土受压	3.1968	−0.8596	0.901
混凝土受拉	3.0474	0.6244	0.977

3. 荷载作用下（受拉）桩身混凝土中性化的时变模型

抗滑桩桩身混凝土中性化深度（x）与腐蚀时间的平方根（$\sqrt{t}$）成正比，与桩所受的应力水平（η）呈指数关系，则荷载作用下桩身混凝土中性化过程的时变模型可表示为

$$x = Ce^{\beta\eta}\sqrt{t} \quad (3.21)$$

本试验的数据结果如图 3.26 所示，对其进行拟合分析，得出拟合系数如表 3.10 所示。

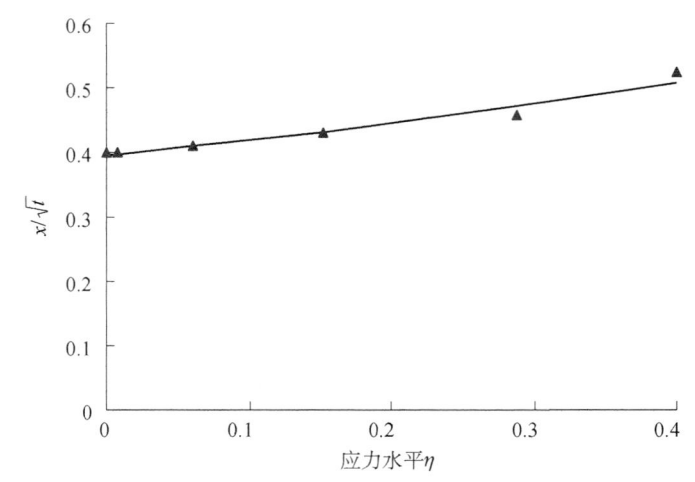

图 3.26 拉应力下混凝土中性化深度与时间及应力水平的关系

表 3.10 桩身混凝土中性化深度拟合参数和相关系数

应力状态	拟合参数 C	拟合参数 β	相关系数 R
混凝土受拉	0.3951	0.6244	0.977

则荷载作用下桩身混凝土受拉区中性化过程的时变模型为

$$x = 0.3951 \mathrm{e}^{0.6244\eta} \sqrt{t} \tag{3.22}$$

4. 抗滑桩混凝土保护层中性化深度预测模型

从桩身混凝土的中性化过程及影响因素可知，导致混凝土中性化深度产生变异的主要原因来自混凝土本身的变异性及环境的变异性。根据混凝土中性化影响因素分析，结合上文中抗滑桩混凝土中性化深度的时变模型，并考虑混凝土的抗压强度、施工质量、库区水位升降、混凝土外加剂及掺合料修正抗滑桩混凝土保护层中性化深度预测模型，即

$$x(t) = k\sqrt{t} = 0.3951\, k_s\, k_q\, k_{ks}\, k_a\, k_f \mathrm{e}^{0.6244\eta} \sqrt{t} \tag{3.23}$$

式中，$x(t)$ 为混凝土中性化深度（mm）；k 为混凝土中性化系数；k_s 为混凝土抗压强度影响系数；k_q 为施工质量影响系数；k_{ks} 为库水位影响系数；k_a 为混凝土外加剂影响系数；k_f 为混凝土掺合料影响系数；η 为抗滑桩应力水平；t 为侵蚀时间（d）。

1) 混凝土抗压强度影响系数 k_s

混凝土抗压强度是混凝土最基本的性能指标，也是衡量混凝土品质的综合参数，它与混凝土的水灰比有非常密切的关系，并在一定程度上反映了水泥品种、水泥用量与水泥强度、骨料品种、外加剂、施工质量与养护方法等对混凝土品质的影响。一般，混凝土强度高，其抗中性化能力强，混凝土碳化深度与抗压强度的倒数成正比。试验中悬臂式抗滑桩混凝土强度等级为C25，则混凝土抗压强度影响系数如表3.11所示。

表 3.11 混凝土抗压强度影响系数 k_s

混凝土强度等级	C20	C25	C30	C35
抗压强度影响系数 k_s	1.25	1.00	0.83	0.71

2) 施工质量影响系数 k_q

混凝土性能的优劣对抗滑桩的质量和服役寿命具有决定性的影响，而混凝土的施工质量对混凝土的品质影响很大。如混凝土浇筑、振捣不仅影响混凝土的强度，而且直接影响混凝土的密实性，因此施工质量对混凝土中性化有很大影响。一般，施工质量好，混凝土强度高，密实性好，土壤中的有害介质不易渗入桩身混凝土，混凝土中性化过程较缓慢；施工质量差，混凝土内部有裂缝、蜂窝、孔洞等，混凝土渗透系数大，外界有害介质极易渗入混凝土内，混凝土中性化进程加快。日本学者白山将施工质量划分为优、良、一般、差四个等级，其相应的碳化速率比分别为0.5∶0.7∶1.0∶1.4。我国则将混凝土结构施工质量分为优、良、一般、不良四个等级。由于试验中抗滑桩及混凝土试件的浇捣质量甚优，即其施工质量的等级为优，故在本试验结果的基础上，各施工等级的中性化深度影响系数如表3.12所示。

表 3.12 施工质量影响系数 k_q

施工质量等级	优	良	一般	不良
影响系数 k_q	1.00	1.40	2.00	2.80

3) 库水位影响系数 k_{ks}

众所周知，混凝土中水泥的水化产物有氢氧化钙、水化硅酸钙、水化铝酸钙等，这些水化产物都属碱性且都一定程度地溶于水，尤其是氢氧化钙，常温下其极限石灰浓度约为21mmol/L。只有在液相中石灰含量超过水化产物各自的极限浓度时，这些水化产物才稳定而不向水中溶解，否则，这些水化产物将依次发生溶解。其中最容易溶解的是 $Ca(OH)_2$、$2CaO \cdot SiO_2 \cdot aq$、$3CaO \cdot SiO_2 \cdot aq$，它们的极限石灰浓度都约为1.3g/L。故在流水作用下，混凝土易发生溶蚀作用

（氢氧化钙的溶失）。对位于库区的滑坡防治结构如抗滑桩而言，土体中有害介质渗入抗滑桩内，与混凝土中水泥水化产物发生中性化反应生成易溶性的物质；库区水位周期性升降，将该中性化产物不断溶出并随水流失，从而降低抗滑桩的使用寿命。

影响混凝土渗透溶蚀的因素，首先是渗透水的石灰浓度及水中其他影响氢氧化钙溶解度的物质含量。渗透水中 CaO 含量越多，水的暂时硬度越高，渗透水对水化产物的溶蚀量就越小。故库水位升降影响系数为：当水为硬水时，影响系数 k_{ks}=1.05；当水为软水时，影响系数 k_{ks}=1.15；当抗滑桩所处位置不受库水位升降的影响时，不考虑库水位影响系数。

4）混凝土外加剂影响系数 k_a 及掺合料影响系数 k_f

混凝土的外加剂和掺合料可改善新拌混凝土的和易性、调节凝结时间、改善可泵性、改变硬化混凝土强度发展速率、提高耐久性、增强抗裂性、保证结构动载特性等各项性能。常用的外加剂是减水剂，使用减水剂可降低水灰比，提高混凝土强度，增加混凝土的和易性及施工性能，减少离析和泌水，并可节约水泥用量。例如掺入粉煤灰可以显著提高混凝土的密实性及抗渗性，且其水化热较低，可取代部分水泥，其二次水化更可以降低混凝土的碱含量，从而大大提高混凝土的耐久性能，重庆地区粉煤灰产量很大，因而粉煤灰是抗滑桩设计中首选的掺合料。本试验中，混凝土的配制未掺入任何外加剂及掺合料，故对于实际工程中的抗滑桩应考虑减水剂及粉煤灰对中性化的影响，其影响系数按表 3.13 选取。

表 3.13　减水剂及粉煤灰影响系数 k_a、k_f

影响系数	外加剂 无	外加剂 减水剂	粉煤灰 无	粉煤灰 掺 10%	粉煤灰 掺 20%	粉煤灰 掺 30%
k_a	1.00	0.7	—	—	—	—
k_f	—	—	1.00	1.06	1.13	1.19

注：当粉煤灰掺量小于 10% 时，可不考虑粉煤灰对混凝土中性化的影响。

3.3.3　钢筋锈蚀时间

在混凝土浇筑、硬化过程中，钢筋表面形成一层水膜，钢筋界面区水灰比增大，导致钢筋与混凝土界面区孔隙率增大；同时浇捣受钢筋的影响而往往不能密实，使得钢筋与混凝土之间存在较大的孔隙，通常称其为钢筋与混凝土的界面区，不密实的界面区为钢筋锈蚀产物的膨胀提供了空间。故而钢筋开始锈蚀时，结构还可以继续承载，直至结构无法满足其安全使用的功能。

1. 钢筋开始锈蚀时间 t_1

1）钢筋开始锈蚀的条件

未腐蚀的混凝土因呈强碱性使其内部的钢筋表面钝化，从而对钢筋起到良好的保护作用，如若由于某种原因破坏了钢筋表面的钝化膜，则在一定条件下钢筋就会发生锈蚀。钢筋含有杂质及钢筋成分的不均匀性、周围混凝土提供的化学物理环境的不均匀性，都会使钢筋各部位的电极电势不同而形成腐蚀电池。土壤中的氧气和水分很容易通过混凝土中贯通的孔隙和微裂缝渗透至钢筋表面，提供锈蚀所需的氧和水分。钢筋处于活化状态的原因，一是氯离子侵蚀或混凝土中掺入过量氯盐，当钢筋表面的氯离子浓度超过临界值时，钢筋脱钝；二是混凝土中性化使保护层混凝土 pH 值降低，从而破坏钢筋表面的钝化膜。对于重庆市内的抗滑桩而言，所处土壤环境中的氯离子含量少，且土壤偏酸性，故导致钢筋锈蚀的前提条件是保护层混凝土中性化。

2）混凝土中性化与钢筋锈蚀的关系

抗滑桩中钢筋锈蚀的前提条件是钝化膜被破坏，而钝化膜的稳定性主要取决于周围混凝土的碱度。研究表明，对于混凝土中的钢筋，存在两个临界 pH 值，其一是 pH=9.88，这时钢筋表面的钝化膜开始生成，则低于此值钢筋表面不可能有钝化膜存在，即完全处于活化状态；其二是 pH=11.5，这时钢筋表面才能形成完整的钝化膜，即低于此值时钢筋表面的钝化膜仍是不稳定的。

混凝土中性化过程中，其 pH 值由外向内逐渐升高，根据 pH 值的变化情况可以将中性化过程划分为三个区域：完全中性化区、部分中性化区和未中性化区（图 3.27）。实际测量中性化深度时采用的是酚酞指示剂法，此方法只能测出混凝土完全中性化区的长度，而不能测出中性化的程度。

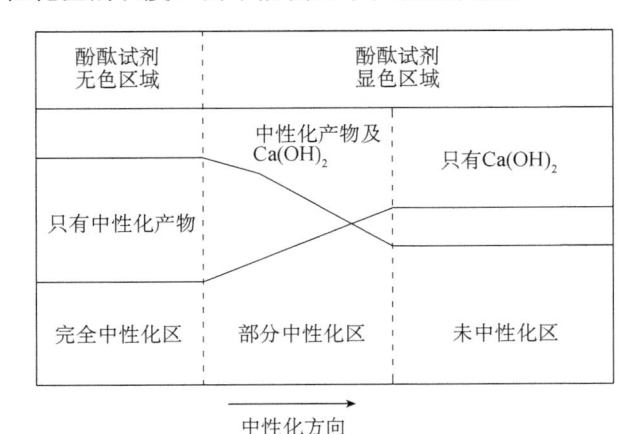

图 3.27 混凝土中性化过程示意图

20 世纪 80 年代，日本学者岸谷孝一就开始研究混凝土中性化与钢筋锈蚀之间的关系，提出了"碳化残量"即"中性化残量"的概念，定义为在钢筋开始锈蚀时用酚酞试剂测出的中性化前沿到钢筋表面的距离，如图 3.28 所示。

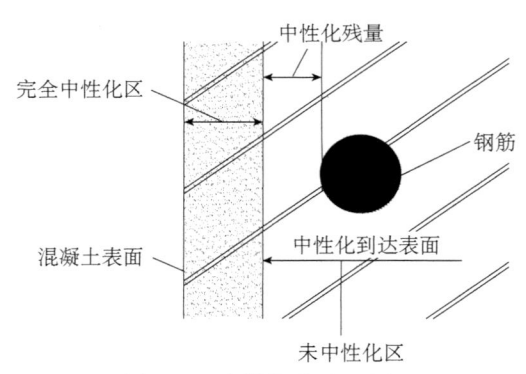

图 3.28 中性化残量示意图

可见，中性化残量主要与混凝土中钢筋是否锈蚀相关，它不仅与混凝土中性化过程有关，而且还取决于混凝土中钢筋的脱钝速度，其与钢筋开始锈蚀时间有密切联系。试验及工程调查表明，钢筋开始锈蚀时的中性化残量与结构所处的环境（环境相对湿度、含盐量）、混凝土强度及混凝土保护层厚度有关。环境相对湿度大，中性化速度慢，钢筋锈蚀早，中性化残量较大；混凝土密实度高，有害介质在混凝土中的扩散慢，中性化残量大；保护层厚度大，中性化残量大，直至保护层超过某一界限时，中性化残量不再增大。徐善华等给出了大气环境下碳化残量的计算公式：

$$x_0 = 4.86(-RH^2 + 1.5RH - 0.45)(c-5)(\ln f_{cuk} - 2.30) \quad (3.24)$$

式中，RH 为环境湿度（%）；f_{cuk} 为混凝土抗压强度标准值；c 为混凝土保护层厚度（mm），当 $c>50$mm 时，取 $c=50$mm。

土壤中水分含量很大，水分及氧很容易渗透至钢筋表面，中性化还未进行到钢筋表面时，钢筋便可能开始锈蚀，故土壤环境下的混凝土中性化残量大于大气环境下的中性化残量。对于三峡重庆库区消落带的抗滑桩而言，混凝土保护层厚度 $c>50$mm，环境相对湿度约为 80%，故式（3.24）中 $c=50$mm，RH=80%，即大气条件下混凝土碳化残量为

$$x_0 = 24.06(\ln f_{cuk} - 2.30) \quad (3.25)$$

土壤条件下混凝土中性化深度为 x'，中性化残量为 x'_0；大气状态下混凝土中性化深度为 x，中性化残量为 x_0。根据第 3 章的试验可知，土壤条件下混凝土中性化深度是大气条件下混凝土中性化深度的 1.3 倍，即

$$x' = 1.3x \tag{3.26}$$

由中性化残量的定义可知：

$$x_0 = c - x \tag{3.27}$$

$$x_0' = c - x' \tag{3.28}$$

联合式（3.25）～（3.28），得土壤条件下抗滑桩混凝土中性化残量计算公式为

$$x_0 = 31.28(\ln f_{cuk} - 2.30) - 0.3c \tag{3.29}$$

3) 钢筋开始锈蚀时间 t_1 的确定

钢筋开始锈蚀条件的实质就是确定混凝土中性化残量，根据钢筋锈蚀的条件，可以得到钢筋开始锈蚀时间的计算公式为

$$t_1 = \frac{1}{360}\left(\frac{c - x_0}{k}\right)^2 \tag{3.30}$$

将式（3.23）和式（3.29）代入式（3.30），可得

$$t_1 = \frac{1}{360}\left(\frac{1.3c - 32.18(\ln f_{cuk} - 2.30)}{0.3951 k_s k_q k_{ks} k_a k_f e^{0.6244\eta}}\right)^2 \tag{3.31}$$

式中，t_1 为钢筋开始锈蚀时间（a）；c 为混凝土保护层厚度（mm）；f_{cuk} 为混凝土抗压强度标准值；k 为混凝土中性化系数；k_s 为混凝土抗压强度影响系数；k_q 为施工质量影响系数；k_{ks} 为库水位影响系数；k_a 为混凝土外加剂影响系数；k_f 为混凝土掺合料影响系数；η 为抗滑桩应力水平。

2. 钢筋锈蚀时间 t_2

1) 结构耐久性终结标准

要评估抗滑桩的安全使用寿命，首先应确定抗滑桩耐久性终结（失效）的标准。由钢筋锈蚀引起的耐久性损伤分为钢筋开始锈蚀、保护层胀裂、性能严重退化三个阶段，可按对结构构件正常使用的影响确定耐久性失效的时间：一是对于在目标使用年限内不允许钢筋锈蚀或严格不允许保护层胀裂的构件（如预应力构件中预应力筋），可将钢筋开始锈蚀时间作为耐久性失效的时间；二是对于在目标使用年限内一般不允许出现锈胀裂缝的构件，可将保护层胀裂时间作为耐久性失效的时间；三是对于在目标使用年限内允许出现锈胀裂缝或局部破损的构件，可将性能严重退化时间作为耐久性失效的时间。

由于抗滑桩是地下工程，因此即使在使用过程中出现顺筋纵向裂缝甚至裂缝达到一定的宽度，也不能观察到。若以混凝土保护层开裂使钢筋的黏结力丧失为依据，则需用与实际情况条件相同的模型试验来确定耐久性失效的时间。

已由试验测得钢筋锈蚀速率，故选取截面损失率为耐久性终结标准，不同滑坡防治工程安全等级的耐久性终结标准如表 3.14 所示。

表 3.14　抗滑桩耐久性终结标准

滑坡防治工程安全等级	一级	二级	三级
滑坡失稳的破坏后果	危及县和县级以上城市、大型工矿企业、交通枢纽及重要公共设施，破坏后果特别严重	危及一般城镇、居民集中地、重要交通干线、一般工矿企业等，破坏后果严重	除一、二级以外的地区
截面损失率 ω/%	1	3	5

注：钢筋的截面损失率定义为 $\omega = \dfrac{A_0 - A}{A_0} \times 100\%$，其中 A_0 为钢筋初始截面积，A 为腐蚀后钢筋截面面积。

2）钢筋锈蚀时间 t_2 的确定

将钢筋直接放入土壤中腐蚀，得到钢筋的腐蚀速率 $v=4.48\text{g}/(\text{dm}^2 \cdot \text{a})$。钢筋开始锈蚀时，水分和氧等的侵蚀必须首先通过保护层渗透至钢筋表面，应考虑其在混凝土中的迁移速度。但由于混凝土中的钢筋锈蚀是电化学反应，一旦钢筋开始锈蚀，生成的锈蚀产物与未锈蚀的铁基便形成腐蚀电池，产生电势差，钢筋仍会继续锈蚀。故此处不考虑有害介质在混凝土中的迁移，直接以第 3 章中的钢筋腐蚀速率预测钢筋锈蚀至允许的截面损失率所需的时间 t_2，这样也使该预测结果偏于安全，在工程中比较合理。

钢筋截面损失率定义为

$$\omega = \frac{A_0 - A}{A_0} \times 100\% = \frac{D_0^2 - D^2}{D_0^2} \times 100\% \tag{3.32}$$

钢筋锈蚀前后，钢筋的密度 ρ 及长度 L 不变，则

$$m = (1-\xi)m_0 = (1-\xi)\rho\frac{\pi}{4}LD_0^2 = \frac{\pi}{4}LD^2，即 D^2 = (1-\xi)D_0^2 \tag{3.33}$$

将式（3.33）代入式（3.32），得

$$\xi = \omega \tag{3.34}$$

即钢筋的质量损失率与钢筋的截面损失率相等。

将式（3.34）代入经典的钢筋锈蚀速率计算公式，可得钢筋锈蚀至结构允许截面损失率所需的时间 t_2：

$$t_2 = \frac{\omega m_0}{S_0 v} \tag{3.35}$$

式中，$m_0 = GL$，$S_0 = \pi D_0 L$，则：

$$t_2 = \frac{\omega G}{\pi D_0 v} \tag{3.36}$$

式中，t_2 为钢筋锈蚀时间（a）；D_0 为钢筋初始直径（dm）；D 为钢筋锈蚀后的截面直径（dm）；m_0 为钢筋原始质量（g）；G 为每米的钢筋重量（g/dm）；m 为锈蚀后钢筋质量（g）；ω 为结构允许钢筋截面损失率（%），见表3.14；S_0 为钢筋锈蚀面积（dm²）；L 为腐蚀前钢筋长度（dm）；v 为钢筋腐蚀速率，此处取 $v=4.48\text{g}/(\text{dm}^2 \cdot \text{a})$。

3.3.4 抗滑桩服役寿命预测

抗滑桩的安全使用寿命是指在设计的使用环境中，不需要花费大量资金进行加固处理而能保证其安全性和适用性的最长服务年限，在此期间，抗滑桩的任一部分都应满足安全适用这一标准，故在对抗滑桩进行寿命预测时，应选取其最危险部位的使用寿命作为抗滑桩的安全使用寿命。对于悬臂式抗滑桩而言，其最危险部位为靠近滑面处受拉的一侧截面，此处的混凝土保护层受力状态为拉应力状态，且应力水平最大；对于预应力锚拉桩而言，其最危险部位为锚头及桩身受最大拉应力处，锚头如若遭受腐蚀，则抗滑桩的使用寿命大大缩减，本书假定锚杆（索）及锚头的防护完全符合耐久性要求，仅考虑土壤对抗滑桩的侵蚀作用，对抗滑桩的使用寿命进行预测。

抗滑桩安全使用寿命包括两部分：钢筋开始锈蚀时间 t_1，抗滑桩所处土壤环境中的有害介质渗入混凝土内部，与混凝土水化产物发生中性化反应，当中性化进行到一定深度（保护层厚度与中性化残量之差 $c-x_0$）时，钢筋开始锈蚀，该过程所需时间为 $t_1 = \dfrac{1}{360}\left(\dfrac{1.3c - 32.18(\ln f_{\text{cuk}} - 2.30)}{0.3951 k_s k_q k_{ks} k_f \text{e}^{0.6244\eta}}\right)^2$；钢筋锈蚀至允许截面损失率的时间 $t_2 = \dfrac{\omega G}{\pi D_0 v}$，则抗滑桩的安全使用寿命 t 为

$$t = \frac{1}{360}\left(\frac{1.3c - 32.18(\ln f_{\text{cuk}} - 2.30)}{0.3951 k_s k_q k_{ks} k_a k_f \text{e}^{0.6244\eta}}\right)^2 + \frac{\omega G}{\pi D_0 v} \quad (3.37)$$

预测实例分析：以万州清泉路抗滑桩为例，预测抗滑桩使用寿命。

清泉路滑坡体位于万州区城南，长江北岸斜坡地带，沿江公路、驷马桥边，后缘在棉纺厂区侧斜坡下。清泉路滑坡地形标高115～201.89m，平均地形坡度11.88°。坡体上2～3层砖混结构建筑密布，滑坡纵向平均390m，横向宽平均285m，厚度平均15m，面积约0.11km²，体积约170万m³，为大型松散堆积层滑坡。三峡水库蓄水后，清泉路滑坡体约80%位于175.0m以下，处于库水

位变动区。根据《长江三峡工程库区滑坡防治工程设计与施工技术规程》的划分标准，清泉路滑坡治理工程为一类滑坡防治工程。对此滑坡的治理采用排水工程与抗滑桩联合治理。

以万州清泉路滑坡治理中的 51 号抗滑桩为例。该桩位于库水位变动区，桩身混凝土标号为 C30，混凝土保护层厚度 c=70mm。配制混凝土时仅掺入了高效减水剂，施工质量为良。则各影响系数取值为：混凝土抗压强度影响系数 k_s=0.83，施工质量影响系数 k_q=1.40，库水位影响系数 k_{ks}=1.15，混凝土外加剂影响系数 k_a=0.70，混凝土掺合料影响系数 k_f=1.00。抗滑桩在使用时其应力水平 η 约为 0.5。

根据表 3.14，由于清泉路滑坡防治等级为一级，即允许的抗滑桩钢筋的截面损失率 ω=1%。抗滑桩主筋直径 D_0=0.32dm，主筋质量为 G=631g/dm，钢筋腐蚀速度 v=4.48g/(dm^2·a)。

则该抗滑桩主筋开始锈蚀的时间 t_1：

$$t_1 = \frac{1}{360}\left(\frac{1.3 \times 70 - 32.18(\ln 30 - 2.30)}{0.3951 \times 0.83 \times 1.40 \times 1.15 \times 0.70 \times 1.00 \times e^{0.6244 \times 0.5}}\right)^2 = 33.6 \text{（a）}$$

钢筋锈蚀时间 t_2：

$$t_2 = \frac{0.01 \times 631}{\pi \times 0.32 \times 4.48} = 1.4 \text{（a）}$$

即此抗滑桩的预测使用寿命

$$t = t_1 + t_2 = 35.0 \text{（a）}$$

3.4 抗滑桩耐久性设计

3.4.1 抗滑桩设计使用年限

抗滑桩的设计使用年限是指具有一定裕度或保证率的目标使用年限，并与其使用的适用性极限状态相对应。一般结构的设计使用年限分级如表 3.15 所示。抗滑桩是永久性的隐蔽工程，一旦建成不便维修加固，即不是易于替换的结构构件。但由于抗滑桩桩土作用十分复杂，其耐久性受土质、地下水等环境的影响显著，这些因素均不易被人为控制，且受地形、地质条件限制，其施工质量较难保证，无法对桩表面采用保护措施，故其耐久性设计使用年限不宜太长，所以其设计使用年限定为 50 年。

表 3.15　结构的设计使用年限分级

级别	设计使用年限	名称	示例
一级	不小于 100 年	重要建筑物	标志性、纪念性建筑物，大型公共建筑物如大型的博物馆、会议大厦和文体卫生建筑，政府的重要办公楼，大型电视塔等
		重要土木基础设施工程	大型桥梁、隧道，高速和一级公路上的桥涵，城市干线上的大型桥梁、大型立交桥，城市地铁轻轨系统等
二级	不小于 50 年	一般建筑物和构筑物	一般民用建筑如公寓、住宅以及中小型商业和文体卫生建筑，大型工业建筑
		次要的土木设施工程	二级和二级以下公路以及城市一般道路上的桥涵
三级	不小于 30 年	不需较长寿命的结构物可替换的易损结构构件	某些工业厂房

3.4.2　抗滑桩混凝土保护层厚度设计

保护层混凝土碳化速度与其厚度的平方成反比，氯离子渗透深度与混凝土实际使用时间近似呈线性关系，因此混凝土保护层厚度是防止钢筋锈蚀的决定性因素。混凝土保护层的作用体现在三个方面：对构件受力有效高度有影响，维持受力钢筋与混凝土之间的黏结力，保证钢筋在设计使用年限内不发生危及结构安全的锈蚀。钢筋在混凝土中的保护层厚度太小，构件的锚固和耐久性能差；保护层厚度过大，在构件截面有效高度相对较小，减少了钢筋在结构中抵御外界力作用的力矩，降低了结构构件的承载力。因此，必须正确设计钢筋的保护层厚度，应综合考虑钢筋在混凝土中的锚固、耐久性及有效高度三个因素。

钢筋的保护层厚度 c 应满足：

$$c = c_{\min} + \Delta \tag{3.38}$$

式中，c 为钢筋保护层厚度，为钢筋外缘至混凝土表面的距离（mm）；$c_{\min}$ 为钢筋保护层最小厚度（mm），对于环境等级为 V_1-D、设计使用年限为 50 年的抗滑桩，$c_{\min}=45\text{mm}$；Δ 为保护层厚度施工允差（mm）。

实际施工中，由于支模、钢筋安装的误差，浇筑混凝土时钢筋的移位以及钢筋本身弯曲变形等因素，为确保有足够的保护层厚度，需考虑保护层厚度施工允差 Δ，对于现浇混凝土构件一般可取 10mm，则 V_1-D 环境条件下的抗滑桩的保护层厚度不应小于 55mm。根据重庆市地方规范《地质灾害防治工程设计规范》DB50/5029—2019，抗滑桩受力钢筋的混凝土保护层厚度，当采用单筋配筋且有混凝土护壁时，c 不应小于 50mm；无混凝土护壁（直接接触土体浇筑）时，c 不应小于 70mm。

混凝土保护层厚度的取值并非越大越好，在能保证锚固及耐久性的条件下尽量取较小的保护层厚度，以减小工程量，节约资源。抗滑桩的设计使用年限是 50a，即 $t=50a$，则相应的混凝土保护层厚度设计值应为

$$c = 0.3039 k_s k_q k_{ks} k_a k_f e^{0.6244\eta} \sqrt{360\left(50 - \frac{\omega G}{\pi D_0 v}\right)} - 24.75(\ln f_{\text{cuk}} - 2.30)$$

（3.39）

式中参数物理意义同前。

第4章 滑坡蠕变及水库地震作用下抗滑桩结构设计

4.1 滑坡蠕变荷载

4.1.1 蠕变荷载本构模型

滑坡体蠕变本构模型的确定是研究边坡蠕变影响的重要组成部分，对研究坡体位移和悬臂抗滑桩的内力计算具有重要意义。常用的蠕变本构模型方法有经验法和元件模型法等，其中元件模型法中各元件的物理力学意义明确，构建方法通俗易懂，目前已经得到了广泛应用。但元件模型仅仅只考虑了等速蠕变和衰减蠕变阶段，对于加速度蠕变阶段的蠕变本构模型目前研究较少。本书基于传统的蠕变模型构建了改进的广义开尔文（Kelvin）模型，描述了滑坡体塑性破坏情形。

1. 弹性元件

弹性元件又称胡克体元件，由一个弹簧表示，如图4.1所示，用以描述理性的弹性形变，元件符号为H，其本构规律服从胡克定律，其本构方程为

$$\varepsilon = \frac{\sigma}{E} \tag{4.1}$$

式中，σ为应力（MPa）；ε为应变；E为弹性模量（MPa）。

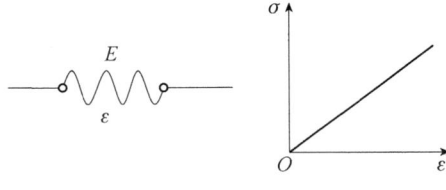

图4.1 弹性元件

胡克体性质：

第一，具有瞬时弹性变形的性质。无论荷载大小，只要 σ 不为 0，就有相应的应变 ε 存在，当 σ 变为 0（即卸载）时，ε 也为 0，即该元件没有弹性后效，变形与时间无关。

第二，当应变保持恒定时，应力也保持不变。应力不随时间增长而减小，故无应力松弛性质。

第三，当应力保持恒定时，应变也保持不变，故无蠕变性质。

弹性元件的应变瞬时完成，与时间无关，常将其运用在描述蠕变与时间无关的情况。

2. 塑性元件

塑性元件由一个摩擦片表示，如图 4.2 所示，用以描述完全塑性体，其本构规律服从库仑摩擦定律，元件符号为 S。当应力小于屈服应力时，不发生变形；当应力达到或超过屈服应力时，开始发生变形，即便应力不再增加，变形仍然持续增加，其本构方程为

$$\begin{cases} \varepsilon = 0, & \sigma < \sigma_s \\ \varepsilon = \lambda, & \sigma \geq \sigma_s \end{cases} \quad (\lambda \text{为任意常数}) \quad (4.2)$$

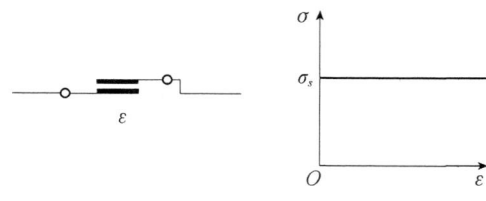

图 4.2 塑性元件

3. 黏性元件（牛顿体）

黏性元件又称牛顿体，由一个带活塞的阻尼器表示，如图 4.3 所示，用以描述理想黏性体，元件符号为 N，其本构关系服从牛顿定律。其本构方程和蠕变方程分别为

$$\sigma = \eta \dot{\varepsilon} \quad (4.3)$$

$$\varepsilon = \frac{\sigma_0}{\eta} t \quad (4.4)$$

式中，η 为黏滞系数（Pa·s）；t 为时间（s）；σ_0 为初始应力（MPa）。

牛顿体性质：

第一，因 $\varepsilon = \frac{\sigma_0}{\eta} t$，故 $t = 0$ 时，$\varepsilon = 0$（图 4.3），牛顿体无瞬时变形。另一

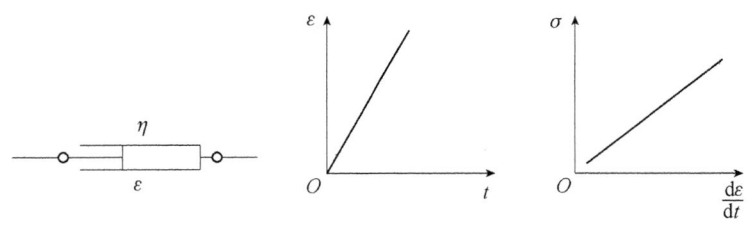

图 4.3　黏性元件

方面从元件的物理概念出发可以知道，当活塞受到一拉力时，活塞发生位移，但由于黏性液体的阻力，活塞位移逐渐增大，位移随时间增长。

第二，当 $\sigma = 0$，$\eta\dot{\varepsilon} = 0$ 时，积分后得 ε 为常数，表明去掉外力后应变为常数，活塞位移立即停止，不再恢复，只有再受到相应的压力时，活塞才回到原位。所以牛顿体无弹性后效，有永久变形。

第三，当应变 ε 为常数时，$\sigma = \eta\dot{\varepsilon} = 0$，说明当应变保持某一恒定值后，应力为零，无应力松弛效应。

塑性流动与黏性流动的区别在于塑性流动只有当 σ 大于或等于屈服应力 σ_s 时才发生；当 σ 小于屈服应力时，理想塑性体则表现为刚性体的性质，而黏性流动则不需要应力大于某一定值，只要有微小的应力存在，牛顿体就会发生流动。

实际上，塑性流动、黏性流动经常和弹性变形联系到一起。因此，针对黏弹性体和黏弹塑性体的研究，前者研究应力小于屈服应力状态时的应力、应变与时间的关系，后者研究应力大于等于屈服应力状态时的应力、应变与时间的关系。

4. 广义开尔文模型

广义开尔文元件模型由一个胡克体弹性元件和一个开尔文元件串联组成（图 4.4），具有参数识别容易、适用范围广等优点。胡克体是一种理想弹性元件，即应力与应变呈线性变化关系。牛顿体则是一种理想黏性元件，即应力与应变速率成正比。开尔文元件由一个胡克体和牛顿体并联组成，常用于描述稳定蠕变。

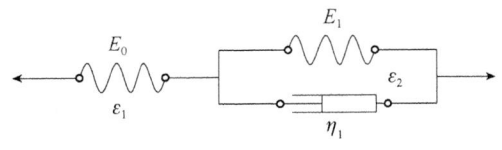

图 4.4　广义开尔文元件模型

(1) 本构方程

$$\left(1+\frac{E_1}{E_0}\right)\sigma + \frac{\eta}{E_0}\dot{\sigma} = \eta_1\dot{\varepsilon} + E_1\varepsilon \qquad (4.5)$$

(2) 蠕变方程

$$\varepsilon = \left(\frac{1}{E_1}+\frac{1}{E_0}\right)\sigma_0 - \left(\frac{1}{E_1}\right)\sigma_0 \cdot \exp\left(-\frac{E_1}{\eta_1}t\right) \qquad (4.6)$$

5. 改进广义开尔文模型

传统的滑坡推力算法假设滑坡体为刚塑性体没有考虑滑坡体内部变形，然而滑坡体由于地下水的长期浸润作用极易发生蠕变。依据滑坡的蠕变特性建立流变模型：滑块在较小应力作用下首先发生弹性形变；接着由于地下水长期浸润作用，滑坡体发生黏弹性变形；随着应力逐渐增大，基于莫尔-库仑破坏准则，当滑块所受应力增加到大于岩体屈服应力时，滑坡体发生塑性破坏。选取弹性元件、开尔文元件和塑性元件串联，构成改进广义开尔文模型，用于模拟滑块破坏过程（图4.5）。

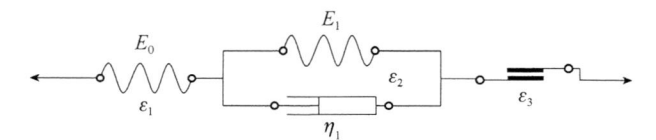

图 4.5 改进广义开尔文模型

1) 本构方程

令理想弹性模型应变为 ε_1、开尔文模型应变为 ε_2、理想塑性模型应变为 ε_3。

理想弹性模型：

$$\varepsilon_1 = \frac{\sigma}{E_0} \qquad (4.7)$$

开尔文模型：

$$\sigma = \eta_1\dot{\varepsilon}_2 + E_1\varepsilon_2 \qquad (4.8)$$

理想塑性模型：

$$\begin{cases} \varepsilon_3 = 0, & \sigma < \sigma_s \\ \varepsilon_3 = \lambda, & \sigma \geq \sigma_s \end{cases} \quad (\lambda\text{为任意常数}) \qquad (4.9)$$

式中，E_0、E_1 为弹性模量（MPa）；η_1 为黏滞系数（MPa·d）。

联立式（4.7）～（4.9），求解。

当 $\sigma < \sigma_s$ 时：

$$\left(1+\frac{E_1}{E_0}\right)\sigma + \frac{\eta_1}{E_0}\dot{\sigma} = \eta_1\dot{\varepsilon} + E_1\varepsilon \tag{4.10}$$

当 $\sigma \geqslant \sigma_s$ 时：

$$\sigma = \eta_1\dot{\varepsilon} + E_1\varepsilon - E_1\left(\frac{\sigma_s}{E_0}+\lambda\right) \tag{4.11}$$

2）蠕变方程

在 $t=0$ 时，施加一个不变的应力 σ_0，并保持 σ_0 为恒定值，本构方程如下。

当 $\sigma_0 < \sigma_s$ 时：

$$\left(1+\frac{E_1}{E_0}\right)\sigma_0 = \eta_1\frac{\mathrm{d}\varepsilon}{\mathrm{d}t} + E_1\varepsilon \tag{4.12}$$

$$\frac{\mathrm{d}\varepsilon}{\mathrm{d}t} + \frac{E_1}{\eta_1}\varepsilon = \left(\frac{1}{\eta_1}+\frac{E_1}{E_0\eta_1}\right)\sigma_0 \tag{4.13}$$

求解此微分方程得

$$\varepsilon = \left(\frac{1}{E_1}+\frac{1}{E_0}\right)\sigma_0 + A\exp\left(-\frac{E_1}{\eta_1}t\right) \tag{4.14}$$

式中，A 为积分常数，可根据初始条件确定。

当 $t=0$ 时，$\varepsilon = \frac{\sigma_0}{E_0}$，代入式（4.14），得

$$A = -\frac{1}{E_1}\sigma_0 \tag{4.15}$$

将 A 代入式（4.14），可得该流变模型的蠕变方程为

$$\varepsilon = \left(\frac{1}{E_1}+\frac{1}{E_0}\right)\sigma_0 - \left(\frac{1}{E_1}\right)\sigma_0 \cdot \exp\left(-\frac{E_1}{\eta_1}t\right) \tag{4.16}$$

当 $\sigma_0 \geqslant \sigma_s$ 时，高切坡发生塑性破坏，$\varepsilon \to +\infty$，此处不考虑应变量的大小。

4.1.2 蠕变模型参数辨识

蠕变模型常用的参数辨识方法为解析方法和数值方法两大类。两类方法中均包括回归分析方法、优化识别方法、试验设计（如正交试验设计等）确定方法、智能辨识方法等，而解析方法还可以直接由试验或实测曲线进行分析确定，本书主要介绍室内试验曲线直接确定参数的解析方法。

1. 参数辨识基本原则

一般情况下，当变形（应变）或位移曲线具有明显的瞬时变形、黏弹性变

形和黏塑性变形或稳定蠕变变形和非稳定蠕变变形特征时，应遵循以下规则：

第一，利用瞬时变形或位移确定弹性和弹塑性参数。

第二，利用黏弹性变形或稳定蠕变变形确定黏弹性参数。

第三，利用黏塑性变形或非稳定蠕变变形确定黏塑性参数。

2. 参数辨识解析直接方法

1）弹性参数

通过蠕变曲线图中变形轴上的截距大小或分级加卸载试验曲线上瞬时加卸载引起的位移或应变突变值确定弹性参数，包括弹性模量 E_0、泊松比 μ 或弹性剪切模量 K。

如单轴试验：

$$E_0 = \frac{\Delta \sigma}{\Delta \varepsilon_1} \tag{4.17}$$

$$\mu = \frac{\Delta \varepsilon_2}{\Delta \varepsilon_1} \tag{4.18}$$

式中，$\Delta\sigma$、$\Delta\varepsilon_1$、$\Delta\varepsilon_2$、μ 分别为应力增量、轴向应变增量、径向应变增量和泊松比。其中，应变增量中不含蠕变应变增量。

在常规三轴试验中，设轴向应力为 σ_1，围压为 $\sigma_2 = \sigma_3$，则由线弹性应力-应变关系得到

$$E_0 = \frac{\sigma_1 - 2\mu\sigma_2}{\varepsilon_1} \tag{4.19}$$

或

$$E_0 = \frac{(1-\mu)\sigma_2 - \mu\sigma_1}{\varepsilon_2} \tag{4.20}$$

联合式（4.18）和式（4.20），得

$$\mu = \frac{\sigma_1\varepsilon_2 - \sigma_2\varepsilon_1}{2\sigma_2\varepsilon_2 - (\sigma_1 + \sigma_2)\varepsilon_1} \tag{4.21}$$

当围压稳定不变时，轴向应力增加 $\Delta\sigma_1$ 引起轴向应变的变化量为 $\Delta\varepsilon_1$，径向应变的变化量为 $\Delta\varepsilon_2$，则根据三轴应力-应变关系可得到

$$E_0 = \frac{\Delta\sigma_1}{\Delta\varepsilon_1} \tag{4.22}$$

$$\mu = \frac{\Delta\varepsilon_2}{\Delta\varepsilon_1} \tag{4.23}$$

式中，$\Delta\sigma_1$ 为轴向应力增量。其中，应变增量中不含蠕变应变增量。

由于

$$G_0 = \frac{E_0}{2(1+\mu)} \quad (4.24)$$

$$K = \frac{E_0}{3(1-2\mu)} \quad (4.25)$$

则由上式可得弹性剪切模量和体积模量 G_0、K。

2）黏弹性参数

对于黏弹性参数，由单轴蠕变试验应变随时间的变化图，通过对曲线解析解求出黏性岩体的各力学参数。

对于单轴蠕变试验来说，若采用西原体模型，则当应力小于屈服应力时，有黏弹性部分蠕变公式：

$$\varepsilon(t) = \frac{\sigma_0}{E_1}\left(1-e^{-\frac{E_1}{\eta_1}t}\right) \quad (4.26)$$

当 $t \to \infty$ 时（不含瞬时应变时）

$$\varepsilon_{max} = \frac{\sigma_0}{E_1} \quad (4.27)$$

$$\varepsilon(t) = \frac{\sigma_0}{E_1} + \frac{\sigma_0}{E_1}\left(1-e^{-\frac{E_1}{\eta_1}t}\right) \quad (4.28)$$

当 $t \to \infty$ 时（含瞬时应变时）

$$\varepsilon_{max} = \frac{\sigma_0(E_0+E_1)}{E_0 E_1} = \frac{\sigma_0}{E_\infty} \quad (4.29)$$

$$\dot{\varepsilon}(t) = \frac{\sigma_0}{\eta_1} e^{-\frac{E_1}{\eta_1}t} \quad (4.30)$$

当 $t \to 0$ 时

$$e^{-\frac{E_1}{\eta_1}t} \to 1$$

$$\dot{\varepsilon}(t) \approx \lim \frac{\Delta\varepsilon}{\Delta t} \approx \tan\varphi_0 = \frac{\sigma_0}{\eta_1} \quad (4.31)$$

综合式（4.17）~（4.31），可得

$$E_1 = \frac{\sigma_0}{\varepsilon_{max}} \quad (\varepsilon_{max}\text{中不含瞬时应变时}) \quad (4.32)$$

$$E_1 = \frac{E_0 E_\infty}{E_0 - E_\infty} \quad (4.33)$$

$$E_\infty = \frac{\sigma_0}{\varepsilon_{max}} \quad (\varepsilon_{max}\text{中含瞬时应变时}) \quad (4.34)$$

$$\eta_1 = \frac{\sigma_0}{\tan\phi_0} \tag{4.35}$$

式中，ε、ε_{max}、ϕ_0 如图 4.6 所示；σ_0 为蠕变应力值（MPa）；E_0 为瞬时弹性模量（MPa）。

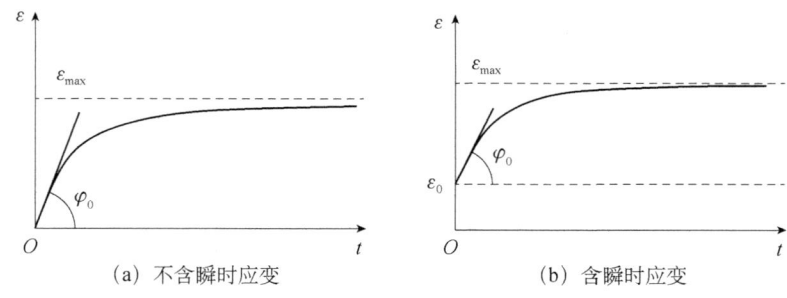

图 4.6 稳定蠕变变形单轴蠕变试验曲线示意图

3）黏塑性参数

当黏塑性系数 η_2 取常数时，简单的确定方法是由单轴试验曲线稳态蠕变阶段的斜率确定，如图 4.7 所示。根据岩土体流变理想黏塑性模型，在稳定蠕变阶段（第Ⅱ蠕变阶段）中有

$$\dot\varepsilon = \frac{\sigma - \sigma_s}{\eta_2} \tag{4.36}$$

式中，σ 为蠕变应力值（MPa）；σ_s 为岩土体屈服值（MPa）。

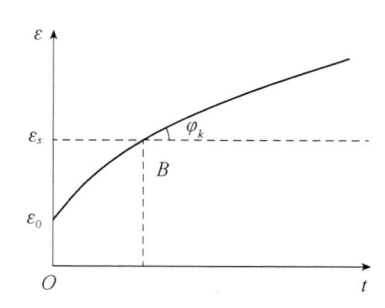

图 4.7 稳定蠕变变形单轴蠕变试验曲线示意图

则

$$\Delta\varepsilon = \frac{\sigma - \sigma_s}{\eta_2}\Delta t \tag{4.37}$$

$$\tan\phi_k = \frac{\Delta\varepsilon}{\Delta t} = \frac{\sigma - \sigma_s}{\eta_2} \tag{4.38}$$

于是

$$\eta_2 = \frac{\sigma - \sigma_s}{\tan \phi_k} \tag{4.39}$$

因此，采用单轴蠕变试验获取稳态蠕变阶段的试验曲线斜率，通过蠕变应力和屈服应力便能计算得到黏塑性系数。

4.2 考虑滑坡蠕变作用的悬臂抗滑桩内力计算

4.2.1 滑坡推力计算方法修正

对于边坡而言，主要研究剪应力作用下土体以长期位移形式出现的剪切蠕变。因此，本书提出假设滑坡体在低应力作用下只发生形状变形不发生体积变形。根据改进的广义开尔文蠕变模型，滑坡体在低应力作用下不发生塑性破坏，即为广义开尔文模型。应力、应变关系满足：

$$\gamma = \frac{\tau_0}{2G_0} + \frac{\tau_0}{2G_1}\left(1 - e^{-\frac{G_1}{\eta_1}t}\right) \tag{4.40}$$

式中，G_0、G_1 分别为广义开尔文元件模型中两个弹簧元件的剪切模量（MPa）；η_1 为广义开尔文元件模型中黏壶元件的黏性系数（MPa·d）。

假设边坡蠕变分土层发生变化，则任意土层在合力作用下产生蠕变：

$$\tau_n = c'_n + \gamma' \cos \theta'_n \tan \varphi'_n \tag{4.41}$$

式中，c'_n 为第 n 层滑坡土体黏聚力（kPa）；γ' 为滑坡体单宽容重（kN/m³）；θ' 为滑坡体重心位置与水平面夹角（°）；φ'_n 为第 n 层土体内摩擦角（°）。

代入蠕变模型得到

$$\gamma_n = \frac{\tau_n}{G_0} + \frac{\tau_n}{G_1}\left(1 - e^{-\frac{G_1}{\eta_1}t}\right) \tag{4.42}$$

4.2.2 悬臂抗滑桩内力计算方法修正

当抗滑桩修建完成并起支挡作用时，桩-土处于极限平衡状态。随着时间推移，土体在切应力作用下发生蠕变。本书假设任意土层内部均匀变形。据《建筑边坡工程技术规范》（GB 50330—2013）可知，对于土质边坡稳定性分析的方法，常根据滑动面形状分为折线法和瑞典圆弧法。本书选取瑞典圆弧法对滑坡体进行蠕变分析。沿水平方向为 x 轴、沿桩轴方向竖直向下为 y 轴建立坐标系如图 4.8 所示。

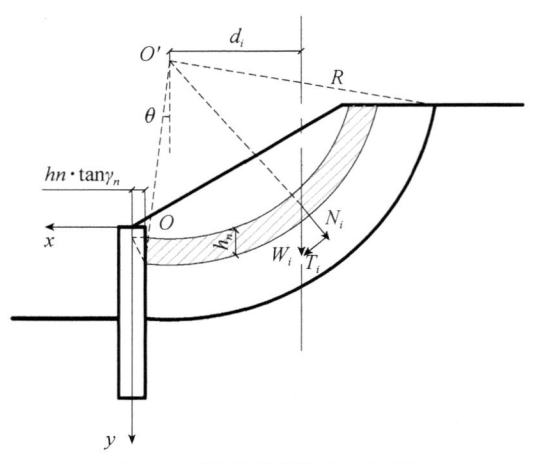

图 4.8 滑坡蠕变位移坐标系

$$s = h_n \cdot \tan[\gamma_n(\pi - \theta)] - \tan[\gamma_n(\pi - \theta)] \cdot y \tag{4.43}$$

式中，h_n 为第 n 层滑坡土体深度（m）；θ 为滑动面与桩轴线交界处夹角（°）。

基于桩-土变形协调关系，假设悬臂抗滑桩与土体始终接触。在滑坡体蠕变作用下，悬臂抗滑桩-土之间的相对位移 $\delta = s - x$，将此时桩-土间相互作用力称为蠕变推力 F：

$$F = k(s-x)B_p \tag{4.44}$$

式中，s 为滑坡体蠕变位移（当 $0 \leqslant y \leqslant h$ 时，s 为上述表达式；当 $y > h$ 时，s 为零，h 为滑动面以上的桩长）；x 为悬臂抗滑桩水平位移（m）；B_p 为抗滑桩计算宽度（m）（依据规范可查的矩形抗滑桩计算宽度为 $B_p = b + 1$）；k 为水平地基反力系数（当 $0 \leqslant y \leqslant h$ 时，k 为滑坡土体抗力系数，本书假定 k 为常数，适用于超固结黏土（OCR>1）和密实的砂土地基；当 $y > h$ 时，k 为基岩抗力系数，h 为滑动面以上的桩长）。针对土体的水平地基反力系数取值，Matlock 和 Reese 建议采用土体的弹性模型，Vesic 采用地基反力法分析了弹性地基上的无限长梁后提出了地基反力系数与土体弹性模量之间的关系式。

本书采用 Vesic 表达式求解滑坡体的水平地基反力系数：

$$k = \frac{0.65E_s}{1-\mu^2} \cdot \sqrt[12]{\frac{E_s d^4}{EI}} \tag{4.45}$$

式中，E_s 为土体弹性模量（MPa）；μ 为土体泊松比；E 为桩弹性模量（MPa）；I 为桩的惯性矩（m⁴）。

如图 4.9 所示建立悬臂抗滑桩的计算坐标系，将桩整体视为温克尔（Winkle）弹性地基梁，建立微分方程，并利用转移矩阵法进行求解。微分方程如下：

第4章 滑坡蠕变及水库地震作用下抗滑桩结构设计

$$EI\frac{d^4x}{dy^4} = k(s-x)B_p \qquad (4.46)$$

式中，EI 为悬臂抗滑桩的抗弯刚度。

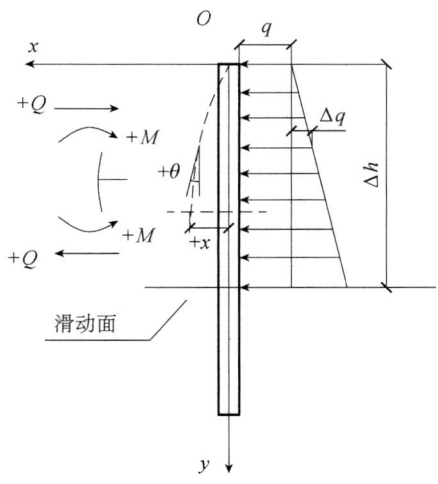

图 4.9 弹性桩受力图

将式（4.46）变化可得

$$EI\frac{d^4x}{dy^4} + kB_p x = kB_p s \qquad (4.47)$$

根据悬臂抗滑桩弯曲时有如下微分关系：

$$\left. \begin{array}{l} \dfrac{dx}{dy} = -\varphi \\[4pt] \dfrac{d\varphi}{dy} = \dfrac{M}{EI} \\[4pt] \dfrac{dM}{dy} = Q \\[4pt] \dfrac{dQ}{dy} = k(x-s)B_p \end{array} \right\} \qquad (4.48)$$

写成矩阵形式

$$\frac{dS}{dy} = AS + f \qquad (4.49)$$

其中：

$$A = \begin{bmatrix} 0 & -1 & 0 & 0 \\ 0 & 0 & \dfrac{1}{EI} & 0 \\ 0 & 0 & 0 & 1 \\ kB_p & 0 & 0 & 0 \end{bmatrix}, \quad S = \begin{bmatrix} x \\ \varphi \\ M \\ Q \end{bmatrix}, \quad f = \begin{bmatrix} 0 \\ 0 \\ 0 \\ -akB_p - bkB_p y \end{bmatrix}$$

$$a = h_n \cdot \tan[\gamma_n(\pi - \theta)], \quad b = -\tan[\gamma_n(\pi - \theta)]$$

对式（4.49）两边进行拉普拉斯（Laplace）变换，可得

$$(Is - A)S(s) = S(0) + f(s) \tag{4.50}$$

两边左乘 $(Is - A)^{-1}$，得

$$S(s) = (Is - A)^{-1} S(0) + (Is - A)^{-1} f(s) \tag{4.51}$$

则有

$$(Is - A)^{-1} = \begin{bmatrix} \dfrac{EIS^3}{EIS^4 + kB_p} & -\dfrac{EIS^2}{EIS^4 + kB_p} & -\dfrac{S}{EIS^4 + kB_p} & -\dfrac{1}{EIS^4 + kB_p} \\ \dfrac{KB_p}{EIS^4 + kB_p} & \dfrac{EIS^3}{EIS^4 + kB_p} & \dfrac{EIS^2}{EIS^4 + kB_p} & \dfrac{S}{EIS^4 + kB_p} \\ \dfrac{EIkB_p S}{EIS^4 + kB_p} & -\dfrac{EIkB_p}{EIS^4 + kB_p} & \dfrac{EIS^3}{EIS^4 + kB_p} & \dfrac{EIS^2}{EIS^4 + kB_p} \\ \dfrac{EIkB_p S^2}{EIS^4 + kB_p} & -\dfrac{EIkB_p S}{EIS^4 + kB_p} & -\dfrac{kB_p}{EIS^4 + kB_p} & \dfrac{EIS^3}{EIS^4 + kB_p} \end{bmatrix}$$

$$f(s) = \begin{bmatrix} 0 \\ 0 \\ 0 \\ -\dfrac{akB_p}{s} - \dfrac{bkB_p}{s^2} \end{bmatrix} \quad (Is - A)^{-1} f(s) = \begin{bmatrix} +\dfrac{akB_p}{(EIS^4 + kB_p)S} + \dfrac{bkB_p}{(EIS^4 + kB_p)S^2} \\ -\dfrac{akB_p}{EIS^4 + kB_p} - \dfrac{bkB_p}{(EIS^4 + KB_p)S} \\ -\dfrac{akB_p SEI}{EIS^4 + kB_p} - \dfrac{bkB_p EI}{EIS^4 + kB_p} \\ -\dfrac{akB_p S^2 EI}{EIS^4 + kB_p} - \dfrac{bkB_p SEI}{EIS^4 + kB_p} \end{bmatrix}$$

令 $\beta^4 = \dfrac{kB_p}{4EI}$，则有

$$(\mathbf{I}s-\mathbf{A})^{-1} = \begin{bmatrix} \dfrac{s^3}{s^4+4\beta^4} & -\dfrac{s^2}{s^4+4\beta^4} & -\dfrac{s/(EI)}{s^4+4\beta^4} & -\dfrac{1/(EI)}{s^4+4\beta^4} \\ \dfrac{kB_p/(EI)}{s^4+4\beta^4} & \dfrac{s^3}{s^4+4\beta^4} & \dfrac{s^2/(EI)}{s^4+4\beta^4} & \dfrac{s/(EI)}{s^4+4\beta^4} \\ \dfrac{kB_p s}{s^4+4\beta^4} & -\dfrac{kB_p}{s^4+4\beta^4} & \dfrac{s^3}{s^4+4\beta^4} & \dfrac{s^2}{s^4+4\beta^4} \\ \dfrac{kB_p s^2}{s^4+4\beta^4} & -\dfrac{kB_p s}{s^4+4\beta^4} & -\dfrac{kB_p/(EI)}{s^4+4\beta^4} & \dfrac{s^3}{s^4+4\beta^4} \end{bmatrix}$$

$$(\mathbf{I}s-\mathbf{A})^{-1}\mathbf{f}(s) = \begin{bmatrix} \dfrac{akB_p/(EI)}{(s^4+4\beta^4)s} + \dfrac{bkB_p/(EI)}{(s^4+4\beta^4)s^2} \\ -\dfrac{akB_p/(EI)}{s^4+4\beta^4} - \dfrac{bkB_p/(EI)}{(s^4+4\beta^4)s} \\ -\dfrac{akB_p s}{s^4+4\beta^4} - \dfrac{bkB_p}{s^4+4\beta^4} \\ -\dfrac{akB_p s^2}{s^4+4\beta^4} - \dfrac{bkB_p s}{s^4+4\beta^4} \end{bmatrix}$$

对式（4.51）进行拉普拉斯逆变换，得

$$L^{-1}(\mathbf{I}s-\mathbf{A})^{-1} = \begin{bmatrix} \varphi_1 & -\dfrac{1}{2\beta}\varphi_2 & -\dfrac{2\beta^2}{kB_p}\varphi_3 & -\dfrac{\beta}{kB_p}\varphi_4 \\ \beta\varphi_4 & \varphi_1 & \dfrac{2\beta^3}{kB_p}\varphi_2 & \dfrac{2\beta^2}{kB_p}\varphi_3 \\ \dfrac{kB_p}{2\beta^2}\varphi_3 & -\dfrac{kB_p}{2\beta^3}\varphi_4 & \varphi_1 & \dfrac{1}{2\beta}\varphi_2 \\ \dfrac{kB_p}{2\beta}\varphi_2 & -\dfrac{kB_p}{2\beta^2}\varphi_3 & -\beta\varphi_4 & \varphi_1 \end{bmatrix}$$

$$L^{-1}[(\mathbf{I}s-\mathbf{A})^{-1}\mathbf{f}(s)] = \begin{bmatrix} a(1-\varphi_1) + b\left(y - \dfrac{1}{2\beta}\varphi_2\right) \\ -\beta a\varphi_4 - b(1-\varphi_1) \\ -\dfrac{akB_p}{2\beta^2}\varphi_3 - \dfrac{bkB_p}{4\beta^3}\varphi_4 \\ -\dfrac{akB_p}{2\beta}\varphi_2 - \dfrac{bkB_p}{2\beta^2}\varphi_3 \end{bmatrix}$$

式中，

$$\varphi_1 = \cosh\beta y\cos\beta y, \quad \varphi_2 = \cosh\beta y\sin\beta y + \sinh\beta y\cos\beta y$$
$$\varphi_3 = \sinh\beta y\sin\beta y, \quad \varphi_4 = \cosh\beta y\sin\beta y - \sinh\beta y\cos\beta y$$

则原式可写为

$$\begin{bmatrix} x \\ \varphi \\ M \\ Q \\ 1 \end{bmatrix} = \begin{bmatrix} \varphi_1 & -\dfrac{1}{2\beta}\varphi_2 & -\dfrac{2\beta^2}{kB_p}\varphi_3 & -\dfrac{\beta}{kB_p}\varphi_4 & a(1-\varphi_1)+b\left(y-\dfrac{1}{2\beta}\varphi_2\right) \\ \beta\varphi_4 & \varphi_1 & \dfrac{2\beta^3}{kB_p}\varphi_2 & \dfrac{2\beta^2}{kB_p}\varphi_3 & -\beta a\varphi_4 - b(1-\varphi_1) \\ \dfrac{kB_p}{2\beta^2}\varphi_3 & -\dfrac{kB_p}{2\beta^3}\varphi_4 & \varphi_1 & \dfrac{1}{2\beta}\varphi_2 & -\dfrac{akB_p}{2\beta^2}\varphi_3 - \dfrac{bkB_p}{4\beta^3}\varphi_4 \\ \dfrac{kB_p}{2\beta}\varphi_2 & -\dfrac{kB_p}{2\beta^2}\varphi_3 & -\beta\varphi_4 & \varphi_1 & -\dfrac{akB_p}{2\beta}\varphi_2 - \dfrac{bkB_p}{2\beta^2}\varphi_3 \\ 0 & 0 & 0 & 0 & 1 \end{bmatrix} \begin{bmatrix} x_0 \\ \varphi_0 \\ M_0 \\ Q_0 \\ 1 \end{bmatrix}$$

(4.52)

已知桩顶初始参数 $\{u_0\} = \{x_0 \ \varphi_0 \ M_0 \ Q_0\}$，其中 x_0、φ_0、M_0、Q_0 分别为桩顶的位移、转角、弯矩和剪力。则当已知 $\{u_0\}$ 时，即可根据上式求解任意截面的位移、转角、弯矩和剪力。除此之外，随着时间推移，基于蠕变模型则可求出任意时刻悬臂抗滑桩任意截面的位移、转角、弯矩和剪力。

通过以上公式可以求得滑坡体在蠕变作用下的滑坡动推力，利用 matlab 编程求解蠕变作用力。

算例分析： 利用二分法将悬臂抗滑桩视为受荷段和锚固段，计算受荷段在考虑滑坡体蠕变作用和不考虑蠕变作用时的位移、弯矩、剪力。滑坡体相关参数为，圆弧滑动面半径 $R = 30\text{m}$，坡高 $H = 19\text{m}$，滑动面水平长 $L = 30\text{m}$，坡面水平夹角正切值 $\tan\varphi = 0.5$。悬臂抗滑桩相关参数，受荷段 $h_1 = 4\text{m}$，锚固段 $h_2 = 6\text{m}$，横截面 $1.0\text{m} \times 1.5\text{m}$，惯性矩 $I = 1$，如图 4.10 所示。滑坡体、基岩以及悬臂抗滑桩其他相关参数见表 4.1。地基系数：$k = 41.7\text{MN}/\text{m}^3$（地基系数取值采用 Vesic 表达式求解，$k = \dfrac{0.65E_s}{1-\mu^2}\cdot\sqrt[12]{\dfrac{E_s d^4}{EI}}$）。滑坡体蠕变模型参数取值如表 4.2 所示。

计算结果如图 4.11 和图 4.12 所示。

首先将程序设置为蠕变时间从零到一百天，间隔为十天取一次计算结果，结果如图 4.12 所示。可知在蠕变发生的前三十天内，蠕变对悬臂抗滑桩影响较大，不管是桩身位移、桩身弯矩还是桩身剪力，变化速度较快，桩顶位移增加速度可达 $x = 0.02\text{mm}/\text{d}$，滑动面处桩身弯矩可达 $M = 3.95\text{kN}\cdot\text{m}/\text{d}$，滑动面处

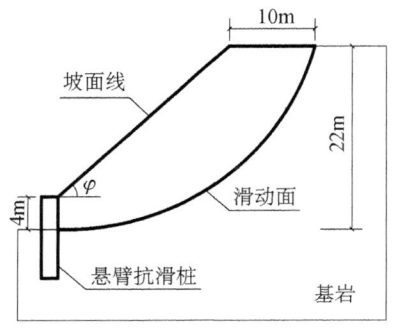

图 4.10 考虑滑坡蠕动变形的算例模型

表 4.1 滑坡蠕变模型物理力学计算参数

土层	容重 γ/(kN/m³)	弹性模量 E/MPa	泊松比	内摩擦角 Ψ/(°)	黏聚力 c/kPa	抗拉强度/kPa
滑坡体	20.65	70	0.33	20	25	0
基岩	24.46	2×10^4	0.28	45	2300	100
抗滑桩	25	2.5×10^4	0.2	—	—	—

表 4.2 滑坡蠕变模型计算参数

土层	容重 γ/(kN/m³)	胡克体剪切模量 G_0/MPa	开尔文剪切模量 G_1/MPa	开尔文黏滞系数 η_1/(MPa·d)
滑坡体	20.65	77.15	26.92	5.06×10^3

桩身剪力可达 $Q=1.22\text{kN}/\text{d}$；三十天到六十天时，蠕变影响速率逐步减小，直至一百天时趋于稳定。检验计算七百天时抗滑桩内力可知，滑坡蠕变一百天时的内力与七百天时的内力相近。

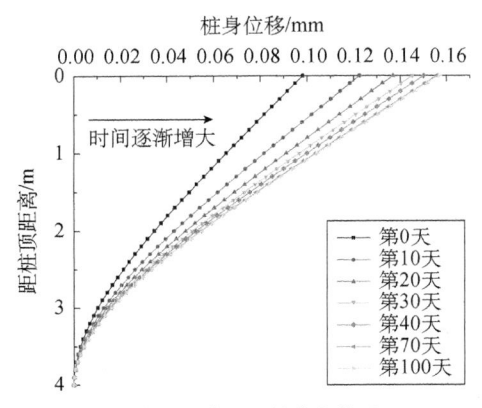

(a) 蠕变作用下桩身位移图

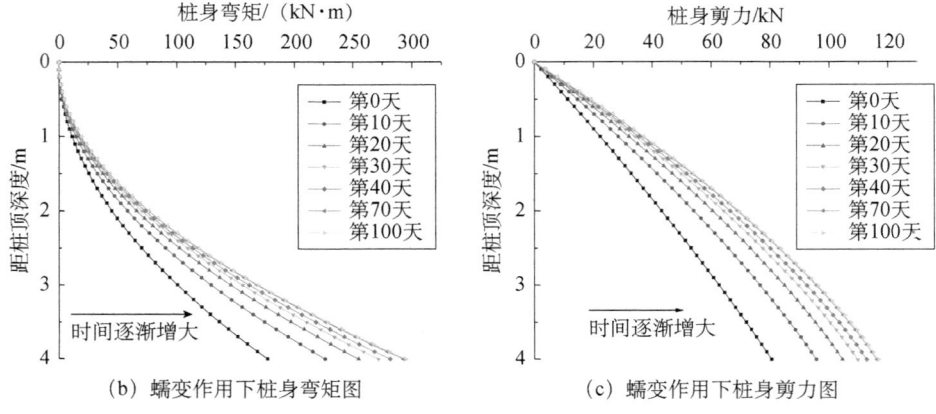

(b) 蠕变作用下桩身弯矩图   (c) 蠕变作用下桩身剪力图

图 4.11　蠕变作用下桩身受力图

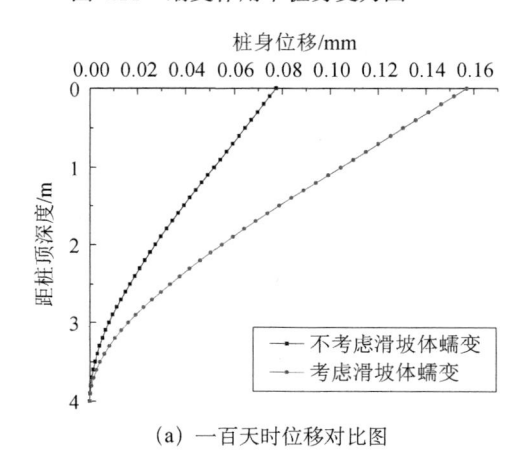

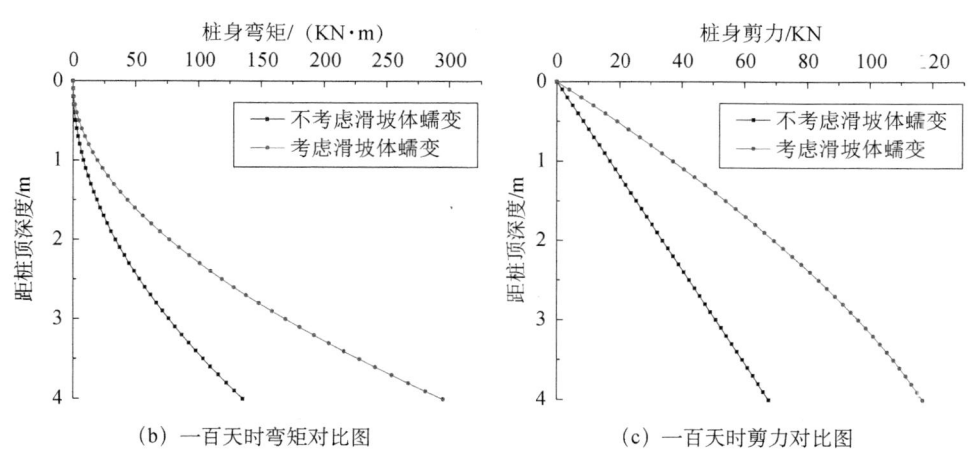

(a) 一百天时位移对比图

(b) 一百天时弯矩对比图   (c) 一百天时剪力对比图

图 4.12　一百天时蠕变作用下桩身受力对比图

根据算例结果可得到：

不考虑滑坡体蠕变时，桩顶位移：$x=0.0774$mm；滑动面处弯矩：$M=135.48$kN·m；滑动面处剪力：$Q=67.74$kN。

考虑滑坡体蠕变时（第一百天时），桩顶位移：$x=0.1570$mm；滑动面处弯矩：$M=295.06$kN·m；滑动面处剪力：$Q=116.91$kN（滑坡体蠕变到七百天时，桩顶位移：$x=0.1572$mm；滑动面处弯矩：$M=295.63$kN·m；滑动面处剪力：$Q=117.08$kN）。

分析可得到滑坡蠕变趋于稳定后，考虑蠕变与不考虑蠕变相比，悬臂抗滑桩桩顶位移增大了 0.70 倍，滑动面处弯矩增大了 0.68 倍，滑动面处剪力增大了 0.48 倍。因此针对黏性土质边坡而言，需要考虑滑坡土体蠕变对悬臂抗滑桩的作用。

4.3 水库地震对悬臂抗滑桩力学性能的影响

随着库水位变化，水库在蓄水过程中，大量库水导致边坡出现应力集中和能量释放的现象，从而导致水库地震。水库地震与普通断裂带地震相比较而言，具有震级较小，频率高等特点。由于库岸悬臂抗滑桩等边坡支挡建筑物一般都是永久建筑物（>50 年），服役寿命长，在整个服役期间内，水库地震作用对其直接影响较小，但极易导致其发生疲劳损伤，从而降低悬臂抗滑桩服役寿命。因此，在研究悬臂抗滑桩服役寿命时应当考虑水库地震对其的疲劳影响。本章以圆弧形边坡为研究对象，基于反应谱法原理和瑞典圆弧条分法，推导水库地震作用力，从而求解水库地震作用下悬臂抗滑桩的内力计算表达式。利用 matlab 编程求解了水库地震力以及地震作用力下悬臂抗滑桩的内力值。

4.3.1 水库地震荷载

1. 时程曲线

何为水库地震，水库地震是指在原来没有或很少地震的地方由于水库蓄水引发的地震称为水库地震。水库地震大都发生在地质构造相对活动区，且均与断陷盆地及近期活动断层有关。水库蓄水是引起水库岸坡应力集中和能量释放而产生地震的直接原因。水体荷载产生的压应力和剪应力破坏地壳应力平衡，引起断层破坏，产生地震。水库地震一般是在水库蓄水达到一定时间后发生，多分布在水库下游或水库区，有时在大坝附近。大都具有频率高，震级小，震源浅等主要特点。

以三峡库区仙女山为例，对 2003 年 6 月～2020 年 12 月仙女山-九畹溪断裂带、仙女山断裂以西（周坪乡附近）大于 Ms1.0 的水库地震数据的统计结果见表 4.3 和表 4.4。可见，水库地震常发生于库岸边坡，具有震级小，大多数地震震级趋于在 Ms1.0 级到 Ms4.0 之间，频率较高。随着震级的增大，频率逐渐降低。在悬臂抗滑桩的设计过程中通常将地震力看作特殊工况，以当地震级标准为设计基础。忽略了高频的地震可能对悬臂抗滑桩产生疲劳作用，从而降低了悬臂抗滑桩的服役寿命。

表 4.3　仙女山-九畹溪断裂带水库地震累计频次统计表

震级	地震频次	累计频次
1.0	30	345
1.1	28	315
1.2	29	287
1.3	27	258
1.4	28	231
1.5	26	203
1.6	14	177
1.7	17	163
1.8	15	146
1.9	19	131
2.0	23	112
2.1	18	89
2.2	10	71
2.3	12	61
2.4	12	49
2.5	7	37
2.6	3	30
2.7	6	27
2.8	5	21
2.9	5	316
3.0	3	11
3.1	1	8
3.2	2	7
3.3	1	5
3.4	1	4
3.5	3	3

表 4.4　仙女山断裂带以西（周坪乡附近）水库地震累计频次统计表

震级	地震频次	累计频次
1.0	80	606
1.1	60	526
1.2	80	466
1.3	70	386
1.4	70	316
1.5	69	246
1.6	66	177
1.7	20	111
1.8	19	91
1.9	18	72
2.0	16	54
2.1	10	38
2.2	6	28
2.3	2	22
2.4	2	20
2.5	1	18
2.6	3	17
2.8	6	14
2.9	5	8
3.1	1	3
3.3	1	2
3.7	1	1

地震是一个随机的过程，通常可以用地震时程曲线来描述地震发生过程。选取天然地震动时程曲线，一般包括地震位移时程曲线、地震速度时程曲线以及地震加速度时程曲线。本书主要利用地震加速度时程曲线产生惯性力从而求解地震作用力。地震加速度时程曲线包括东西向、南北向和竖向加速度曲线，如图 4.13 所示。

2. 地震荷载计算方法

地震对悬臂抗滑桩的影响主要分为两个方面。一方面是直接作用，地震作用在结构上，导致其被破坏。另一方面是间接作用，地震作用在边坡上，使边坡产生下滑力作用在悬臂抗滑桩上导致其被破坏。针对抗滑桩而言，主要是由于地震作用在边坡上，导致滑坡推力增大。常见地震作用力的求解方法包括拟静力法、反应谱法、拟动力法和时程分析法。

(a) 东西向加速度时程曲线

(b) 南北向加速度时程曲线

(c) 竖直向加速度时程曲线

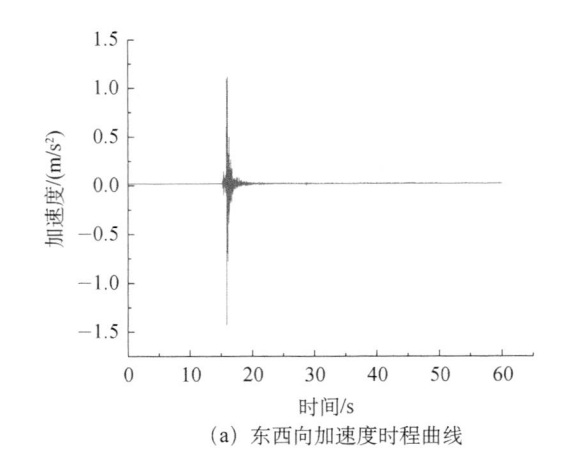

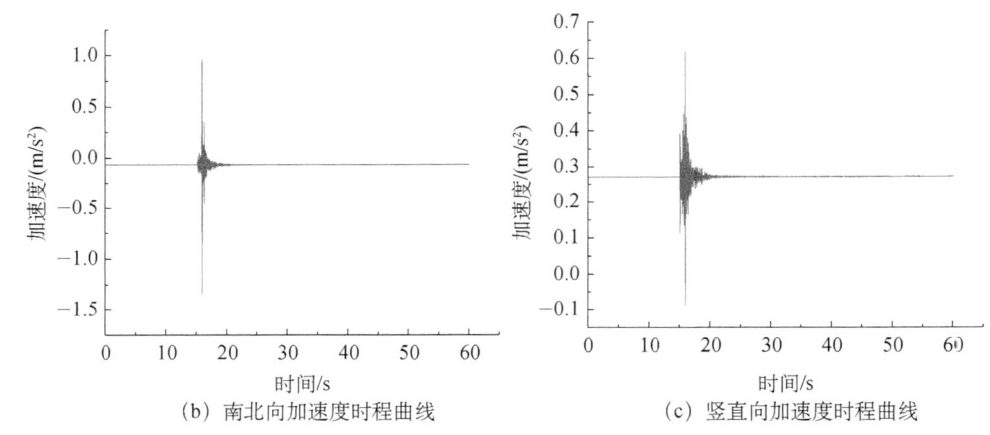

图 4.13　代表性地震加速度时程曲线

1）拟静力法

拟静力方法也称为等效荷载法，在 1950 年由 Terzaghi 提出可应用于边坡稳定性分析，即通过反应谱理论将地震对建筑物的作用以等效荷载的方法来表示，然后根据这一等效荷载用静力分析的方法对结构进行内力和位移的计算。其优点明显：物理概念清晰，计算方法简单，计算工作量很小，参数易于确定，并积累了丰富的使用经验，同时也易于工程师接受。然而它也存在一些显而易见的缺点。尽管拟静力法能在有限程度上反映荷载的动力特性，但不能反映各种材料自身的动力特性以及结构物之间的动力响应，更不能反映结构物之间的动力耦合关系，除此之外，拟静力法只适用于设计加速度较小、动力相互作用不甚突出的结构。同时也不能反映结构物在整个地震过程中的受力情况。但也正是因为其计算简便，现如今仍然是许多工程中进行边坡地震稳定性分析的主要方法。采用拟静力法进行边坡稳定性分析时，主要是对综合水平地震系数的选取。根据《滑坡防治设计规范》（GB-T 38509—2020），地震荷载采用的综合水平地震系数取值见表4.5，设计基本地震加速度选取应符合中国地震动参数区划图（GB 18306—2015）规定（设计基本地震加速度为0.2g以上，且位于地震断裂带15km范围内的滑坡，宜同时计入水平地震和竖向地震）。

表4.5 综合水平地震系数取值表

设计基本地震加速度 a_h	不考虑	0.1g	0.15g	0.2g	0.3g	0.4g
综合水平地震系数 a_w	0	0.025	0.0375	0.05	0.075	0.10

注：此表摘自《滑坡防治设计规范》（GB-T 38509—2020）。

$$F_{hi} = a_w W_i a_i \tag{4.53}$$

$$F_{vi} = F_{hi} / 3 \tag{4.54}$$

式中，F_{hi} 为滑块 i 的水平向地震荷载（kN）；a_w 为综合水平地震系数，即 $a_w = a_h \xi / g$，其中 a_h 为设计基本地震加速度（m/s²），ξ 为折减系数，取 0.25；W_i 为滑块 i 的重量（kN）；a_i 为滑块 i 的动态分布系数，一般取 1~3；F_{vi} 为滑块 i 的竖向地震荷载（kN）；g 为重力加速度（m/s²）。

2）反应谱法

反应谱法指一组具有相同阻尼、不同自振周期的单质点体系，在某一地震动时程作用下的最大反应，为该地震动的反应谱。反应谱包括加速度反应谱、速度反应谱和位移反应谱。反应谱理论考虑了结构动力特性与地震动特性之间的动力关系，通过反应谱来计算由结构动力特性（自振周期、振型和阻尼）所产生的共振效应，但其计算公式仍保留了早期静力理论的形式。地震时结构所受的最大水平基底剪力，即总水平地震作用力为

$$F_{EK} = \alpha G \tag{4.55}$$

式中，α 为地震影响系数，即单质点弹性体系在地震时最大反应加速度。

其方法也存在许多局限性：首先，反应谱理论尽管考虑了结构的动力特性，然而在结构设计中，它仍然把地震惯性力作为静力；其次，表征地震动的三要素是振幅、频谱和持时，在制作反应谱的过程中虽然考虑了前两个因素，但始终没有考虑地震动持续时间对结构破坏程度的重要影响；最后，反应谱是根据弹性结构地震反应绘制的，引用反应结构延性的结构影响系数后，也只能笼统地给出结构进入弹塑性状态的结构整体最大地震反应，不能给出结构地震反应的全部过程，以及不能突出反映地震过程中各构件进入弹塑性变形阶段的内力和变形状态，因而无法找出结构的薄弱环节。

3）拟动力法

地震是一个随机的过程，每个时刻对边坡和抗滑桩的作用力大小和方向都不一样，每个时刻滑坡都会存在一个损失的安全系数。通过工程实践检验，研究人员发现等效地震加速度的粗略估计使得拟静力法脱离实际，导致稳定性评估过于保守，工程材料浪费。拟动力法则是考虑地震力随震动时间而不同，同时也考虑了地震波与时间的实际动态变化及横波和纵波在介质中传播速度的变化。

$$a_h(z,t) = a_h \sin \omega_h \left(t - \frac{H-z}{V_s} \right) \quad (4.56)$$

$$a_v(z,t) = a_v \sin \omega_v \left(t - \frac{H-z}{V_p} \right) \quad (4.57)$$

式中，$a_h(z,t)$、$a_v(z,t)$ 分别为任意深度 z、任意时刻 t 的水平加速度和竖直加速度（m/s²）；a_h、a_v 分别为拟静力水平加速度和竖直加速度（m/s²）；ω_h、ω_v 分别为横波角频率和纵波角频率（rad/s）；V_s、V_p 分别为横波波速和纵波波速（m/s）；H 为坡高（m）。

考虑滑坡体的振动放大效应，并假设地震加速度从边坡底部向表面线性放大，则深度 z 处水平和竖直地震加速度分别为

$$a_h(z,t) = \left[1 + \frac{H-z}{H}(f_s - 1) \right] k_h g \sin \omega \left(t - \frac{H-z}{V_s} \right) \quad (4.58)$$

$$a_v(z,t) = \left[1 + \frac{H-z}{H}(f_s - 1) \right] k_v g \sin \omega \left(t - \frac{H-z}{V_p} \right) \quad (4.59)$$

确定地震加速后，通过牛顿第二定律，求解出水平和竖直地震力。

4）时程分析法

时程分析法又称直接动力法，是将地震波作为荷载输入，从结构物的初始状态开始一步一步积分直到地震作用结束，求出结构在整个地震作用过程中从静止到振动以至到达最终状态的全过程。它与拟静力法和反应谱法的最大差别在于能够计算结构在每个时刻的地震反应（内力和变形）。一般而言地震波的峰值反映建筑物所在地区的烈度，而其频谱组合反映场地的卓越周期和动力特性。当地震波的作用较为强烈以致结构某些部位强度达到屈服进入塑性时，时程分析法通过构件刚度的变化可求出弹塑性阶段的结构内力与变形。然而时程分析法过程复杂，计算量大，常用在有限元计算过程中。

4.3.2 水库地震作用下悬臂抗滑桩内力计算

1. 基于反应谱法求解滑坡推力

在考虑地震力作用时，拟静力法假设地震力为恒定的惯性力不随时间发生变化，反应谱法则是利用时程分析法输入的地震波从而求解地震作用力，也可看作是拟静力法。这两者都没考虑到地震的波动效应，但反应谱法可以描述整个地震过程中边坡的运动情况。而拟动力法假设地震波为从坡底入射的正弦波，考虑到了地震的波动效应。尽管时程分析法同样考虑了地震的波动效应，但计算量较大，以及过程复杂更适用于数值计算。

对于一般结构物而言，地震横波容易引起结构物发生破坏。然而对于抗滑桩而言，不管是地震横波还是纵波都会使滑坡产生下滑力，导致抗滑桩发生损坏，因此在求解水库地震作用下抗滑桩受力情况时，应既要考虑地震横波作用又要考虑地震纵波作用，本书采用基于反应谱法的瑞典圆弧条分法对滑坡进行受力分析。根据相关文献可知，边坡岩体对地震波具有放大效应。

滑坡所受地震力的合力不仅与地震动特性有关还与滑坡体材料、滑面类型具有密切联系。但是地震力合力是各个条块地震力之和，单个条块的地震力特征也能反映出地震力合力的特征，因此本节选取单个条块地震力是合理的。基于瑞典圆弧条分法不考虑条块间作用力，选取水库地震波，基于拟动力法原理，考虑滑坡体放大系数从而求解地震作用力。取单位宽度为一的滑坡体，沿抗滑桩竖直向下方向为 y 轴，沿滑动方向水平向外为 x 轴，建立滑坡与抗滑桩相互作用坐标系，如图 4.14 所示。并取条块 i 进行受力分析，如图 4.15 所示。

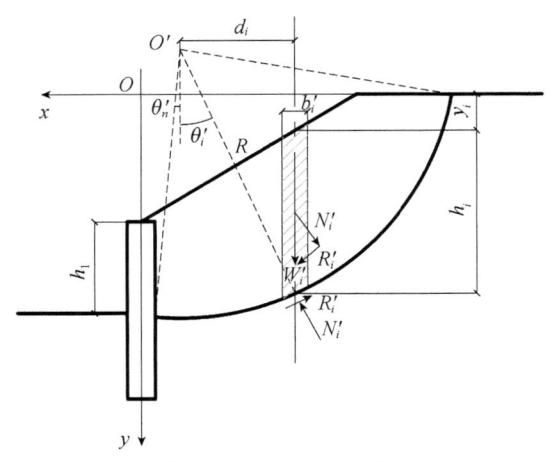

图 4.14 抗滑桩计算模型

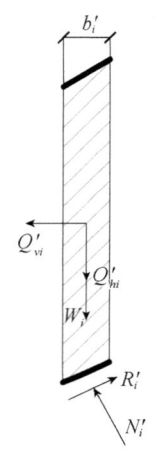

图 4.15 条块受力图

假设地震波从边坡底部射入横向与竖向加速度分别为 $a_h(t)$、$a_v(t)$，从边坡底部到边坡顶部，地震加速度呈线性增加。则岩体内任意深度 y、任意时刻 t 的水平与竖向加速分别为

$$a_h(y,t) = \left[1 + \frac{H-y}{H}(f_s - 1)\right] \cdot a_h(t) \quad (4.60)$$

$$a_v(y,t) = \left[1 + \frac{H-y}{H}(f_s - 1)\right] \cdot a_v(t) \quad (4.61)$$

式中，H 为边坡底部至坡顶的深度（m）；f_s 为岩体放大系数；$a_h(t)$、$a_v(t)$ 分别为横向和竖向的水库地震加速度（m/s²）。

任何条块 i 在任意深度岩体质量：

$$m' = \rho' b_i' dy \quad (4.62)$$

式中，ρ' 为滑坡体密度（kg/m³）；b_i' 为条块 i 的宽度（m）。

针对条块 i 进行受力分析

$$dQ_{hi}'(t) = a_h(t) \cdot \rho' b_i' dy \quad (4.63)$$

$$dQ_{vi}'(t) = a_v(y,t) \cdot \rho' b_i' dy \quad (4.64)$$

则任意时刻第 i 条块滑块的横向与竖向地震力分别为 Q_{hi}'、Q_{vi}' 为

$$Q_{hi}'(t) = \int_{y_i + h_i}^{y_i} a_h(y,t) \cdot \rho' b_i' dy \quad (4.65)$$

$$Q_{vi}'(t) = \int_{y_i + h_i}^{y_i} a_v(y,t) \cdot \rho' b_i' dy \quad (4.66)$$

由于水库地震具有震级小等特点，假设滑坡与抗滑桩在震动过程中只发生损伤，不发生抗滑桩破坏，滑坡符合极限平衡状态。以圆弧滑动面圆心取矩。

滑动力矩：

$$W_i' \cdot d_i' + Q_{hi}' \cdot d_i' + Q_{vi}' \cdot h_i = W_i' \cdot R \cdot \sin\theta_i' + Q_{hi}' \cdot R\sin\theta_i' + Q_{vi}' \cdot R\cos\theta_i' \quad (4.67)$$

抗滑力矩:

$$M_r = c_i' \cdot l_i' \cdot R + N_i' \cdot R\tan\varphi_i' \quad (4.68)$$

式中，W_i' 为条块 i 的重力（kN）；R 为圆弧滑动面的半径（m）；θ_i' 为条块 i 滑动面与水平向夹角（°）；N_i' 为条块 i 的支持力（kN）；c_i' 为条块 i 的黏聚力（kPa）；φ_i' 为条块 i 的内摩擦角（°）。

由于滑坡对抗滑桩的滑坡推力与抗滑桩对滑坡的作用力是一对相互作用力，则滑坡推力 E' 满足:

$$\begin{aligned} E' \cdot R\cos\theta_n' &= 滑动力矩 - 抗滑力矩 \\ &= W_i' \cdot R \cdot \sin\theta_i' + Q_{hi}' \cdot R\sin\theta_i' + Q_{vi}' \cdot R\cos\theta_i' - c_i' \cdot l_i' \cdot R - N_i' \cdot R\tan\varphi_i' \end{aligned}$$
$$(4.69)$$

则任意时刻，水库地震作用下，滑坡推力求解公式如下：

$$E' = \frac{\sum_{i=1}^{n}\left[\begin{array}{l}W_i'\cdot\sin\theta_i' + \int_{y_i+h_i}^{y_i}a_h(y,t)\cdot m_{zi}'\mathrm{d}y\cdot\sin\theta_i' \\ +\int_{y_i+h_i}^{y_i}a_v(y,t)\cdot m_{zi}'\mathrm{d}y\cdot\cos\theta_i' - c_i'\cdot l_i' - N_i'\cdot\tan\varphi_i'\end{array}\right]}{\cos\theta_n'} \quad (4.70)$$

通过公式（4.70）可以求得滑坡在地震力作用下的滑坡动推力，进而求解悬臂抗滑桩内力。

地震作用力解析解：

$$Q' = \frac{\sum_{i=1}^{n}\left[\int_{y_i+h_i}^{y_i}a_h(y,t)\cdot m_{zi}'\mathrm{d}y\cdot\sin\theta_i' + \int_{y_i+h_i}^{y_i}a_v(y,t)\cdot m_{zi}'\mathrm{d}y\cdot\cos\theta_i'\right]}{\cos\theta_n'} \cdot \frac{1}{h_1}$$
$$(4.71)$$

2. 水库地震作用下悬臂抗滑桩内力计算表达式

根据以上滑坡动推力的表达式可以求得水库地震作用下悬臂抗滑桩内力分布情况。考虑滑坡推力分布形式为矩形分布，将悬臂抗滑桩受荷段视为弹性梁，建立挠曲线微分方程，利用转移矩阵法求解微分方程。

$$EI\frac{\mathrm{d}^4 x}{\mathrm{d}y^4} = q + Q' \quad (4.72)$$

式中，q 为不考虑地震作用的均布荷载（kN/m）；Q' 为水库地震作用的均布荷载（kN/m）。

将两种力分别作用于悬臂抗滑桩得到相应的桩身内力，再由叠加原理，得到两种力共同作用下的悬臂抗滑桩内力分布。

传统的滑坡推力 q：

$$\begin{bmatrix} x \\ \varphi \\ M \\ Q \\ 1 \end{bmatrix} = \begin{bmatrix} 1 & -y & -\dfrac{y^2}{EI} & -\dfrac{y^3}{2EI} & \dfrac{qy^4}{24EI} \\ 0 & 1 & \dfrac{y}{EI} & \dfrac{y^2}{2EI} & -\dfrac{qy^3}{6EI} \\ 0 & 0 & 1 & y & -\dfrac{qy^2}{2} \\ 0 & 0 & 0 & 1 & -qy \\ 0 & 0 & 0 & 0 & 1 \end{bmatrix} \begin{bmatrix} x_0 \\ \varphi_0 \\ M_0 \\ Q_0 \\ 1 \end{bmatrix} \quad (4.73)$$

地震作用力 Q'：

$$\begin{bmatrix} x \\ \varphi \\ M \\ Q \\ 1 \end{bmatrix} = \begin{bmatrix} 1 & -y & -\dfrac{y^2}{EI} & -\dfrac{y^3}{2EI} & \dfrac{y^4}{24EI} \cdot Q \\ 0 & 1 & \dfrac{y}{EI} & \dfrac{y^2}{2EI} & -\dfrac{y^3}{6EI} \cdot Q \\ 0 & 0 & 1 & y & -\dfrac{y^2}{2} \cdot Q \\ 0 & 0 & 0 & 1 & -y \cdot Q \\ 0 & 0 & 0 & 0 & 1 \end{bmatrix} \begin{bmatrix} x_0 \\ \varphi_0 \\ M_0 \\ Q_0 \\ 1 \end{bmatrix} \quad (4.74)$$

将两者作用内力情况进行叠加可以求得悬臂抗滑桩在滑坡动推力作用下其内力计算表达式。通过以上公式可以求得滑坡体在地震力作用下的滑坡动推力，利用 matlab 编程求解地震力作用力。

算例分析：采用整体求解的方式求解滑坡推力，按悬臂桩求解桩身内力计算。

基于本章提出的地震作用力计算解析表达式，采用 matlab 数学计算软件编制相关程序进行计算。滑坡体相关参数为，圆弧滑动面半径 $R=30\text{m}$，坡高 $H=19\text{m}$，滑动面水平长 $L=30\text{m}$，坡面水平夹角正切值 $\tan\varphi=0.5$。悬臂抗滑桩相关参数为，受荷段 $h_1=4\text{m}$，锚固段 $h_2=6\text{m}$，横截面 $1.5\text{m}\times 2\text{m}$，惯性矩 $I=1$。如图 4.16 所示。滑坡体、基岩以及悬臂抗滑桩其他相关参数见表 4.6。

选取地震波，本书选取震级为 2.6 级的地震波，如图 4.17 所示。

根据地震加速度时程曲线求解滑坡动推力。本算例考虑两种情况下的地震作用力计算，即考虑岩体放大系数（图 4.18）和不考虑岩体放大系数（图 4.19）两种情况。

可以看出，考虑边坡土体放大作用求得的地震力为 970kN，不考虑时的地震作用力为 540kN，考虑大概为不考虑的 2 倍左右。因此在考虑地震作用对象悬臂抗滑桩的影响时有必要考虑边坡对地震的放大效应。

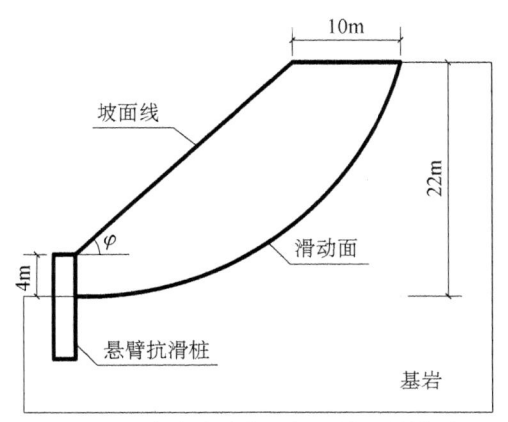

图 4.16 考虑地震作用的滑坡计算模型

表 4.6 考虑地震作用的滑坡计算参数

土层	容重 γ'/ (kN/m³)	弹性模量 E/MPa	泊松比	内摩擦角 φ'/ (°)	黏结力 c'/ kPa	抗拉强度/ kPa
滑坡体	20.65	70	0.33	20	25	0
基岩	24.46	2×10^4	0.28	45	2300	100
抗滑桩	25	2.5×10^4	0.2	—	—	—

(a) x 向加速度时程曲线

(b) y 向加速度时程曲线

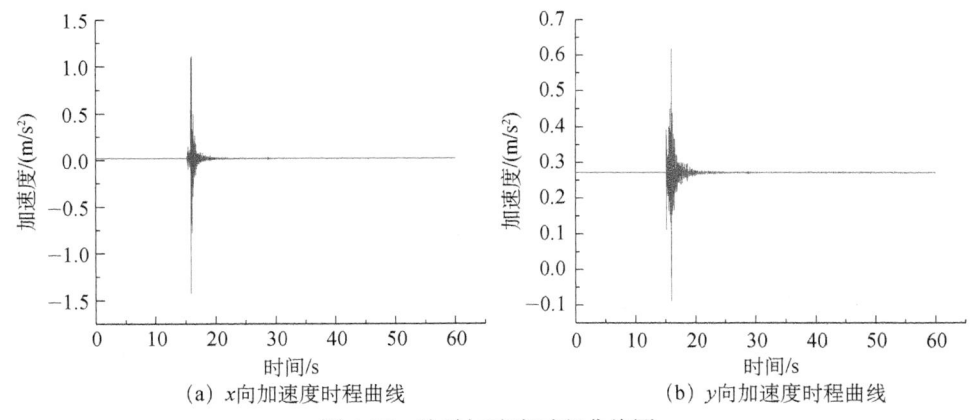

图 4.17 地震加速度时程曲线图

求解滑坡动推力作用下悬臂抗滑桩内力变化。利用二分法将悬臂抗滑桩受荷段视为悬臂梁结构求解桩身内力计算。通过 matlab 编程对悬臂抗滑桩进行内力计算。得到地震作用下抗滑桩桩顶位移如图 4.20 所示，桩身滑动面处弯矩如图 4.21 所示，桩身滑动面处剪力如图 4.22 所示。

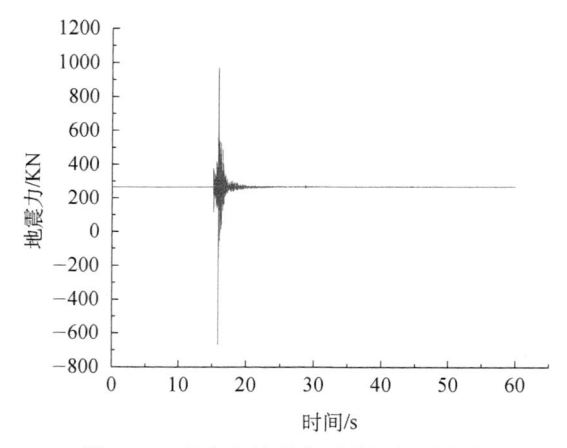

图 4.18 考虑岩体放大系数滑坡动推力

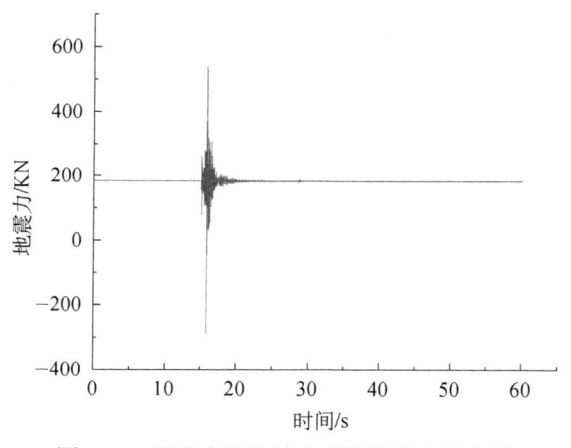

图 4.19 不考虑岩体放大系数滑坡动推力图

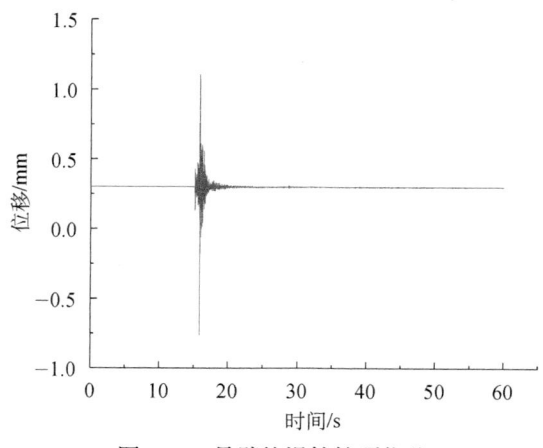

图 4.20 悬臂抗滑桩桩顶位移

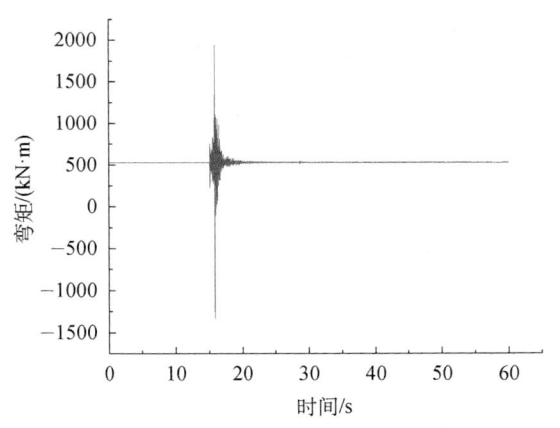

图 4.21 悬臂抗滑桩滑动面处弯矩

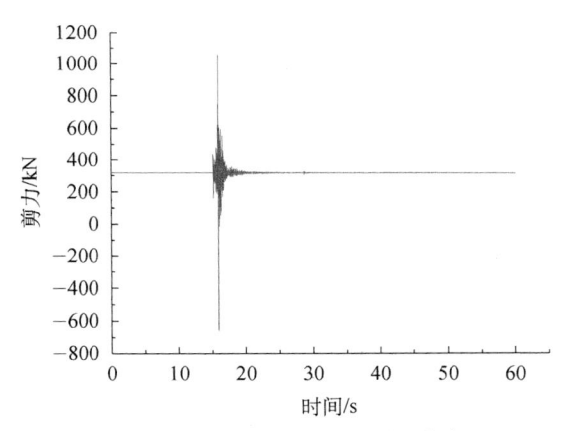

图 4.22 悬臂抗滑桩滑动面处剪力

第 5 章 竖向预应力锚索抗滑桩

5.1 技术内涵

（1）竖向预应力锚索抗滑桩是一种治理江河水库岸坡大型特大型滑坡及大型特大型堆积层滑坡的一种新技术[1]，主要由等腰梯形断面混凝土、竖向预应力锚索、锚具、锚碇板组成（图5.1）。

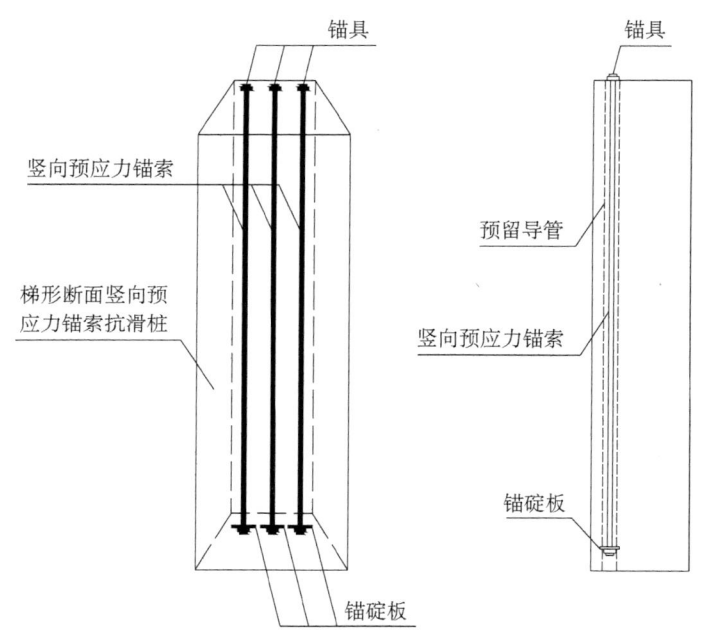

图 5.1 竖向预应力锚索抗滑桩结构图

（2）竖向预应力锚索抗滑桩的桩身断面为等腰梯形，梯形的顶边位于滑坡体内侧，属于抗滑桩受拉区，底边位于滑坡体剪出口方向，属于抗滑桩受压区，并在受拉区安设预应力锚索。等腰梯形断面尺寸取值为：顶边长度 a 与底边长度 b 之比 $a/b=0.6\sim0.8$，高度 h 与底边长度 b 之比 $h/b=(0.1\sim0.2)\tan\theta$，$\theta=70°\sim90°$，$\theta$ 为等腰梯形底角（图5.2）。

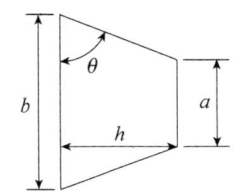

图 5.2 竖向预应力锚索抗滑桩断面尺寸

（3）竖向预应力锚索底端置于桩内，并将锚碇板安放在距离桩底 20~30cm 处（图 5.3），顶端锚固端安放在桩顶，长度根据现场而定，产生一消压弯矩，用以抵消正弯矩所带来的负面效应，从而使抗滑桩的桩顶挠度减少。

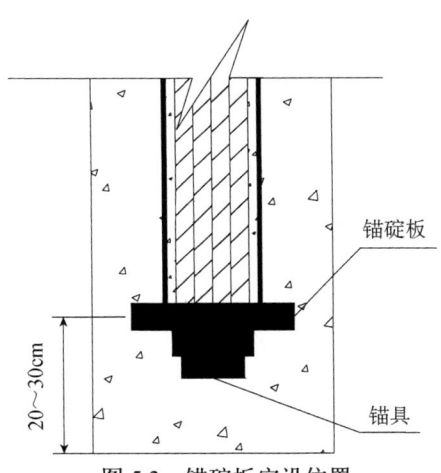

图 5.3 锚碇板安设位置

（4）竖向预应力锚索抗滑桩竖向预应力锚索轴向拉力设计值的计算[15, 17]，由于在计算悬臂式抗滑桩内力时，可将滑坡推力等效为均布荷载，将滑坡推力产生的弯矩称为正弯矩，梯形断面竖向预应力锚索抗滑桩的竖向预应力锚索作用会产生一个与之方向相反的弯矩，称为负弯矩。梯形断面竖向预应力锚索抗滑桩计算模型如图 5.4 所示。图中 E 为滑坡推力；q 为滑坡推力 E 在桩身自由段 h' 等效的均布荷载；N_t 为竖向预应力锚索拉力设计值；e_p 为梯形断面竖向预应力锚索抗滑桩竖向预应力锚索作用的重心位置与桩的截面重心之间的距离称为偏心距；M_0 为在锚索作用下产生一个与正弯矩方向相反的弯矩——负弯矩。

将滑坡作用产生的滑坡推力 E 在桩身自由段 h' 可等效为均布荷载 q，此时将抗滑桩视为悬臂梁，其计算模型如图 5.5 所示。

通常滑坡的水平推力按每延米计算，考虑桩间土的作用，则计算均布荷载时，滑坡推力还需乘上桩间距 S，每根桩所受滑坡推力产生的水平推力 T 按式（5.1）计算，那么每根抗滑桩所受的均布荷载 q 按式（5.2）计算。

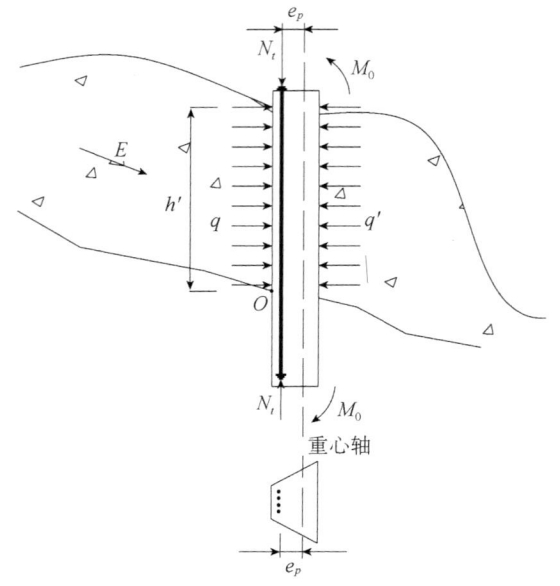

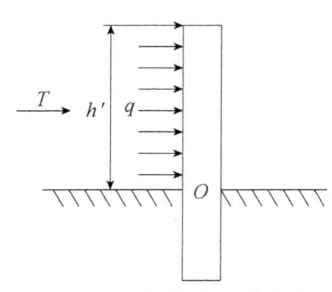

图 5.4 竖向预应力锚索抗滑桩计算模型　　图 5.5 滑坡推力计算简图

$$T = E \cdot S \tag{5.1}$$

$$q = \frac{E \cdot S}{h'} \tag{5.2}$$

根据悬臂梁的内力计算可知由滑坡推力在 O 点作用产生的正弯矩 M 如式（5.3）计算。

$$M = \frac{1}{2} q h'^2 \tag{5.3}$$

梯形断面竖向预应力锚索抗滑桩竖向预应力锚索作用的重心位置与桩的截面重心之间的距离称为偏心距 e_p，在锚索作用下产生一个与正弯矩方向相反的弯矩——负弯矩 M_0，即竖向预应力锚索拉力设计值 N_t 在 O 点所产生的负弯矩 M_0 为

$$M_0 = N_t \cdot e_p \tag{5.4}$$

同理，根据抗滑桩桩身内力设计将负弯矩 M_0 等效为与均布荷载 q' 方向和滑坡推力的等效均布荷载 q 方向相反，为保证安全，需要考虑滑坡安全系数 F_s 的影响，则有

$$\frac{N_t \cdot e_p}{F_s} = \frac{1}{2} q' h'^2 \tag{5.5}$$

由此可计算出竖向预应力锚索拉力设计值 N_t：

$$N_t = \frac{q'h'^2 F_s}{2e_p} \tag{5.6}$$

考虑由竖向预应力锚索承载 30%的滑坡推力荷载，其余滑坡推力荷载由普通钢筋承载，假设达到极限平衡状态时，滑坡推力的等效荷载 $0.3q$ 和竖向预应力锚索拉力设计值的等效荷载 q' 相等，即

$$0.3q = q' \tag{5.7}$$

把式（5.7）代入式（5.6）得到

$$N_t = \frac{0.3qh'^2 F_s}{2e_p} \tag{5.8}$$

把式（5.2）代入式（5.6）得到竖向预应力锚索拉力设计值 N_t：

$$N_t = \frac{0.3ESh'F_s}{2e_p} \tag{5.9}$$

其中梯形断面的偏心距 e_p 的计算如下所述。

梯形断面的重心计算公式为

$$y_c = \frac{h}{3} \cdot \frac{2a+b}{a+b} \tag{5.10}$$

式中，h 表示梯形断面高度（m）；a 表示梯形断面顶边长度（m）；b 表示梯形断面底边长度（m）；由于混凝土保护层厚度 a_0 与预应力锚索作用的重心位置相差很小，计算偏心距时，预应力锚索作用重心位置与断面顶边缘的距离近似为钢筋混凝土的保护层厚度，其计算简图如图 5.6 所示。

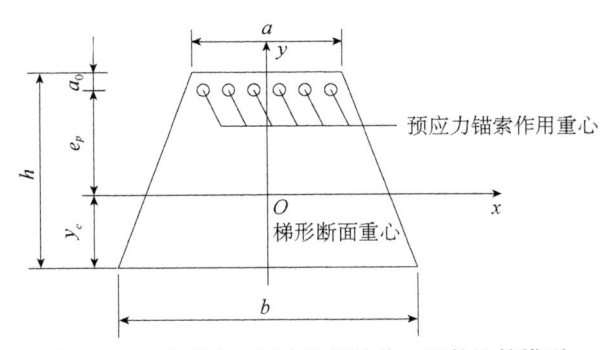

图 5.6 竖向预应力锚索抗滑桩偏心距的计算模型

偏心距 e_p 的计算公式为

$$e_p = h - y_c - a_0 \tag{5.11}$$

（5）预应力钢筋和非预应力钢筋的计算。

根据结构设计原理计算出非预应力钢筋面积 A_g，计算式如下所示：

$$A_g = \frac{1}{R_g}\left[bh_0 R_a - A_y R_y - \sqrt{bR_a(bh_0^2 R_a - 2\gamma_s M_j)} \right] \qquad (5.12)$$

式中，R_g 为钢筋抗拉设计强度，取 310MPa；R_a 为混凝土轴心抗压设计强度；R_y 表示预应力钢筋抗拉设计强度；h_0 为有效高度；M_j 为进行截面强度计算的弯矩；γ_s 为钢筋安全系数。

（6）受压区高度 x 计算式为

$$x = \frac{A_y R_y + A_g R_g}{bR_a} \qquad (5.13)$$

5.2 作用原理

（1）该发明融合了悬臂抗滑桩和预应力锚索抗滑桩的优点，将抗滑桩横断面设置成梯形，有利于桩间土拱的形成，在抗滑桩受拉区设置竖向预应力锚索，显著增大抗滑桩的承载力。

（2）将桩底锚索置于桩内，由于梯形断面竖向预应力锚索抗滑桩为钢筋混凝土结构，可不受地下水周期性浸泡侵蚀的影响，可以有效防止锚索腐蚀损坏，从而延长使用寿命。

（3）采用竖向预应力锚索，由竖向预应力锚索产生一消压弯矩，用以抵消正弯矩所带来的负面效应，从而使梯形断面竖向预应力锚索抗滑桩的桩顶挠度减少。并且减少了现有技术中锚索底端锚固开挖的工程量，而且降低了施工难度。

（4）由于混凝土抗压不抗拉的力学性质，就矩形截面抗滑桩的受力而言，使截面受拉区的混凝土没有发挥出最大效用。通过对矩形截面形状的改变，即把受拉区面积减小和受压区面积增大，进一步利用了混凝土在截面中的抗压性能，使得抗滑桩截面的抗弯承载力和抗弯刚度都得到了提升。

5.3 适用条件

目前治理滑坡的方法主要有抗滑挡土墙、抗滑桩、刷方减重、回填反压、混凝土抗滑键、焙烧法、抗滑明洞和化学处理法等，其中抗滑桩使用频率最大。抗滑桩包括悬臂抗滑桩和预应力锚索抗滑桩，悬臂抗滑桩不存在地下水浸泡腐蚀作用，但是承受的滑坡推力有限，预应力锚索抗滑桩能承受较大的滑坡推力，但在地下水丰富的岸坡地带易于锈蚀，进而影响锚索寿命，因此，研发

第 5 章 竖向预应力锚索抗滑桩

适用于防治江河水库岸坡大型特大型滑坡灾害治理新技术新方法，具有重要工程实用性。

实践表明，滑坡较大时，悬臂抗滑桩易产生较大变形，此时，增大抗滑桩断面面积，但增加抗滑桩断面面积存在两个问题，一是显著增大混凝土及钢筋用量，不经济；二是在滑坡治理部位进行大断面开挖，易诱发滑坡失稳破坏致灾。本技术融合了悬臂抗滑桩和预应力锚索抗滑桩的优点，研发出等腰梯形断面竖向预应力锚索抗滑桩，可用于江河水库岸坡大型特大型滑坡及大型特大型崩塌堆积层滑坡治理。

竖向预应力锚索抗滑桩整体效果图见图 5.7，其细部图如图 5.8 所示，竖向预应力锚索抗滑桩内部效果图如图 5.9 所示。

图 5.7 竖向预应力锚索抗滑桩整体效果图

图 5.8 竖向预应力锚索抗滑桩局部效果图

(a) 顶部　　　　　　　　　　　　(b) 底部

图 5.9　竖向预应力锚索抗滑桩内部效果图

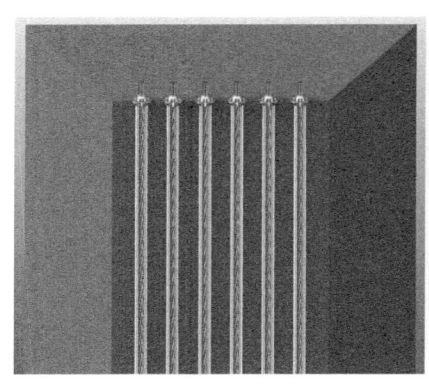

第 6 章　双土拱理论

抗滑桩作为被动受力桩，主要是承担土体所产生的滑坡推力，土在受外荷载作用下不均匀位移，土体颗粒间发生压缩和变形，并相互产生"楔紧"作用形成拱型的土体，即称为抗滑桩的"土拱效应"。对于梯形抗滑桩而言，由于桩侧增加了角度，在迎滑坡推力方向截面和桩侧面将呈现两个土拱形式，桩后土拱由桩间正截面抗力所提供，称为主拱；桩侧土拱由桩间内侧所提供，称为次拱；在本书中，将主拱和次拱组成的土拱形式，称为"双土拱"效应。

土拱效应是一个力学拱，用物理模型试验无法直观地观测到力学拱效应，只能从土的破坏形态和埋设在桩间的传感器来研习土拱效应，具有一定的局限性。随着计算机数值模拟技术的不断提高，对于一些平常物理实验难以实现的方面，通过数值模拟可以真实、清晰地再现，具有较为广阔的应用前景。由于土拱效应的力学效应，因此采用数值模拟技术可以轻松实现对其的模拟和研究。

6.1　桩土作用机理

当上部结构的荷载较大、适合于作为持力层的土层埋藏较深，并且采用天然浅基础或仅做简单的人工地基加固仍不能满足要求时，常采用的一种方法就是做桩基础。把结构支撑在桩基础上，荷载通过桩传到深处的坚硬岩土上，从而保证建筑物满足地基稳定和变形容许量的要求。桩通过其侧面和土的接触，将建筑荷载传递给桩周围的土体，或者传递给更深层的岩土，从而获得较大的承载能力以支撑上部的大型建筑物。因此，研究桩土间的相互作用机理不仅能够对基础设计提供合理参考，在桩基施工过程中也可对安全施工做出贡献。

梯形竖向预应力锚索抗滑桩属于典型的复合支挡结构，该结构是将钢绞线布置于抗滑桩受拉区域，再通过后张拉技术对其施加竖向预应力；同时，利用锚定板分别将预应力筋的两端固定于桩体底部和顶部，将抗滑桩与预应力钢绞线组合成为复合结构，共同承担下滑推力作用。基于桩-土的作用原理，结合梯形竖向预应力锚索抗滑桩变形特征，可将桩体受力分为两个阶段进行分析。

（1）初始阶段：桩体受竖向预应力作用阶段。如图 6.1 所示，在桩体成型的初期，由于抗滑桩尚未受滑坡推力作用，桩体受力主要以竖向预应力为主。由于梯形桩的预应力属于偏心作用力，所以在该阶段桩体结构将产生反向于水平滑坡推力方向的弯矩，结构随即发生反向弹性绕曲变形，其受压区位于抗滑桩的桩后里侧，受拉区位于抗滑桩的桩前外侧，即桩后受压，桩前受拉。在不同地质条件下其变形程度有所不同，若滑动面以上为软弱土体则变形较为明显。

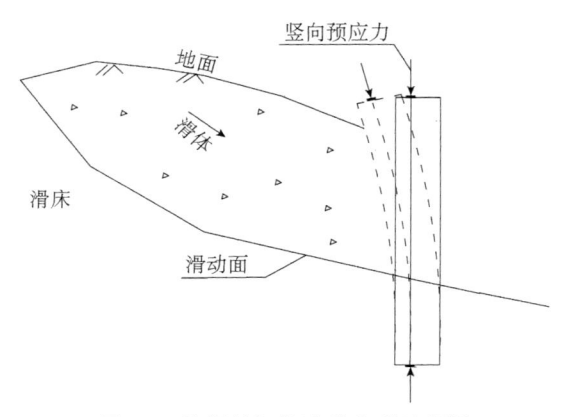

图 6.1　抗滑桩初始阶段变形示意图

（2）外力作用阶段：桩体受滑坡推力作用阶段。如图 6.2 所示，在桩体成型后，滑坡推力逐步产生作用，逐渐与受荷段竖向预应力产生的弯矩相互抵消。由于第一阶段的作用致使受拉区位于桩后，主要由混凝土抗拉强度进行承担，但由于混凝土具有抗压不抗拉的性质，通常情况下仅靠混凝土抗拉强度很难满足滑坡推力的作用。与此同时，由于滑坡推力的作用，桩体发生与推力方向的同步变形，即与滑坡推力方向一致；随即桩后受拉区逐渐开始减小，桩前受压区逐渐增大，当增大到桩体保持垂直的临界值时，由于偏心竖向预应力的作用，受拉区和受压区发生转变，从桩前受拉和桩后受压演变成为桩前受压和桩后受拉，因而达到新的受力平衡。

综上可见，从桩土作用的阶段性变化可知，偏心布置更加有利于提高桩体的抗滑能力。由于竖向预应力作用后受力性质得到改变，桩体改善成为了超静定结构，其结构承载力得到了进一步增强，相比传统抗滑桩而言，其结构受力形式更优于传统抗滑桩；从变形上看，竖向预应力对变形起到一定抑制作用，说明了竖向预应力对桩身产生的轴向力提高了结构的抗弯能力和刚度，且具有一定的抗裂性。

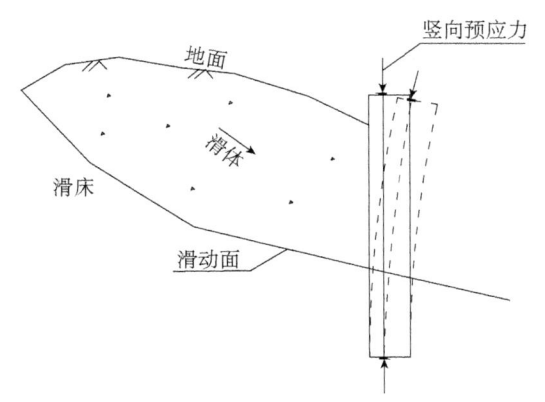

图 6.2 抗滑桩外力作用阶段变形示意图

6.2 双土拱存在条件

"双土拱"形成的条件和滑体的性质密切相关,对于硬质岩而言,其塑性特性较弱,滑体在形成土拱的运动中,容易产生不规则裂隙,由于受力不均,硬质岩的密实程度不利于拱形稳定,形成土拱效应的概率相对较低;而对于软质岩,由于塑性较强的性质,滑体在形成土拱的运动中,不易产生贯通性的裂隙,当岩土较为完整时,桩间形成"双土拱"效应的概率相对较高[13,32]。

从抗滑桩的截面尺寸而言,对于传统矩形抗滑桩,如果桩后截面宽度过小,导致土拱厚度过小,容易发生断裂现象;而如果抗滑桩的桩间距过大,即桩间距超出了极限条件时,土体亦未形成土拱,易出现"绕流现象"。首先,对于梯形抗滑桩而言,由于桩侧角的设置,其桩后截面宽度的大小,并不会影响次拱的形成,即使桩后截面宽度为 $a=0$ 演变成三角形抗滑桩,桩侧角仍将与土共同作用形成"土拱效应";其次,对于梯形抗滑桩虽有利于土拱效应的形成,但桩间距过大亦将出现绕流现象,其实质为桩间距的布置距离超过极限布置范围;因此,基于斜截面的抗剪强度验算公式推导计算梯形抗滑桩的最大桩间距公式。将剩余滑坡推力 T 作为斜截面抗剪力 $T=V_{cs}$ 时,有斜截面抗剪计算公式:

$$V_{cs} = 0.7 f_t b h_0 + 1.5 f_{yv} A_{sv} S^{-1} h_0 \qquad (6.1)$$

又因桩土共同作用,所以可得出梯形抗滑桩的最大桩间距计算公式:

$$s = \frac{0.7 f_t b h_0 + 1.5 f_{yv} A_{sv} S^{-1} h_0}{T} \qquad (6.2)$$

综上解析出的最大桩间距计算公式虽能反映出土拱的极限形成条件,但并不能说明由此计算公式得出的桩间距值是合理的桩间距值,从而为控制工程造价成本和为群桩设计提供参数依据。

6.3 双土拱形式

矩形抗滑桩主要是由主拱承担滑坡推力，桩侧摩擦阻力与土体自重的平衡关系构成次拱，在受力计算中次拱计算通常被忽略。相反，梯形抗滑桩土拱受力情况大不相同，次拱同样承担较大的滑坡推力，第一阶段次拱首先形成并抵消滑坡推力，第二阶段主拱形成后由主拱与次拱共同承担滑坡推力；可知，次拱的形成改变了传统桩间土拱的力学分配。

在主拱拱脚交叉区建立三角形力学计算模型，梯形抗滑桩桩侧角 θ 取值会呈现三种形式（图6.3）：一是 $\theta > \alpha$ 时，先次拱后主拱，主拱与次拱受力抛物线存在间隙土，间隙之间的土体自重会由次拱进行承担，可以通过主拱和次拱抛物线方程的积分差求解间隙的面积且换算出自重，因自重相对滑坡推力影响较小，忽略土体自重计算；二是 $\theta = \alpha$ 时，主拱与次拱同时成型，构成一个合成土拱形式；三是 $\theta < \alpha$ 时，主拱形成条件不具备，仅有单一次拱形式。由土拱不同三种形式可知，次拱的形成是首要条件，且梯形结构形式上主拱桩间距始终大于次拱桩间距。

(a) $\theta > \alpha$

(b) $\theta = \alpha$

(c) $\theta < \alpha$

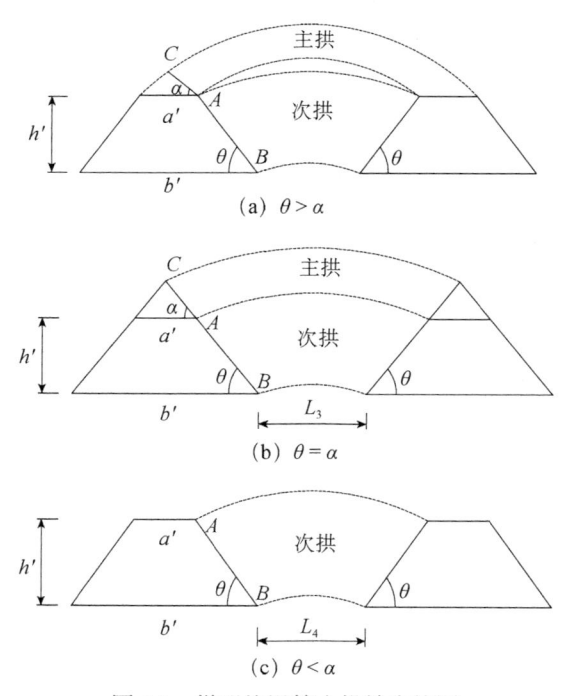

图 6.3 梯形抗滑桩土拱效应简图

6.4 双土拱破坏机理

梯形抗滑桩桩间土体形成"双土拱"后,由于土体为自主进行形成的"楔紧",土质较为松散,内力主要表现为轴向压力,其抗拉和抗压强度相对较小。在均布荷载作用下,拱顶处的水平轴力最小,拱脚处的轴向压力最大,因而破坏常沿拱脚发生,其破坏形式多以剪破坏为主。

从围岩应力分析上可知,随着跨径的增大,拱顶常会出现拉伸应力,供体分布有较大的弯矩和剪力,使桩间岩体受拉或受剪。与拱型结构一样,由于下滑推力或桩间距的增大,桩间拱体内力亦不断递增,当弯矩产生的拉力超出岩体的抗拉强度或抗弯强度后,土拱的剪力和弯矩等内力逐渐降低,桩间土体会出现不同程度的拱形张裂及塌落,如图6.4所示。

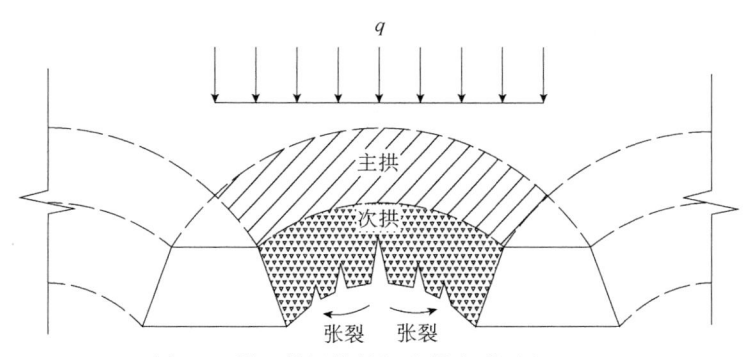

图 6.4 梯形抗滑桩桩间土拱张裂示意(1)

由于拱顶处的弯矩较大,拱脚处的弯矩相对较小,首先,由次拱的拱轴在跨中出现张裂破坏,破坏截面逐步由跨中向拱脚延伸,以至于次拱逐渐塌落;其次,由主拱的拱轴在跨中出现张裂破坏;同样,破坏截面逐步由跨中到拱脚延伸,而主拱塌落土体逐渐滑入次拱轴线区域形成一个新的次拱,而对于破坏的主拱轴线区域,由于新土体的不断补充,桩间土体又向新的拱轴演化(图6.5),直到演化成新的主拱平衡,通过土体自身的受力平衡调整使主拱和次拱形成一个新的"双土拱"受力平衡体系。

从破坏形式分析可以看出,梯形竖向预应力锚索抗滑桩的破坏形式与传统抗滑桩的破坏特性存在相同和不同之处:相同之处在于土拱的内力以轴力为主,土拱的破坏主要是轴力引起的剪破坏,破坏位置多发生在跨中,主要以张裂和塌落的破坏形式为主;而不同之处在于梯形抗滑桩的桩侧角利用了主拱塌落土体作为形成新次拱的土体用材,从而缩短了土拱形成的时间;同时,增加

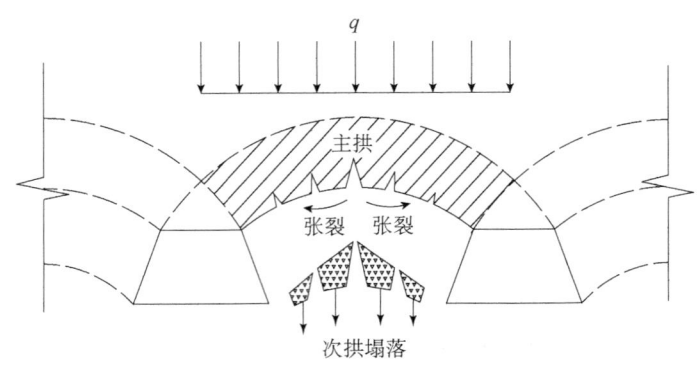

图 6.5　梯形抗滑桩桩间土拱张裂示意（2）

的桩侧角使土体黏聚力得到提升，更有利于抵抗次拱张裂而造成的塌落。

6.5　桩间距

近年来，三峡水库岸坡连续出现大规模滑坡，其很大程度上是由于受库水周期性浸泡造成库岸边坡失稳所引发，传统抗滑桩的预应力锚索嵌固于土体内遇水导致预应力锚索失效，梯形断面竖向预应力锚索抗滑桩将预应力锚索设计于抗滑桩桩体内，避免了预应力锚索的遇水破坏问题；然而，对于梯形断面结构形式的研究还处于初期阶段，特别是呈现的双土拱形式，直接关系到桩间距的计算结果，因此，切合实际情况分析梯形抗滑桩的土拱效应，从而完善桩间距的确定具有较强的研究意义。

梯形断面竖向预应力锚索抗滑桩是治理水毁滑坡的一种新型抗滑桩结构，桩间土拱特征区别于常规抗滑桩，继续利用传统抗滑桩土拱受力模型显然不合理；然而，对于梯形断面结构与土体呈现的"双土拱"形式，直接关系到桩间距的计算结果，基于双土拱效应对桩间土拱的形成特征进行分析[4, 5, 19-24]，建立梯形抗滑桩的计算模型，分别推导不同形式的桩间距计算公式，为同类工程提供理论参考。

6.5.1　双土拱计算模型

对于传统的抗滑桩土拱效应研究，是由滑坡推力作用在土拱上，土拱作为受力构件将所受的力传递至拱脚，而拱脚成为了推力的承载主体。在抗滑桩桩间距离的布置设计上，较多学者是通过土拱效应与桩间距的关系建立其计算模型进行探讨的，而传统的矩形桩由于桩侧呈垂直面，仅靠摩擦阻力在桩侧形成土拱的情况十分罕见；因此，工程实践中通常仅对桩后正截面处进行单个土拱设计（图6.6）。

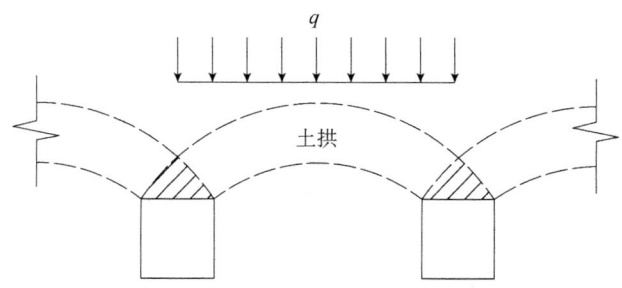

图6.6 矩形桩土拱效应示意图

而梯形抗滑桩与矩形抗滑桩的土拱效应作用相比，由于梯形桩两侧存在有利的角度，除桩后正截面与下滑土体形成的主拱外，桩侧同样承担了下滑土体的滑坡推力而形成次拱，即双土拱（图6.7）。由于双土拱的作用效果尚不明确，因此，从力学上判断可能呈现三类情况：第一类情况，当 $\theta > \alpha$ 时，将土拱1和土拱2视为两个不同独立土拱共同作用；第二类情况，当 $\theta = \alpha$ 时，在工程实际情况下土拱1和土拱2可能出现非独立作用而不发生关联的情况，因此考虑双土拱两者之间存在的衔接问题，土拱1和土拱2可能共同作用，即将土拱1和土拱2视为整体；第三类情况，当 $\theta < \alpha$ 时，土拱1不具备形成条件，仅有单一土拱2形成。由于第三类情况，在实际工程运用中为不合理的结构形式，且失去了设计的价值，因此，通过建立计算模型对第一类情况和第二类情况的桩间距分别进行推导。

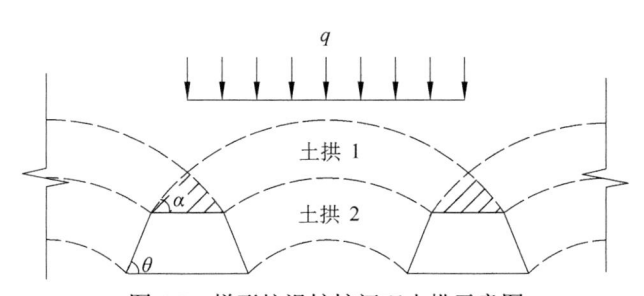

图6.7 梯形抗滑桩桩间双土拱示意图

梯形抗滑桩桩间距计算模型的假定如下：
（1）土体在单位厚度土层内均质，滑坡推力以分布荷载形式作用于桩间土拱；
（2）不考虑土拱和间隙土自重；
（3）桩间土拱为极限平衡状态，不考虑动载因数；

（4）桩两侧土拱交会区为三角形受压区。

土拱作用情况分为两种（图6.8）：

（1）破坏面在拱脚，即 DF 面，土拱1和土拱2视为两个不同个体；

（2）破坏面在接触面 DE 延长线上，即 DG 面，将土拱1和土拱2视为一个整体。

其中土拱1厚度为 t_1，与桩身迎荷面的夹角为 α，土拱2厚度为 t_2，桩截面尺寸为 $a \times b \times h$，底边夹角为 θ，桩间距为 S，桩间净距为 L。其中 α 按极限值取值应为 $0° \sim \theta$，而根据莫尔-库仑破坏准则，当土体单元达到极限平衡状态时，土体中存在一对剪破面，如图6.8所示，此 α 的极限值，即 α 的取值范围为 $0° \sim 45° + \dfrac{\varphi}{2}$，$\varphi$ 为土体内摩擦角度。

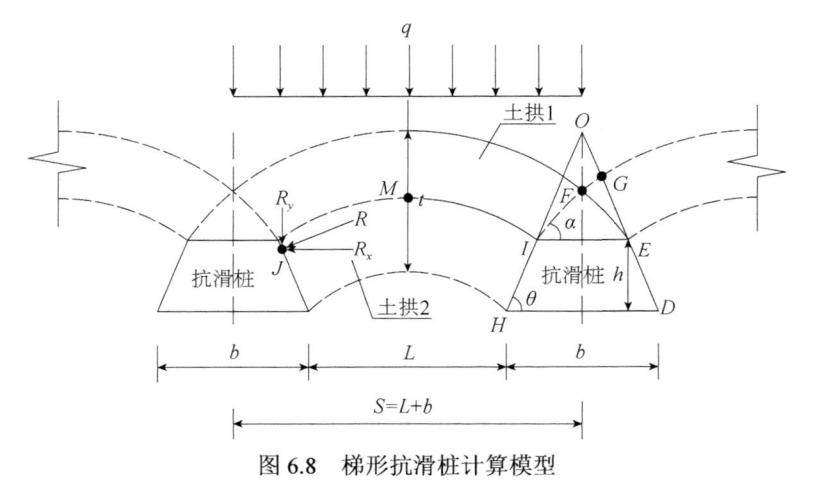

图 6.8　梯形抗滑桩计算模型

其中，关于 θ 和 α 取值大小的关系可以通过如下公式计算，对于角 α 可通过如下关系式求解：

$$1 = \frac{\cos(\alpha+\beta)}{\sin \beta} + \frac{\tan \varphi}{\tan \beta} - \frac{\sin(\alpha+\beta)\tan \varphi}{\sin \beta} \tag{6.3}$$

6.5.2　合理桩间距

抗滑桩由于其占地面积小，造价低，支护作用显著而广泛应用于边坡或基坑工程中。土拱效应作为桩-土相互作用的主要部分，对抗滑桩的支护效应起着重要作用。土拱效应本质是由于不均匀位移引起的应力转移现象，土拱效应可以将滑坡推力转移至桩身，进而传递至深层地基中。而在抗滑桩的土拱效应各影响因素中，桩间距已经被证实为是最关键的影响因素。桩间距过大可能造成抗滑作用失效，桩间距过小又难以充分利用土体自身强度，容易造成浪费。

土拱效应广泛存在于岩土工程领域。桩间距与土拱效应的形成是密切相关的，若桩间距过大，抗滑桩便不能充分发挥土拱效应并会降低其控制土体滑移的能力。同时考虑桩端直接土拱和桩侧摩擦土拱同时作用，进而提出了一种计算合理桩间距的新方法。该方法考虑了两种土拱的整体剪切破坏与屈服条件并使用莫尔-库仑准则分别推导了直接土拱拱脚。

梯形竖向预应力锚索抗滑桩桩间距计算步骤如下：①通过建立剪力和弯矩平衡关系，求得拱轴线的基本平衡方程；②利用破坏面与最大主应力的关系，分析土拱应力状态，求得 β 的取值；③分析最大主应力和最小主应力的取值，通过建立静力平衡条件关系以及最大主应力和最小主应力的关系，联立进行求解桩间距公式。

（1）第一类情况：土拱视为两个不同个体，桩侧角 $\theta>\alpha$ 时桩间距计算。

从拱作用主次来划分，土拱 1 是主拱，土拱 2 是次要拱，建立 xOy 坐标系，图 6.9、图 6.10 分别为土拱 1、土拱 2 的拱轴线示意图。

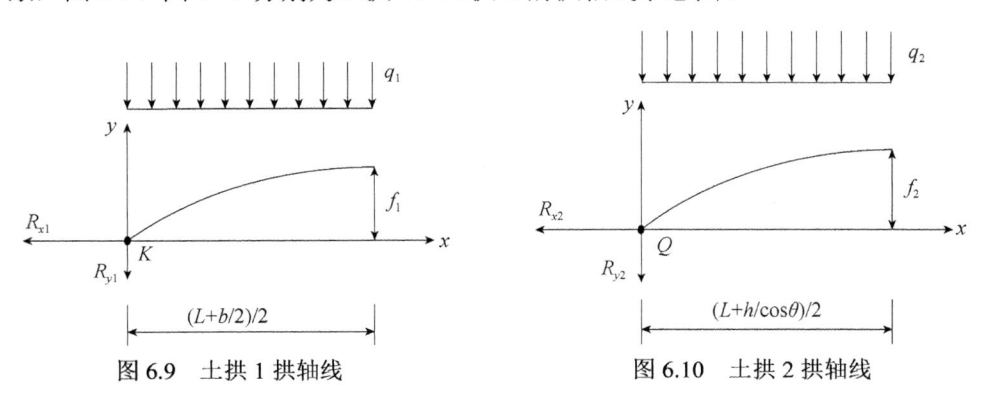

图 6.9　土拱 1 拱轴线　　　　　　图 6.10　土拱 2 拱轴线

土拱 1 和土拱 2 的计算模型分别见图 6.11 和图 6.12。

土拱 1 的拱轴线方程为

$$y_1 = \frac{4f}{(L+b/2)^2}[(L+b/2)x - x^2] \tag{6.4}$$

土拱 2 的拱轴线方程为

$$y_2 = \frac{4f}{(L+h/\cos\theta)^2}[(L+h/\cos\theta)x - x^2] \tag{6.5}$$

式中，h 为抗滑桩截面高度（m）。

图 6.11 土拱 1 计算模型

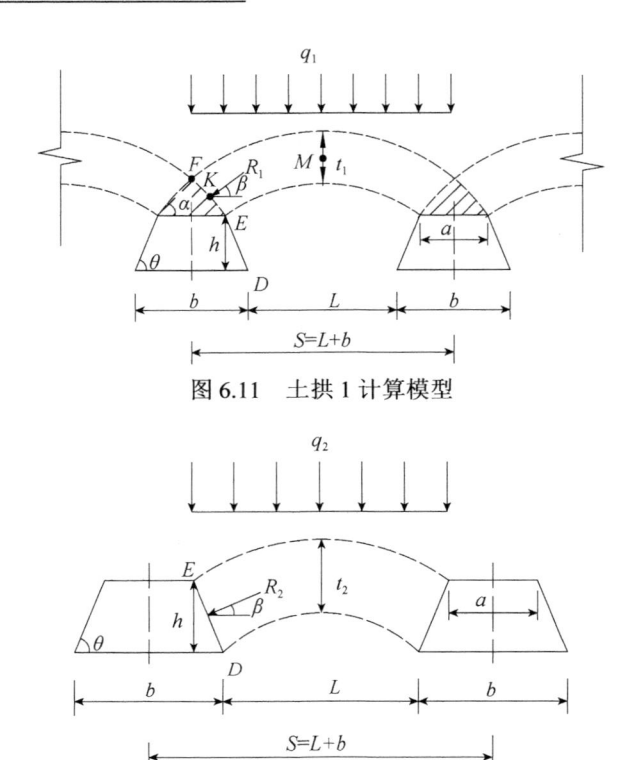

图 6.12 土拱 2 计算模型

对图 6.11 中的 M 点进行力矩平衡计算有

$$R_{x1}f_1 + R_{x2}\left(f_1 + \frac{h}{2}\right) = \frac{qS}{4}\left(L + \frac{b}{2}\right) \tag{6.5}$$

对土拱 2，两拱脚侧面摩阻合力与滑坡推力的均布荷载作用力呈平衡关系，即

$$2(R_{x2}\tan\varphi + ct_2)\sin\theta = q_2(S - a) \tag{6.7}$$

解得

$$R_{x2} = \frac{q_2(S-a)}{2\sin\theta\tan\varphi} - \frac{ct_2}{\tan\varphi} \tag{6.8}$$

式中，t_2 为土拱 2 的计算厚度（m），$t_2 = \dfrac{h}{\sin\theta}$。

将式（6.8）代入式（6.6）解得

$$R_{x1} = N = \frac{qS}{4f_1}\left(L + \frac{b}{2}\right) - \left[\frac{q_2(S-a)}{2\sin\theta\tan\varphi} - \frac{ct_2}{\tan\varphi}\right]\left(1 + \frac{h}{2f_1}\right) \tag{6.9}$$

依据莫尔-库仑破坏准则有如下方程：

$$\sigma_1 = \sigma_3 \tan^2\left(45° + \frac{\varphi}{2}\right) + 2c\tan\left(45° + \frac{\varphi}{2}\right) \qquad (6.10)$$

$$\sigma_1 = \frac{N}{t_2} = \frac{qS\left(L + \dfrac{b}{2}\right)}{4f_1 t_1} - \left[\frac{q_2(S-a)}{2t_1 \sin\theta \tan\varphi} - \frac{ct_2}{t_1 \tan\varphi}\right]\left(1 + \frac{h}{2f_1}\right) \qquad (6.11)$$

$$\sigma_3 = q_1 \qquad (6.12)$$

根据合力相等有

$$q_1 S + q_2(S-a) = qS \qquad (6.13)$$

解得

$$q_1 = q - q_2 + \frac{q_2 a}{S} \qquad (6.14)$$

令 $I = \tan\left(45° + \dfrac{\varphi}{2}\right)$，把式（6.11）、式（6.14）代入式（6.10）得

$$\frac{qS\left(L + \dfrac{b}{2}\right)}{4f_1 t_1} - \left[\frac{q_2(S-a)}{2t_1 \sin\theta \tan\varphi} - \frac{ct_2}{t_1 \tan\varphi}\right]\left(1 + \frac{h}{2f_1}\right) = \left(q - q_2 + \frac{q_2 a}{S}\right)I^2 + 2Ic \qquad (6.15)$$

计算得到

$$f_1 = \frac{qS\left(L + \dfrac{b}{2}\right) - \dfrac{q_2 h(S-a)}{\sin\theta \tan\varphi} + \dfrac{2ct_2 h}{\tan\varphi}}{4t_1\left[\left(q - q_2 + \dfrac{q_2 a}{S}\right)I^2 + 2Ic + \dfrac{q_2(S-a)}{2t_1 \sin\theta \tan\varphi} - \dfrac{ct_2}{t_1 \tan\varphi}\right]} \qquad (6.16)$$

与情况一的式（6.10）类似，可建立如下方程式：

$$2[(ct_1 + R_{x1}\tan\varphi)\sin\beta + (ct_2 + R_{x2}\tan\varphi)\sin\theta] = qS \qquad (6.17)$$

式中，t_1 为土拱 1 的计算厚度（m），$t_1 = \dfrac{a}{2\cos\beta}$。

将式（6.8）、式（6.9）代入式（6.17）得到

$$f_1 = \frac{qS\left(L + \dfrac{b}{2}\right)\sin\beta \tan\varphi - \dfrac{q_2 h(S-a)\sin\beta}{\sin\theta} + 2hct_2 \sin\beta}{2qS + \dfrac{2q_2(S-a)\sin\beta}{\sin\theta} - 2q_2(S-a) - 4c\sin\beta(t_1 + t_2)} \qquad (6.18)$$

式（6.16）和式（6.18）相等，得到土拱 2 所承担的荷载 q_2：

$$q_2 = \frac{2qS - 4c\sin\beta(t_1 + 2t_2) - 4t_1 qI^2 \sin\beta \tan\varphi - 8Ict_1 \sin\beta \tan\varphi}{4t_1 I^2 \sin\beta \tan\varphi\left(\dfrac{a}{S} - 1\right) + 2(S-a)} \qquad (6.19)$$

根据计算模型图 6.11 可知：

$$\tan\left(\frac{\pi}{2}-\theta\right)=\cot\theta=\frac{R_{y2}}{R_{x2}} \qquad (6.20)$$

式中，$R_{y2}=\dfrac{q_2(S-a)}{2}$，将式（6.8）和 R_{y2} 代入式（6.20）得

$$\cot\theta=\frac{q_2(S-a)/2}{\dfrac{q_2(S-a)}{2\sin\theta\tan\varphi}-\dfrac{ct_2}{\tan\varphi}} \qquad (6.21)$$

联立式（6.19）和式（6.21）解得有关 s 的一元三次方程，设为

$$mS^3+nS^2+lS+k=0 \qquad (6.22)$$

式中，

$$m=q(\sin\theta\tan\varphi-\cot\theta) \qquad (6.23)$$

$$n=qa\cos\theta+(3ct_2\cos\theta-qa\tan\varphi)\sin\theta+2c\sin\beta(t_1+2t_2)(\cos\theta-\sin\theta\tan\varphi)$$
$$+2t_1I\sin\beta\tan\varphi(\cos\theta-\sin\theta\tan\varphi)(qI+2c)$$
$$(6.24)$$

$$l=2ac\sin\beta(t_1+2t_2)(\sin\theta\tan\varphi-1)-2at_1I\sin\beta\tan\varphi(\cos\theta-\sin\theta\tan\varphi)(qI+2c)$$
$$-2ct_2\sin\theta\cos\theta(2I^2t_1\sin\beta\tan\varphi+a)$$
$$(6.25)$$

$$k=4I^2act_1t_2\sin\theta\cos\theta\sin\beta\tan^2\varphi \qquad (6.26)$$

根据一元三次方程求根公式——盛金公式，其重根判别式：

$$A=n^2-3ml \qquad (6.27)$$

$$B=nl-9mk \qquad (6.28)$$

$$C=l^2-3nk \qquad (6.29)$$

总判别式：

$$\Delta=B^2-4AC \qquad (6.30)$$

盛金公式将此分为四种情况：

（a）当 $A=B=0$ 时，

$$S_1=-\frac{n}{3m},\quad S_2=\frac{l}{n},\quad S_3=-\frac{3k}{l} \qquad (6.31)$$

最终取值为

$$S=\max\{S_1,S_2,S_3\} \qquad (6.32)$$

（b）当 $\Delta=B^2-4AC>0$ 时，

$$S_1=\frac{-n-\sqrt[3]{y_1}-\sqrt[3]{y_2}}{3m},\quad S_{2,3}=\frac{-2n+\sqrt[3]{y_1}+\sqrt[3]{y_2}}{6m}\pm\frac{\sqrt{3}\left(\sqrt[3]{y_1}-\sqrt[3]{y_2}\right)\mathrm{i}}{6a} \qquad (6.33)$$

式中，

$$y_1, y_2 = An + 3m(-B \pm \sqrt{B^2 - 4AC})/2, \quad i^2 = -1$$

最终取值为

$$S = \max\{S_1, S_2, S_3\} \tag{6.34}$$

（c）当 $\Delta = B^2 - 4AC = 0$ 时，

$$S_1 = -\frac{n}{m} + K, \quad S_1 = S_2 = -\frac{K}{2} \tag{6.35}$$

式中，

$$K = \frac{B}{A}, \quad A \neq 0$$

最终取值为

$$S = \max\{S_1, S_2, S_3\} \tag{6.36}$$

（d）当 $\Delta = B^2 - 4AC < 0$ 时，

$$S_1 = \frac{-n - 2\sqrt{A}\cos\left(\frac{\theta}{3}\right)}{3m}, \quad S_{2,3} = \frac{-n + \sqrt{A}\left(\cos\left(\frac{\theta}{3}\right) \pm \sqrt{3}\sin\left(\frac{\theta}{3}\right)\right)}{3m} \tag{6.37}$$

式中，

$$\theta = \arccos T, \quad T = \frac{2An - 3mB}{2\sqrt{A^3}} \quad (A > 0, -1 < T < 1)$$

考虑安全储备，引入滑坡防治工程设计安全系数 F_s，计算得出的桩间距 S 还应除以 F_s，即最终取值为

$$S = \frac{\max\{S_1, S_2, S_3\}}{F_s} \tag{6.38}$$

（2）第二类情况：土拱视为一个整体，桩侧角 $\theta = \alpha$ 时桩间距计算。

土拱1与抗滑桩迎荷面的夹角 β 的取值范围为 $0 \sim 45° + \dfrac{\varphi}{2}$，按照极限状态分别进行计算。

当 $\beta = 0°$ 时，

$$L_{DG} = L_{DE} = \frac{h}{\sin\theta} \tag{6.39}$$

当 $\beta = 45° + \dfrac{\varphi}{2}$ 时，

$$L_{EF} = \frac{b}{2\cos\beta} \tag{6.40}$$

由于 EG 和 EF 不在同一直线上，根据图 6.13 所示的几何关系可得出

$$L_{EG} = \frac{L_{EF}^2 - L_{OE}^2 - L_{OF}^2 + 2L_{OF} \cdot L_{OE} \cdot \cos\angle FOG}{2(L_{EF} \cdot \cos\angle FEG + L_{OF} \cdot \cos\angle FOG - L_{OE})} \quad (6.41)$$

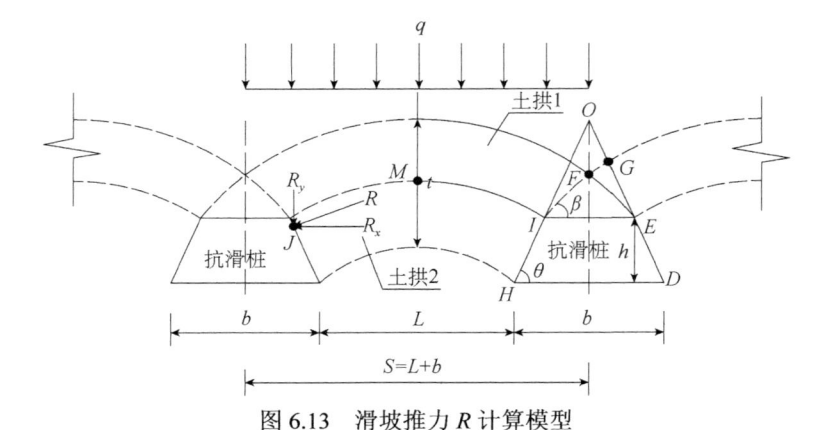

图 6.13 滑坡推力 R 计算模型

拱轴线力学模型如图 6.14 所示，方程为

$$y = \frac{4f}{\left(L + \dfrac{L_{DG}}{2\cos\theta}\right)^2}\left[\left(L + \frac{L_{DG}}{2\cos\theta}\right)x - x^2\right] \quad (6.42)$$

式中，f 为土拱矢高（m）；L 为桩间净距（m），$L = S - b$，其中，S 为桩间距（m）。

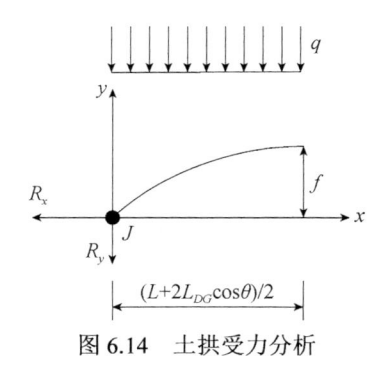

图 6.14 土拱受力分析

对图 6.13 中的 M 点进行计算可解得

$$R_x = N = \frac{q(L + 2L_{DG}\cos\theta)^2}{8f} \quad (6.43)$$

式中，q 为滑坡推力的等效均布荷载（kN/m）。

对于破坏面 DG，依据莫尔-库仑破坏准则有如下方程：

$$\sigma_1 = \sigma_3 \tan^2\left(45° + \frac{\varphi}{2}\right) + 2c\tan\left(45° + \frac{\varphi}{2}\right) \quad (6.44)$$

式中，φ 为土体内摩擦角（°）；c 为土体黏聚力（kPa）。

而 M 点的主应力 σ_1 为

$$\sigma_1 = \frac{N}{t} = \frac{q(L + 2L_{DG}\cos\theta)^2}{8ft} \tag{6.45}$$

式中，t 为土拱厚度（m），$t = L_{DG}$。

σ_3 为

$$\sigma_3 = q \tag{6.46}$$

将式（6.9）和式（6.10）代入式（6.8），得

$$\frac{q(L + 2L_{DG}\cos\theta)^2}{8ft} = q\tan^2\left(45° + \frac{\varphi}{2}\right) + 2c\tan\left(45° + \frac{\varphi}{2}\right) \tag{6.47}$$

从而解得拱轴高度 f 为

$$f = \frac{q(L + 2L_{DG}\cos\theta)^2}{8qt\tan^2\left(45° + \frac{\varphi}{2}\right) + 16ct\tan\left(45° + \frac{\varphi}{2}\right)} \tag{6.48}$$

为使得桩间土拱效应能发挥最大作用，需满足拱间静力条件以及极限平衡条件，即作用于土拱的滑坡推力和土拱两拱脚处侧面摩阻力之和相等，即

$$2(R_x\tan\varphi + ct)\sin\theta = qS \tag{6.49}$$

联立式（6.8）、式（6.13）和式（6.14）解得桩间距 S 为

$$S = 2t\sin\theta\tan\varphi\tan\left(45° + \frac{\varphi}{2}\right)\left[\tan\left(45° + \frac{\varphi}{2}\right) + \frac{2c}{q}\right] + \frac{2ct}{q}\sin\theta \tag{6.50}$$

土拱形成的前提条件是基于滑坡推力小于抗滑桩群桩桩体自身所能承受的受力强度，反之，桩本身所能承受的力若不能承担滑坡推力，则其计算桩间距的推导是不合理的。因此，桩间距计算前应验算抗滑桩的受力情况，建议按每根抗滑桩所能承担的推力进行整体考虑，其中，预应力锚索拉力设计值按承担滑坡推力 30%的荷载进行设计。对于桩间距公式中的抗剪强度指标 c、φ 值，不同地层岩性的取值方法会直接影响到桩间距的计算结果，因此，综合各种取值方法的考虑，建议采用试验与较为成熟的反分析法相结合的方法进行确定较为合理。再者，土体泊松比 μ 对土拱效应存在影响，随着土体泊松比的增大，土体的侧向压力增大，桩后土拱形状由抛物线变化为近三角形，桩后土拱范围减小；相反，桩间反方向的土拱范围增大，桩的荷载分担比减小，土拱效应减弱，所以土拱厚度 t 应与泊松比有关，即 $t = t'(1 - \mu)$。

当 $\beta = 45° + \dfrac{\varphi}{2}$ 时，考虑安全储备，引入滑坡防治工程设计安全系数 F_s，计

算得出的桩间距 S 还应除以 F_s，即

$$S = \left\{ 2t\sin\theta\tan\varphi\tan\left(45°+\frac{\varphi}{2}\right)\left[\tan\left(45°+\frac{\varphi}{2}\right)+\frac{2c}{q}\right]+\frac{2ct}{q}\sin\theta \right\} / F_s \quad (6.51)$$

再将式（6.15）代入式（6.16）进行桩间距计算。

梯形断面抗滑桩作为一种新型的抗滑桩，国内外相关规范对其安全系数的取值尚未明确，本书建议取值为 1.27~1.35。

（3）第三类情况：仅有次拱形成，桩侧角 $\theta < \alpha$ 时桩间距计算。

当土拱形成 $\theta < \alpha$ 时，次拱间接对主拱的受力平衡条件造成影响，主拱形成条件不具备；主拱区域形成的土体为非受力平衡体系，且发挥不了主拱的作用，仅有单一次拱形式，并不能产生主拱和次拱共同作用的功效，即失去了主拱和次拱共同承担抵消滑坡推力的意义；设计桩侧角度时，从滑坡治理效果上看，若采取角度 $\theta < \alpha$ 是不合理的，所以本书不再进行深入探讨。

6.6 桩侧角取值

6.6.1 影响因素

如图 6.15 所示，通过滑坡推力即均布荷载 q 的不同取值，分析桩间距 L 与桩侧角 θ 之间的关系。

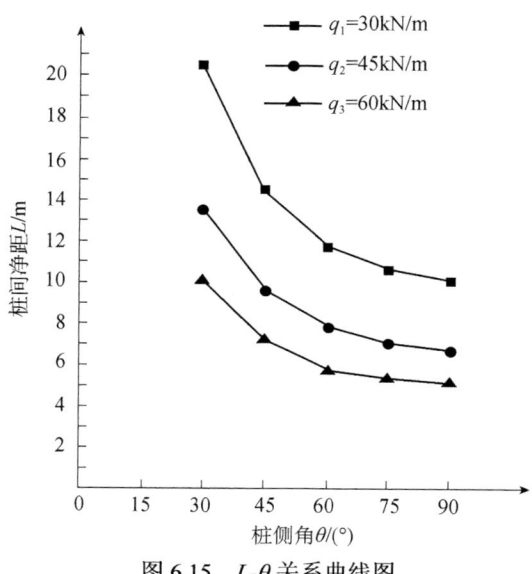

图 6.15 L-θ 关系曲线图

从曲线关系可知，当桩侧角在 $\alpha \leqslant \theta < \dfrac{\pi}{2}$ 范围时，L 与 θ 呈曲线递减关系，且变化幅度随 θ 增加而减小；当桩侧角在 $\alpha < \theta < \dfrac{\pi}{3}$ 范围时，桩侧角 θ 对桩间距 L 的影响幅度较大，减少量在 q_2 时达到 42%；当桩侧角在 $\dfrac{\pi}{3} < \theta < \dfrac{\pi}{2}$ 范围时，桩侧角 θ 对桩间距 L 的影响较小，减少量仅为 q_2 时的 13%。由此可得，滑坡推力越大，桩侧角对桩间距的影响越弱。

6.6.2 取值范围

当拱脚截面上的点达到应力极限状态时（图 6.16），拱脚受最大主应力 σ_1 方向为土拱沿拱轴线方向，与 σ_1 垂直方向的应力为最小主应力 σ_3。按照莫尔-库仑破坏准则，当土体单元达到静力极限平衡状态时，即 β 的极限值时，β 的取值范围为 $0° \sim 45° + \dfrac{\varphi}{2}$，则 $\theta = 45° - \dfrac{\varphi}{2} \sim \dfrac{\pi}{2}$。

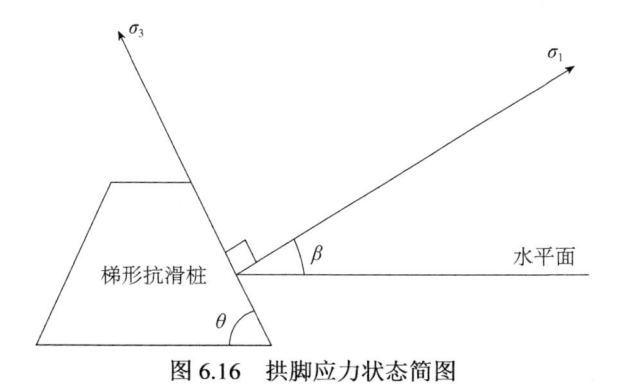

图 6.16 拱脚应力状态简图

由于 $\theta < \alpha$ 时并非合理受力截面，从式（6.9）可知，当 $\theta > \dfrac{\pi}{2}$ 时，桩间距出现拐点，呈增大趋势，显然不符合桩侧面产生摩擦阻力及受压条件，而 $\theta = \dfrac{\pi}{2}$ 时为矩形抗滑桩，可推断桩侧角 θ 的取值范围为 $\theta = \alpha \sim \dfrac{\pi}{2}$。

通过以上合理取值范围的界定条件，可得桩侧角的取值有两种情况：

情况一：当 $\alpha - \beta > 0$ 时，桩侧角取值范围为 $\alpha \leqslant \theta < \dfrac{\pi}{2}$。

情况二：当 $\alpha - \beta < 0$ 时，桩侧角取值范围为 $\beta \leqslant \theta < \dfrac{\pi}{2}$。

6.6.3 最优角度

从图 6.16 可知，桩侧角 θ 值越小，桩间距 L 值越大；从工程成本上看，桩间距 L 值越大，造价越低，但桩侧角 θ 值越小并不符合土拱效应效果增强的条件；考虑最大程度发挥梯形断面抗滑桩的土拱效应，当 θ 值取角度为 $45° + \dfrac{\varphi}{2}$ 时，即 $\theta + \beta = \dfrac{\pi}{2}$，应力 σ_1 方向垂直于桩侧面为充分发挥土拱效应的最优桩侧角度取值。

第7章 结构计算

抗滑桩的计算方法主要以悬臂桩法、有限元法、地基系数法、双参数法为主；对于梯形竖向预应力锚索抗滑桩的计算，其计算方法有别于传统斜拉锚索的抗滑桩，该结构的锚索是作用于抗滑桩桩身内，即临近于受拉截面处，需考虑锚索作用的偏心距计算问题；又因抗滑桩的受荷段属于主动土压力，而锚固段属于被动土压力，作用机理明显不同，因此，为使梯形竖向预应力锚索抗滑桩的受力计算更加合理，本章从结构的受力机理出发，分别对桩体受荷段和嵌固段的相关力学性能进行分析和计算[3-5]，计算流程如图7.1所示。

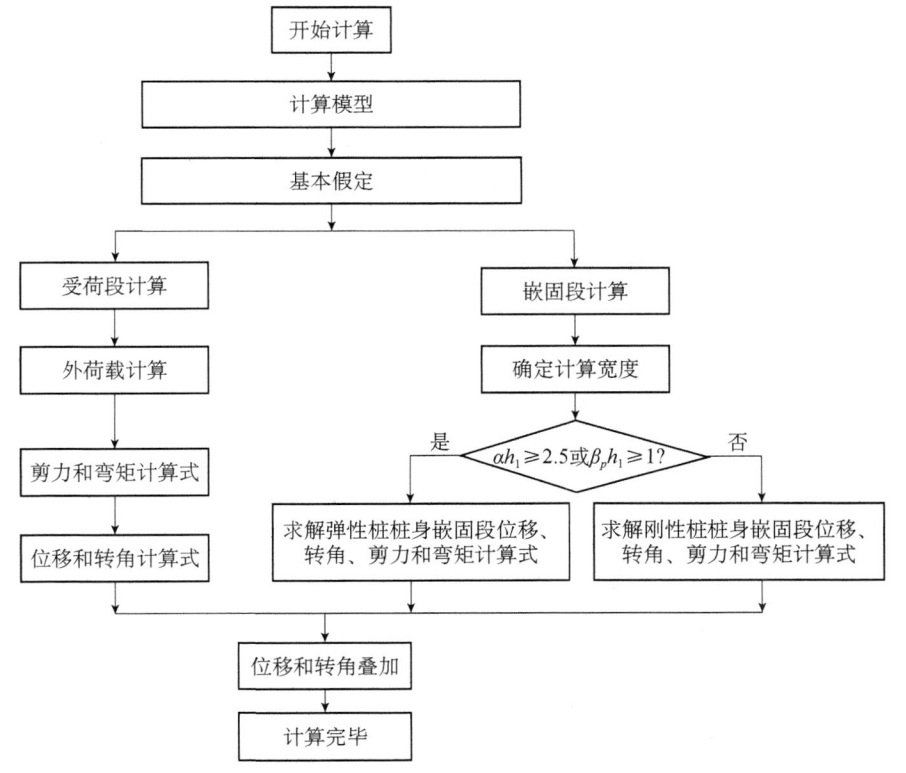

图 7.1 梯形断面竖向预应力锚索抗滑桩计算流程图

7.1 受荷段受力和变形

在计算受荷段的内力之前，需要确定滑坡推力的分布形式，其分布形式的不同直接关系到分布荷载的计算，目前滑坡推力的主要假设有矩形、三角形、抛物线三种：

（1）对于黏聚力较大地层的滑坡体，按矩形形式假设；

（2）对于以内摩擦角为主要抗剪特性的堆积体，按三角形形式假设；

（3）对于既处于黏聚力较大的地层，又处于内摩擦角的抗剪特性较为突出的情况，当抗剪特征为黏聚力的滑体进入弹塑性阶段后，按抛物线形式假设。

7.1.1 抛物线计算模型

1. 计算模型

梯形竖向预应力抗滑桩由于嵌入地层的土体力学参数不同，桩身内力主要受滑动面界面的影响，采取滑动面以上和滑动面以下两部分的分段计算方法。由于地质条件因素，其滑坡推力的分布形式有所不同，从工程实践和试验结果来看，通常滑体具有弹塑性质，其抛物线荷载分布较为符合实际工程情况；因此，论文在计算悬臂桩法的基础上，再结合桩身竖向预应力的受力特征，取抛物线荷载形式进行假设，分段计算梯形竖向预应力抗滑桩的受力和变形。

2. 基本假定

第一，桩体受荷段为弹性桩，结构的变形为平面变形，应变在截面上的分布为抛物线变化关系。

第二，推力以抛物线分布作用于桩体，忽略作用力与桩侧岩土体的摩擦作用。

第三，竖向预应力为恒定值，忽略预应力对桩身材料刚度的影响，在外力作用下的预应力大小和方向恒定。

7.1.2 抛物线荷载

如图 7.2 所示，设梯形桩受荷面为桩后，迎面荷载以抛物线分布为 q，梯形抗滑桩滑动面处为 O，受荷段和嵌固段的总桩长为 h，滑动面以上受荷段桩长为 h_1，滑动面以下嵌固段长为 h_2。梯形桩的截面尺寸为 $a×b×h$（上底×下底×高），计算宽度为 B_p，弹性模量为 E，惯性矩为 I，滑坡推力合力作用点至桩顶距离为 z_0，滑坡推力 T 位于桩顶以下，比例系数为 $i = z_0 / h_1$，滑动面处的地基系数为 A（kN/m^3）。

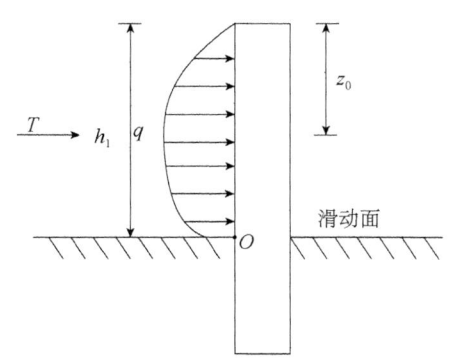

图 7.2　梯形荷载分布示意图

1. 剪力计算推导

设荷载的抛物线方程，其中 e、f、g 为常数有

$$q(z) = ez^2 + fz + g \tag{7.1}$$

当 $z=0$ 时，$q(0)=0$，所以 $g=0$，故有

$$\int_0^{h_1}(ez^2 + fz)\mathrm{d}z = Q \tag{7.2}$$

可得剪力计算公式：

$$Q = \frac{e}{3}h_1^3 + \frac{f}{2}h_1^2 \tag{7.3}$$

2. 弯矩计算推导

由滑坡推力合力作用点至桩顶距离为 z_0，因此可得滑动面至合力作用点的距离为 $h_1 - z_0$，代入式（7.3）可得合力对于 O 点的弯矩，再将 $i = z_0/h_1$ 代入，可得弯矩计算公式为

$$M = \left(\frac{e}{3}h_1^4 + \frac{f}{2}h_1^3\right) \cdot (1-i) \tag{7.4}$$

3. 荷载分布计算推导

由以上求得的计算公式根据弯矩平衡可以得出关系式：

$$\frac{\int_0^{h_1}(ez^2 + fz)z\mathrm{d}z}{Q} = ih_1 \tag{7.5}$$

即

$$\frac{e}{4}h_1^4 + \frac{f}{3}h_1^3 = iQh_1 \tag{7.6}$$

由式（7.3）、式（7.6）建立联立式有

$$\begin{cases} \dfrac{e}{3}h_1^3 + \dfrac{f}{2}h_1^2 = Q \\ \dfrac{e}{4}h_1^4 + \dfrac{f}{3}h_1^3 = iQh_1 \end{cases} \tag{7.7}$$

解得

$$e = \frac{(36i-24)Q}{h_1^3}, \quad f = \frac{(18-24i)Q}{h_1^2} \tag{7.8}$$

因此，求得抛物线的表达式为

$$q(z) = \frac{(36i-24)Q}{h_1^3}z^2 + \frac{(18-24i)Q}{h_1^2}z \tag{7.9}$$

7.1.3 受荷段内力

为研究梯形断面竖向预应力锚索抗滑桩的内力，本节对两种内力模型形式进行研究，一种是由竖向预应力锚索和混凝土构成的抗滑桩结构，另一种是由竖向预应力锚索和普通钢筋及混凝土共同构成的抗滑桩结构。

1. 竖向预应力锚索结构

当滑坡推力值相对较小时，且可通过在梯形桩的受拉区域设置一排全部为预应力钢绞线能满足受力要求的情况下，按竖向预应力锚索结构进行计算，如图 7.3 所示。

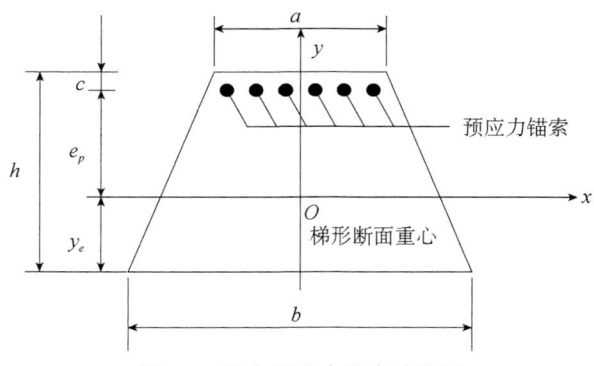

图 7.3 竖向预应力锚索结构图

设预应力锚索轴力为 N_t，偏心距为 e_p，保护层厚度为 c，根据外力弯矩与预应力产生的弯矩平衡，有关系式：

梯形重心 y_e 为

$$y_e = \frac{h}{3} \cdot \frac{2a+b}{a+b} \tag{7.10}$$

偏心距 e_p 为

$$e_p = h - y_e - c \tag{7.11}$$

抗弯承载公式为

$$M_0 = N_t e_p \tag{7.12}$$

其中 N_t 为

$$N_t = A_y R_y \tag{7.13}$$

式中，A_y 为预应力钢绞线的公称面积总和；R_y 为预应力钢绞线抗拉设计强度。

同时，将 $i = z_0 / h_1$ 代入后，得出承载力 Q_0 为

$$Q_0 = \frac{M_0}{h_1(1-i)} \tag{7.14}$$

2. 竖向预应力锚索与钢筋共同结构

当滑坡推力相对较大时，在梯形桩的受拉区域设置一排预应力钢绞线未能满足受力要求的情况下，可加设一排或多排受拉钢筋进行布置，按竖向预应力锚索与普通钢筋共同结构进行计算，如图 7.4 所示。

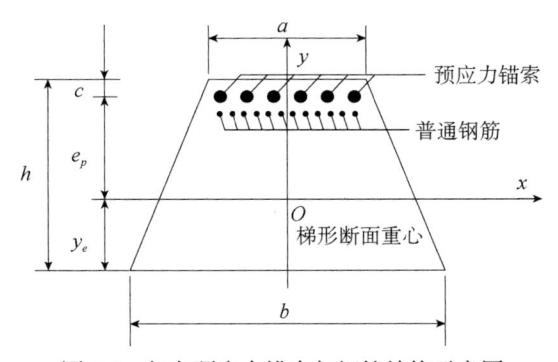

图 7.4 竖向预应力锚索与钢筋结构示意图

设 M' 为钢筋所能承载的弯矩，M_p 为预应力钢绞线和钢筋复合结构的弯矩，N_p 为钢筋轴力，设预应力钢绞线与钢筋的间距为 c'，所以钢筋的偏心距为

$$e_p = h - y_e - c - c' \tag{7.15}$$

钢筋所能承载的弯矩为

$$M_1 = N_p e_p \tag{7.16}$$

其中 N_p 为

$$N_p = A_g R_g \tag{7.17}$$

式中，A_g 为钢筋的公称面积总和；R_g 为钢筋抗拉设计强度。

因此，抗弯承载计算公式为

$$M_p = M_0 + M_1 \tag{7.18}$$

同时，得出承载力 Q_p 为

$$Q_p = \frac{M_p}{h_1(1-i)} \tag{7.19}$$

同理，例如受较大滑坡推力的情况，同样可以通过以上计算方法进行验算；同时，由式（7.12）可知，竖向预应力锚索的偏心布置在很大程度上提高了抗弯能力，从偏心距离而言，略大于内侧钢筋的偏心布置距离，其受力性能得到了提升，且对抑制抗滑桩变形亦起到了增强的作用；同时，在一定程度上加强了桩身结构的稳定性。

3. 受荷段桩身内力确定

对于受荷段桩身产生的内力，其本质是外力与内力之间的平衡关系，当抗滑桩承载能力未能抵消外力作用时，桩将发生不同程度的变形；因此，梯形竖向预应力悬臂抗滑桩的内力实质是滑坡推力与竖向预应力共同作用下的结果。为使计算过程更简便，设联合作用下的剪力为 Q'，弯矩为 M'，将其计算公式进行归纳整理。

按竖向预应力锚索结构计算内力：

$$Q' = Q - Q_0 \tag{7.20}$$

$$M' = M - M_0 \tag{7.21}$$

按竖向预应力锚索与钢筋共同结构计算内力：

$$Q' = Q - Q_p \tag{7.22}$$

$$M' = M - M_p \tag{7.23}$$

由于桩土共同作用，因此通常按每根桩所受的滑坡推力 T 进行计算，在受荷计算时，将滑坡推力 T 与桩间距 S 的乘积作为推力值，整理后可得竖向预应力锚索结构内力计算公式为

$$Q' = \left(\frac{e}{3}h_1^3 + \frac{f}{2}h_1^2\right) \cdot S - \frac{A_y R_y (h - y_e - c)}{h_1 - i h_1} \tag{7.24}$$

$$M' = \left(\frac{e}{3}h_1^4 + \frac{f}{2}h_1^3\right) \cdot (1-i) \cdot S - A_y R_y (h - y_e - c) \tag{7.25}$$

竖向预应力锚索与钢筋共同结构内力计算公式为

$$Q' = \left(\frac{e}{3}h_1^3 + \frac{f}{2}h_1^2\right) \cdot S - \frac{A_y R_y (h - y_e - c) + A_g R_g (h - y_e - c - c')}{h_1(1-i)} \quad (7.26)$$

$$M' = \left(\frac{e}{3}h_1^4 + \frac{f}{2}h_1^3\right) \cdot (1-i) \cdot S - A_y R_y (h - y_e - c) + A_g R_g (h - y_e - c - c')$$
$$(7.27)$$

7.1.4 受荷段变形

梯形竖向预应力锚索抗滑桩受荷段位移和转角的计算，可以通过双参数法、幂函数法、齐次方程法等方法进行求解，但按照以上方法计算求解时较为复杂，而梯形抗滑桩通常易运用到抢险工程，且计算时间周期短；为更加符合工程的便捷性，本章通过绕曲线近似微分方程分别对竖向预应力锚索结构、竖向预应力锚索与钢筋共同结构进行位移和转角计算。

对于受荷段的变形，采取悬臂桩计算模型（图 7.5），有绕曲线近似微分方程：

$$EIw'' = M(y) \quad (7.28)$$

将式（7.28）一次积分，可得转角计算方程：

$$EIw' = \int M(y) \mathrm{d}y + C_1 \quad (7.29)$$

将式（7.28）二次积分，可得位移计算方程：

$$EIw'' = \int \left(\int M(y) \mathrm{d}y\right) \mathrm{d}y + C_1 y + C_2 \quad (7.30)$$

为方便计算，将式（7.25）、式（7.27）中的常数量设为

$$l = (1-i) \cdot s, \quad m = A_y R_y (h - y_e - c), \quad n = A_g R_g (h - y_e - c - c') \quad (7.31)$$

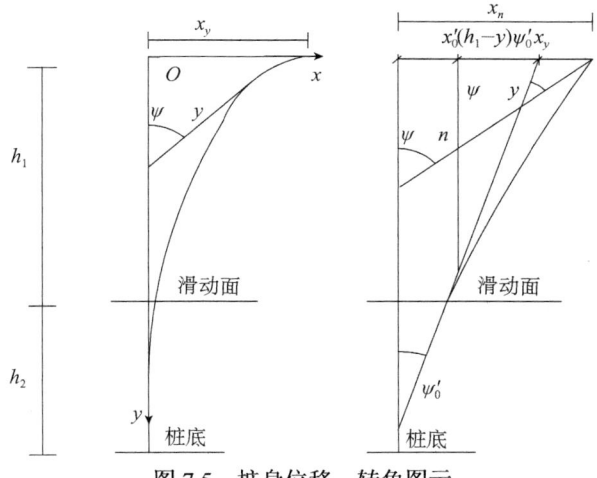

图 7.5 桩身位移、转角图示

将式（7.25）和式（7.31）代入式（7.29）和式（7.30）中，可得竖向预应力锚索结构的转角计算公式为

$$x_y = EI^{-1}\left(\frac{el}{15}h_1^5 + \frac{fl}{8}h_1^4 - mh_1 + C_1\right) \tag{7.32}$$

对式（7.32）再次积分后，可得位移计算公式为

$$\varphi_y = EI^{-1}\left(\frac{el}{90}h_1^6 + \frac{fl}{40}h_1^5 - \frac{m}{2}h_1^2 + C_1h_1 + C_2\right) \tag{7.33}$$

同上，把式（7.27）和式（7.31）代入式（7.29）和式（7.30）中，可得竖向预应力锚索与普通钢筋共同结构的转角和位移计算公式分别为

$$x'_y = EI^{-1}\left(\frac{el}{15}h_1^5 + \frac{fl}{8}h_1^4 - mh_1 - nh_1 + C_1\right) \tag{7.34}$$

$$\varphi'_y = EI^{-1}\left(\frac{el}{90}h_1^6 + \frac{fl}{40}h_1^5 - \frac{m}{2}h_1^2 - \frac{n}{2}h_1^2 + C_1h_1 + C_2\right) \tag{7.35}$$

式中，C_1 和 C_2 为积分常量，由边界条件可知，当 $w'|_{y=0}=0$ 时，常量 $C_1=0$；当 $w|_{y=0}=0$ 时，常量 $C_2=0$，因此将式（7.31）～（7.35）整理后，可得竖向预应力锚索结构的计算公式为

$$\begin{cases} x_y = EI^{-1}\left[\dfrac{e(1-i)\cdot s}{15}h_1^5 + \dfrac{f(1-i)\cdot s}{8}h_1^4 - A_yR_y(h-y_e-c)h_1\right] \\ \varphi_y = EI^{-1}\left[\dfrac{e(1-i)\cdot s}{90}h_1^6 + \dfrac{f(1-i)\cdot s}{40}h_1^5 - \dfrac{A_yR_y(h-y_e-c)}{2}h_1^2\right] \end{cases} \tag{7.36}$$

竖向预应力锚索与普通钢筋共同结构的计算公式为

$$\begin{cases} x'_y = EI^{-1}\left[\dfrac{e(1-i)\cdot s}{15}h_1^5 + \dfrac{f(1-i)\cdot s}{8}h_1^4 - A_yR_y(h-y_e-c)h_1 - A_gR_g(h-y_e-c-c')h_1\right] \\ \varphi'_y = EI^{-1}\left[\dfrac{e(1-i)\cdot s}{90}h_1^6 + \dfrac{f(1-i)\cdot s}{40}h_1^5 - \dfrac{A_yR_y(h-y_e-c)}{2}h_1^2 - \dfrac{A_gR_g(h-y_e-c-c')}{2}h_1^2\right] \end{cases}$$
（7.37）

桩身受荷段主要是受滑坡推力的影响，而嵌固段主要是受荷段和土体抗力的共同作用，由于受力形式的不同，嵌固段的位移和转角需独立计算；就受荷段的变形而言，采取等效叠加原理将受荷段和嵌固段的位移和转角值分别叠加后方为受荷段的总变形（图 7.5）。

竖向预应力锚索结构的总位移 x_n、转角 φ_n 和竖向预应力锚索与钢筋共同结构的总位移 x'_n、转角 φ'_n 分别为

$$\begin{cases} x_n = x_y + x_0' + \varphi_0'(h_1 - y) \\ \varphi_n = \varphi_y + \varphi_0' \\ x_n' = x_y' + x_0' + \varphi_0'(h_1 - y) \\ \varphi_n' = \varphi_y' + \varphi_0' \end{cases} \quad (7.38)$$

整理后为

$$\begin{cases} x_n = EI^{-1}\left(\dfrac{e(1-i)\cdot s}{15}h_1^5 + \dfrac{f(1-i)\cdot s}{8}h_1^4 - A_y R_y (h - y_e - c)h_1\right) + x_0' + \varphi_0'(h_1 - y) \\ \varphi_n = EI^{-1}\left(\dfrac{e(1-i)\cdot s}{90}h_1^6 + \dfrac{f(1-i)\cdot s}{40}h_1^5 - \dfrac{A_y R_y (h - y_e - c)}{2}h_1^2\right) + \varphi_0' \\ x_n' = EI^{-1}\left(\dfrac{e(1-i)\cdot s}{15}h_1^5 + \dfrac{f(1-i)\cdot s}{8}h_1^4 - A_y R_y (h - y_e - c)h_1 - A_g R_g (h - y_e - c - c')h_1\right) \\ \qquad + x_0' + \varphi_0'(h_1 - y) \\ \varphi_n' = EI^{-1}\left(\dfrac{e(1-i)\cdot s}{90}h_1^6 + \dfrac{f(1-i)\cdot s}{40}h_1^5 - \dfrac{A_y R_y (h - y_e - c)}{2}h_1^2 - \dfrac{A_g R_g (h - y_e - c - c')}{2}h_1^2\right) + \varphi_0' \end{cases}$$

(7.39)

式中，φ_0' 为滑动面处嵌固段的转角（rad）；x_0' 为滑动面处嵌固段的位移（m）。

7.2 嵌固段受力和变形

7.2.1 计算宽度

计算宽度是计算梯形抗滑桩与土体抗力作用的必要参数，实质是衡量桩土共同作用的效果。在考虑桩侧摩擦阻力的情况下，抗滑桩主要受到土体抗力和土体摩擦阻力；由于滑坡推力作用，桩前截面将产生反向的土体抗力抑制桩体的位移，同时，桩侧截面受到反向于滑坡推力的摩擦阻力，而桩侧滑坡体则产生与滑坡推力方向一致的摩擦力，如图 7.6 所示。

为求解计算宽度，需引入参数扩散角 φ，将桩侧滑坡体作为独立研究对象，且作辅助线 $L_{AO} \perp L_{CO}$，建立其计算模型进行计算，如图 7.7 所示。

根据计算模型可得

$$\angle OAC = \dfrac{\pi}{2} - \theta \quad (7.40)$$

通过三角函数关系可以计算出 BC 长度为

$$L_{BC} = h[\cot(\theta - \varphi) - \cot\theta] \quad (7.41)$$

由于梯形桩左右两侧截面均为相似的受力情况，因此，可以得到在考虑摩

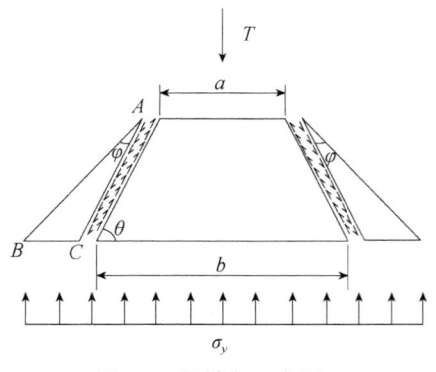

图 7.6 扩散角示意图

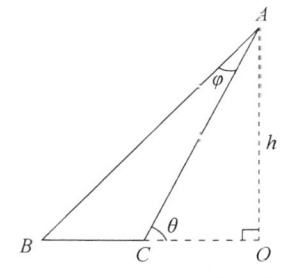

图 7.7 扩散角计算模型图

擦阻力时,梯形竖向预应力锚索抗滑桩的计算宽度为

$$B_p = b + 2h[\cot(\theta - \varphi) - \cot\theta] \tag{7.42}$$

对于扩散角 φ 可以通过不同嵌入深度进行取值,根据李维树等通过水平推力的计算宽度试验得出的研究结论可知,当桩体嵌入岩土体的深度小于 1.5m 时,扩散角 φ 取 30°,当桩体嵌入岩土体的深度大于 1.5m 时,扩散角 φ 取 38°,因此,梯形竖向预应力锚索抗滑桩的计算宽度公式如下。

当梯形抗滑桩嵌入岩土体的深度小于 1.5m 时:

$$B_p = b + 2h[\cot(\theta - 30°) - \cot\theta] \tag{7.43}$$

当梯形抗滑桩嵌入岩土体的深度大于 1.5m 时:

$$B_p = b + 2h[\cot(\theta - 38°) - \cot\theta] \tag{7.44}$$

7.2.2 桩体判别

对梯形竖向预应力锚索抗滑桩桩身结构性质进行分析,桩体在设置锚索后为弹性桩,但由于抗滑桩有部分桩长嵌入于岩土中,受滑动面界面的影响,梯形竖向预应力锚索抗滑桩结构由弹性桩改变成为由弹性桩和刚性桩两种不同的桩体组成,因此,计算模型分为刚性和弹性两部分计算较为合理。在对竖向预应力抗滑桩桩内力进行分析时,亦将桩体的类别进行区分,通常采用 m 法、K 法作为刚性桩或弹性桩的判定标准。

1. m 法判别

当 $\alpha h_2 \leqslant 2.5$ 时,桩的刚度相对较大,所能承受的绕曲较小,即桩身的绕曲对桩的内力影响较小,因此不考虑桩身的绕曲变形,按刚性桩计算;

当 $\alpha h_2 > 2.5$ 时,桩的刚度相对较小,所能承受的绕曲较大,即桩身的绕曲对桩的内力影响较大，因此需考虑桩身的绕曲变形，按弹性桩计算。

其中，α 作为桩的变形系数（m^{-1}），按下式计算：

$$\alpha = \sqrt[5]{\frac{mB_p}{EI}} \tag{7.45}$$

式中，h_2 为桩在滑动面以下的深度（m）；E 为桩材料弯曲弹性模量（kPa）；I 为桩的截面惯性矩（m^4）；m 为侧向地基系数随深度而变化的比例系数（kPa/m^2）；B_p 为桩实际工作条件下的计算宽度（m）。

2. K 法判别

同理，当 $\beta h_2 \leqslant 1$ 时，按刚性桩计算；当 $\beta h_2 > 1$ 时，按弹性桩计算。

其中，β 为桩的变形系数（m^{-1}），由下式计算：

$$\beta = \sqrt[4]{\frac{KB_p}{4EI}} \tag{7.46}$$

式中，K 为侧向地基系数（kPa/m^2）。

m 法、K 法判别的标准不同，其适用范围也有所不同，m 法主要适用于滑床为半坚硬的砂黏土、碎石土或风化破碎后的软质岩层，而 K 法主要适用于滑床较为完整的岩质层和硬黏土层，所以在工程应用中，判别公式的选取将根据工程地质条件进行判断。

7.2.3 刚性桩内力和变形

当桩体嵌固段判别为刚性桩时，为研究其内力及变形的规律，假设嵌固段桩周围岩土产生反作用抗力，其与变形呈正比关系，且桩底自由，滑动面以下作用如图7.8所示。

在抗滑桩上的任意一点 y 处的土体抗力为

$$\sigma_y = K_h b_p x_y \tag{7.47}$$

式中，b_p 为土抗力计算宽度（m）；K_h 为水平方向地基系数（kN/m^3）；x_y 为水平位移值（mm）。

其中，x_y 可表示为

$$x_y = (y_0 - y)\varphi \tag{7.48}$$

式中，y_0 为转角位置；y 为嵌固段长度。

在桩底发生自由转动时，将引起竖向的弹性抗力 σ_x，所以有

$$\sigma_x = K_v b\left(y_x - \frac{\varphi h}{2}\right) \tag{7.49}$$

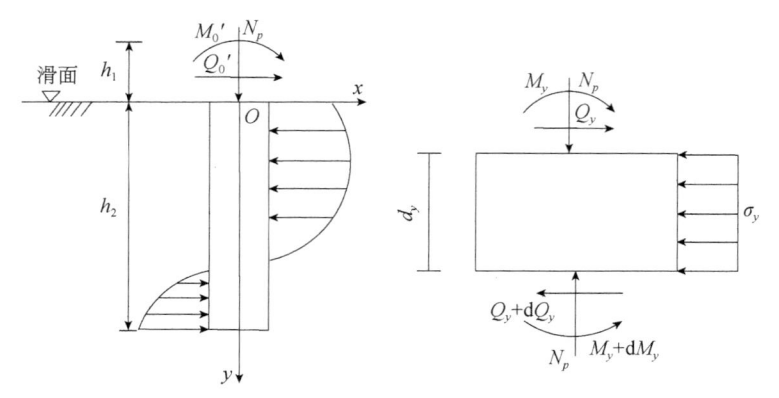

图 7.8 嵌固段内力计算图

式中，K_v 为竖直方向地基系数（kN/m³）；b 为梯形抗滑桩下底边长（m）；y_x 为桩的轴向位移（mm）；h 为梯形抗滑桩的截面高度（m）。

在此，地基系数通常被认为具有幂函数变化规律，表达式有

$$K_h = m(y_0 + y)^n \tag{7.50}$$

式中，m 为深度变化的比例系数；n 为岩土类别指数，常取 0、1 等。

根据静力平衡方程 $\sum x = 0$ 和 $\sum M = 0$ 联立进行求解，结合不同地基系数条件可以分别得出桩身位移 x_y、弹性抗力 σ_y、剪力 Q_y、弯矩 M_y、转角位置 y_0、转角 φ。

（1）当 $n=0$ 时，适用于较完整的硬质岩层、未扰动的硬黏土和性质相近的半岩质地层。

$$\begin{cases} x_y = (y_0 - y)\varphi \\ \sigma_y = (y_0 - y)\varphi b_p m \\ Q_y = Q - \dfrac{1}{2} m B_p \varphi y(2y_0 - y) \\ M_y = M + Qy - \dfrac{1}{6} m B_p \varphi y^2 (3y_0 - y) \\ y_0 = \dfrac{h_2(3M + 2Qh_2)}{3(2M + Qh_2)} \\ \varphi = \dfrac{6(2M + Qh_2)}{B_p m h_2^3} \end{cases} \tag{7.51}$$

（2）当 $n=1$，$y_0=0$ 时，适用于一般硬塑至半坚硬的砂黏土、碎石类土或风化破碎呈土状的软质页岩以及密度随深度增加的土层。

$$\begin{cases} x_y = (y_0 - y)\varphi \\ \sigma_y = (y_0 - y)\varphi b_p my \\ Q_y = Q - \dfrac{1}{6} B_p m\varphi y^2 (3y_0 - 2y) \\ M_y = M + Qy - \dfrac{1}{12} B_p m\varphi y^3 (2y_0 - y) \\ y_0 = \dfrac{B_p m h_2^3 (4M + 3Qh_2) + 6QK_v hW}{2 B_p m h_2^2 (3M + 2Qh_2)} \\ \varphi = \dfrac{12(3M + 2Qh_2)}{B_p m h_2^4 + 18WK_v h} \end{cases} \quad (7.52)$$

（3）当 $n=1$，$y_0 \neq 0$ 时，地基系数随深度成比例增加，表层地基系数不为零，适用于超固结土层，设滑面处的弹性系数为 A（kN/m^3）。

在 $0 \leqslant y \leqslant y_0$ 时：

$$\begin{cases} x_y = (y_0 - y)\varphi \\ \sigma_y = (A + my) \times (y_0 - y) \times \varphi \\ Q_y = Q - \dfrac{1}{6} B_p m\varphi y^2 (3y_0 - 2y) \\ M_y = M + Qy - \dfrac{1}{6} AB_p \varphi y^2 (3y_0 - y) - \dfrac{1}{12} B_p m\varphi y^3 (2y_0 - y) \end{cases} \quad (7.53)$$

在 $y_0 \leqslant y \leqslant h_2$ 时：

$$\begin{cases} x_y = (y_0 - y)\varphi \\ \sigma_y = (A + my) \times (y_0 - y) \times \varphi \\ Q_y = Q - \dfrac{1}{6} B_p m\varphi y^2 (3y_0 - 2y) - \dfrac{1}{2} AB_p \varphi y_0^2 + \dfrac{1}{2} AB_p \varphi (y - y_0)^2 \\ M_y = M + Qy - \dfrac{1}{6} B_p A\varphi y_0^2 (3y_0 - y) + \dfrac{1}{6} B_p A\varphi (y - y_0)^3 - \dfrac{1}{12} B_p m\varphi y^3 (2y_0 - y) \end{cases}$$

$$(7.54)$$

其中，转角位置的位移 y_0、转角 φ 分别为

$$\begin{cases} y_0 = \dfrac{h_2 [2A(3M + 2Qh_2) + mh_2(4M + 3Qh_2)]}{2[3A(2M + Qh_2) + mh_2(3M + 2Qh_2)]} \\ \varphi = \dfrac{12[3A(2M + Qh_2) + mh_2(3M + 2Qh_2)]}{B_p h_2^3 [6A(A + mh_2) + m^2 h_2^2]} \end{cases} \quad (7.55)$$

7.2.4 弹性桩内力和变形

当桩体嵌固段判别为弹性桩时，通过弹性地基梁理论进行分析，建立嵌固段的绕曲微分方程式（7.48），分别采用"m"法和"K"法，对桩底为固定端、铰链端、自由端三种不同情况进行求解位移和转角。

$$EI\frac{\mathrm{d}^4 y}{\mathrm{d}x^4} + K_h B_p x_y = 0 \qquad (7.56)$$

1. "m"法内力与变形计算

根据式（7.49），运用数学初参数解法推导梯形竖向预应力抗滑桩的嵌固段任意截面的变位和内力，从计算式可知"m"法主要用于土体抗力呈三角形变化规律的形式。

$$\begin{cases} x_y = x_A A_1 + \dfrac{\varphi_A}{\alpha} B_1 + \dfrac{M_A}{\alpha^2 EI} C_1 + \dfrac{Q_A}{\alpha^3 EI} D_1 \\ \varphi_y = \alpha\left(x_A A_2 + \dfrac{\varphi_A}{\alpha} B_2 + \dfrac{M_A}{\alpha^2 EI} C_2 + \dfrac{Q_A}{\alpha^3 EI} D_2 \right) \\ M_y = \alpha^2 EI\left(x_A A_3 + \dfrac{\varphi_A}{\alpha} B_3 + \dfrac{M_A}{\alpha^2 EI} C_3 + \dfrac{Q_A}{\alpha^3 EI} D_3 \right) \\ Q_y = \alpha^3 EI\left(x_A A_4 + \dfrac{\varphi_A}{\alpha} B_4 + \dfrac{M_A}{\alpha^2 EI} C_4 + \dfrac{Q_A}{\alpha^3 EI} D_4 \right) \\ \sigma_y = myx \end{cases} \qquad (7.57)$$

式中，E 为桩的弹性模量（kPa）；I 为桩的截面惯性矩（m⁴）；α 为桩的变形系数（m⁻¹）；x_y 为嵌固段桩身任意截面变位（m）；φ_y 为嵌固段桩身任意截面转角（rad）；M_y 为嵌固段桩身任意截面弯矩（kN·m）；Q_y 为嵌固段桩身任意截面剪力（kN）；x_A 为预应力桩滑面处桩的变位（m）；φ_A 为预应力桩滑面处桩的转角（rad）；M_A 为预应力桩滑面处桩的弯矩（kN·m）；Q_A 为预应力桩滑面处桩的剪力（kN）；m 为水平方向弹性系数随深度变化的比例系数。

参数 $A_1 \sim A_4$、$B_1 \sim B_4$、$C_1 \sim C_4$、$D_1 \sim D_4$ 为随桩的换算深度影响的函数值，可通过"m"法的系数表查得。

（1）桩底为固定端。

设桩底的位移为 x_B，转角为 φ_B，弯矩为 M_B，剪力为 Q_B，当 $x_B = \varphi_B = 0$，$M_B \neq 0$，$Q_B \neq 0$ 时，代入式（7.49）联立求解得

$$\begin{cases} x_A = \dfrac{M_A}{\alpha^2 EI} \times \dfrac{B_1 C_2 - C_1 B_2}{A_1 B_2 - B_1 A_2} + \dfrac{Q_A}{\alpha^3 EI} \times \dfrac{B_1 D_2 - D_1 B_2}{A_1 B_2 - B_1 A_2} \\ \varphi_0 = \dfrac{M_A}{\alpha EI} \times \dfrac{C_1 A_2 - A_1 C_2}{A_1 B_2 - B_1 A_2} + \dfrac{Q_A}{\alpha^2 EI} \times \dfrac{D_1 A_2 - A_1 D_2}{A_1 B_2 - B_1 A_2} \end{cases} \quad (7.58)$$

（2）桩底为铰支端。

当 $x_B = M_B = 0$，$\varphi_B \neq 0$，$Q_B \neq 0$ 时，代入式（7.49）联立求解得

$$\begin{cases} x_A = \dfrac{M_A}{\alpha^2 EI} \times \dfrac{C_1 B_3 - B_1 C_3}{B_1 A_3 - A_1 B_3} + \dfrac{Q_A}{\alpha^3 EI} \times \dfrac{D_1 B_3 - B_1 D_3}{B_1 A_3 - A_1 B_3} \\ \varphi_A = \dfrac{M_A}{\alpha EI} \times \dfrac{A_1 C_3 - C_1 A_3}{B_1 A_3 - A_1 B_3} + \dfrac{Q_A}{\alpha^2 EI} \times \dfrac{A_1 D_3 - D_1 A_3}{B_1 A_3 - A_1 B_3} \end{cases} \quad (7.59)$$

（3）桩底为自由端。

当 $Q_B = M_B = 0$，$x_B \neq 0$，$\varphi_B \neq 0$ 时，代入式（7.49）联立求解得

$$\begin{cases} x_A = \dfrac{M_A}{\alpha^2 EI} \times \dfrac{B_3 C_4 - C_3 B_4}{A_3 B_4 - B_3 A_4} + \dfrac{Q_A}{\alpha^3 EI} \times \dfrac{B_3 D_4 - B_4 D_3}{A_3 B_4 - B_3 A_4} \\ \varphi_A = \dfrac{M_A}{\alpha EI} \times \dfrac{C_3 A_4 - A_3 C_4}{A_3 B_4 - B_3 A_4} + \dfrac{Q_A}{\alpha^2 EI} \times \dfrac{D_3 A_4 - A_3 B_4}{A_3 B_4 - B_3 A_4} \end{cases} \quad (7.60)$$

根据上述三种不同条件，可以计算出不同桩底条件的变形和内力。

2. "K" 法内力与变形计算

同 "m" 法计算方法，运用数学初参数解法推导嵌固段任意截面的变位和内力，从计算式可知 "K" 法主要用于土体抗力呈矩形变化规律的形式。

$$\begin{cases} x_y = x_A \varphi_1 + \dfrac{\varphi_A}{\beta} \varphi_2 + \dfrac{M_A}{\beta^2 EI} \varphi_3 + \dfrac{Q_A}{\beta^3 EI} \varphi_4 \\ \varphi_y = \beta \left(-4 x_A \varphi_4 + \dfrac{\varphi_A}{\beta} \varphi_1 + \dfrac{M_A}{\beta^2 EI} \varphi_2 + \dfrac{Q_A}{\beta^3 EI} \varphi_3 \right) \\ M_y = \beta^3 EI \left(-4 x_A \varphi_3 - 4 \dfrac{\varphi_A}{\beta} \varphi_4 + \dfrac{M_A}{\beta^2 EI} \varphi_1 + \dfrac{Q_A}{\beta^3 EI} \varphi_2 \right) \\ Q_y = \beta^3 EI \left(-4 x_A \varphi_2 - 4 \dfrac{\varphi_A}{\beta} \varphi_3 - 4 \dfrac{M_A}{\beta^2 EI} \varphi_4 + \dfrac{Q_A}{\beta^3 EI} \varphi_1 \right) \\ \sigma_y = K x_y \end{cases} \quad (7.61)$$

式中，φ_1、φ_2、φ_3、φ_4 为 "K" 的换算影响系数。

（1）桩底为固定端。

当 $x_B = \varphi_3 = 0$ 时，代入式（7.52）联立求解得

$$\begin{cases} x_A = \dfrac{M_A}{\beta^2 EI} \times \dfrac{\varphi_2^2 - \varphi_1\varphi_3}{4\varphi_4\varphi_2 + \varphi_1^2} + \dfrac{Q_A}{\beta^3 EI} \times \dfrac{\varphi_2\beta_3 - \varphi_1\varphi_4}{4\varphi_4\varphi_2 + \varphi_1^2} \\ \varphi_A = \dfrac{M_A}{\beta EI} \times \dfrac{\varphi_1\varphi_2 + 4\varphi_3\varphi_4}{4\varphi_4\varphi_2 + \varphi_1^2} - \dfrac{Q_A}{\beta^2 EI} \times \dfrac{\varphi_1\varphi_3 + 4\varphi_4^2}{4\varphi_4\varphi_2 + \varphi_1^2} \end{cases} \quad (7.62)$$

（2）桩底为铰支端。

当 $x_B = M_B = 0$，$\varphi_B \neq 0$，$Q_B \neq 0$ 时，代入式（7.52）联立求解得

$$\begin{cases} x_A = \dfrac{M_A}{\beta^2 EI} \times \dfrac{4\varphi_3\varphi_4 + \varphi_1\varphi_2}{4\varphi_2\varphi_3 - 4\varphi_1\varphi_4} + \dfrac{Q_A}{\beta^3 EI} \times \dfrac{4\varphi_4^2 + \varphi_2^2}{4\varphi_2\varphi_3 - 4\varphi_1\varphi_4} \\ \varphi_A = -\dfrac{M_A}{\beta EI} \times \dfrac{\varphi_1^2 + 4\varphi_3^2}{4\varphi_2\varphi_3 - 4\varphi_1\varphi_4} - \dfrac{Q_A}{\beta^2 EI} \times \dfrac{4\varphi_3\varphi_4 + \varphi_1\varphi_2}{4\varphi_2\varphi_3 - 4\varphi_1\varphi_4} \end{cases} \quad (7.63)$$

（3）桩底为自由端。

当 $Q_B = M_B = 0$，$x_B \neq 0$，$\varphi_B \neq 0$ 时，代入式（7.60）联立求解得

$$\begin{cases} x_A = \dfrac{M_A}{\beta^2 EI} \times \dfrac{4\varphi_4^2 + \varphi_1\varphi_3}{4\varphi_3^2 - 4\varphi_2\varphi_4} + \dfrac{Q_A}{\beta^3 EI} \times \dfrac{\varphi_2\varphi_3 - \varphi_1\varphi_4}{4\varphi_3^2 - 4\varphi_2\varphi_4} \\ \varphi_A = -\dfrac{M_A}{\beta EI} \times \dfrac{4\varphi_3\varphi_4 + \varphi_1\varphi_2}{4\varphi_3^2 - 4\varphi_2\varphi_4} - \dfrac{Q_A}{\beta^2 EI} \times \dfrac{\varphi_2^2 - \varphi_1\varphi_3}{4\varphi_2\varphi_4} \end{cases} \quad (7.64)$$

根据上述三种不同条件，可以计算出不同桩底条件的变形和内力。

第8章 竖向预应力锚索抗滑桩受荷性能模型试验

国内外学者的研究主要是基于矩形竖向预应力抗滑桩的理论计算和模型试验分析，未能解决梯形断面竖向预应力锚索抗滑桩的实测力学性能和破坏形式及土拱效应等试验问题。为探讨其受力性能和结构特征，通过梯形抗滑桩和矩形抗滑桩模型的水平推力试验和三维土拱效应试验进一步探讨[6, 31, 32]。

8.1 试验设计

本书将梯形竖向预应力锚索抗滑桩和普通混凝土矩形抗滑桩作为研究对象，通过水平推力试验和三维土拱效应试验，分析受力性能和破坏形态及土拱效应的特征；同时，在梯形抗滑桩试验的基础上，确定梯形断面预应力锚索抗滑桩的安全系数，分析梯形抗滑桩和矩形抗滑桩的受压性能，推导梯形抗滑桩破坏面的计算公式，揭示梯形桩桩间土拱效应的变化规律。

8.2 水平推力模型试验

8.2.1 试验

1. 主要试验设备

1) 数据采集仪

试验采用 JM3812 多功能静态测试仪作为数据收集处理的设备（图 8.1），系统基于低功耗设计，内置高容量的锂电池，无线遥测静态应变，由设定的采集频率通过计算机自动控制测量，所有操作的信号处理通过计算机转换完成。

采用应变片作为测量应变的元件（图 8.2），在梯形和矩形抗滑桩桩体分别粘贴足量的应变片用于测量桩身应变，并通过多功能静态测试仪自动采集数据。

图 8.1　多功能静态测试仪图　　　　图 8.2　应变片

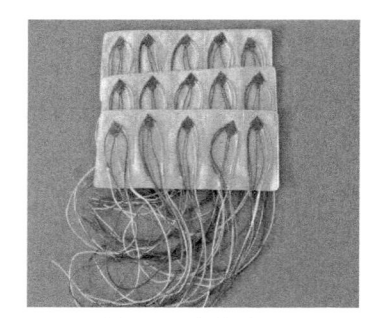

2）张拉设备

为确保预应力张拉具有足够的张拉力，张拉仪采取最大峰值为 800kN 的千斤顶（图 8.3），通过张拉压力表（图 8.4）显示数据对加油和回油的大小进行实时控制，以达到预期精确的张拉效果。

图 8.3　预应力张拉机　　　　图 8.4　预应力张拉压力表

3）加载设备

对抗滑桩施加水平推力（图 8.5），采用规格为 16t 的仪表式油压千斤顶设备，在加载过程中，水平推力值的大小通过仪表显示的数据进行确定。

4）位移测量设备

采用 NTS312B 全站仪（图 8.6），主要用于量测抗滑桩在施加水平推力后的位移变化，在加载过程中，通过仪表显示的数据对水平位移值进行确定。

2. 试验模型设计

梯形断面竖向预应力锚索抗滑桩试件的相关几何参数：试件高度为 150cm，上边宽度为 a=20cm，下边宽度为 b=60cm，梯形断面高度为 h=20cm，试件保护层厚度为 c=3cm（图 8.7）。

从承载力计算上而言，在断面形式较为相似的条件下，混凝土构件对结构承载力的受力影响相比钢筋对结构承载力的受力影响较小，为研究其受压性能

图 8.5　油压千斤顶　　　　　　　图 8.6　全站仪

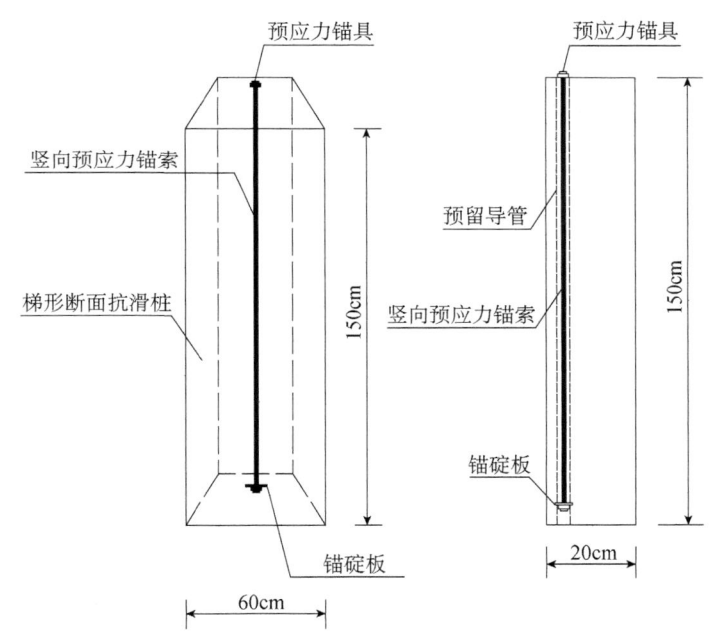

图 8.7　梯形断面竖向预应力锚索抗滑桩

变化程度，且对结构承载力影响不大的情况下，采取以试件断面面积一致的原则，即截面面积和截面高度一致，确定矩形断面抗滑桩试件的相关几何参数：试件高度为 150cm，边长为 a'=40cm，矩形高度为 h'=20cm，试件保护层厚度为 c=3cm（图 8.8）。

对于竖向预应力锚索抗滑桩的模型试验，为确保基础稳定，不发生滑移及脱落现象，将受荷段设计为 100cm，嵌固段埋深为 50cm（图 8.9）。

3. 试验步骤

1）模型制作

由于试验桩桩径较小，梯形桩采用一根直径为 15.2mm 的预应力钢绞线，预

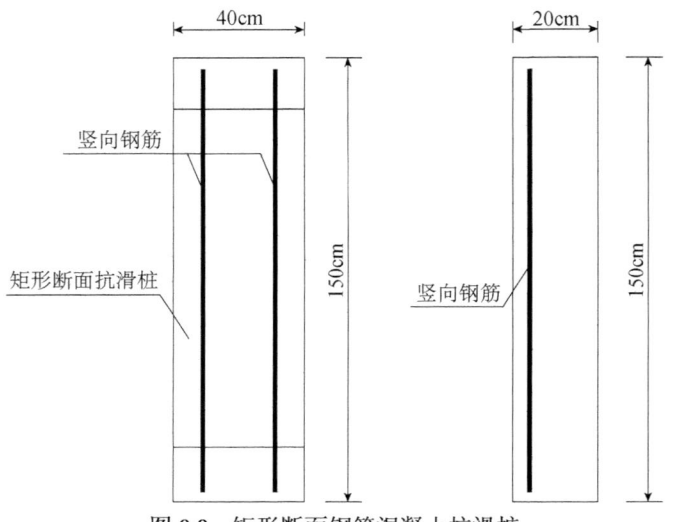

图 8.8　矩形断面钢筋混凝土抗滑桩

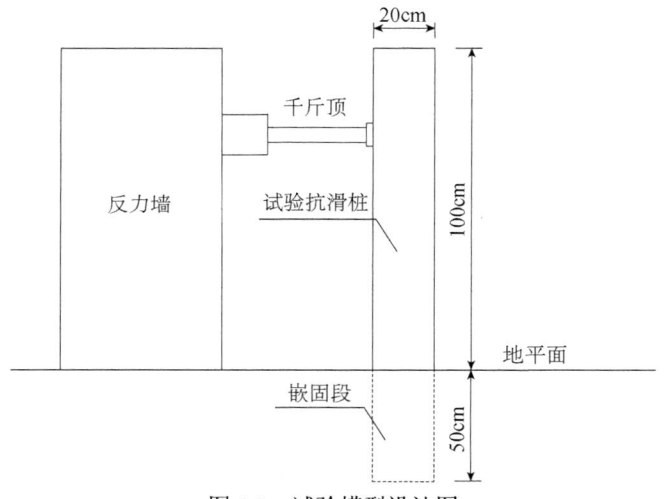

图 8.9　试验模型设计图

留导管采用直径为 35mm 的波纹管，矩形桩采用两根直径为 8mm 的钢筋，试验桩体均采用 C30 混凝土。梯形桩的预应力钢绞线的张拉方法采用后张法，混凝土浇筑模具采用自制木模，相关制作材料的力学参数按照设计规范取值，试验桩的养护时间均为 28d，即完成混凝土浇筑后 28d 进行破坏试验（图 8.10）。

2）测点布置

桩体试件分别布置三块应变片、两个百分表、一个千斤顶。三块应变片均布置于距离桩脚高度为 5cm、32cm 和 59cm 位置处；两个百分表分别布置于

图 8.10 抗滑桩模型样图

距离桩脚高度 68cm 和 34cm 位置处；水平加载千斤顶布置于距离桩脚高度为 70cm 位置处（图 8.11）。

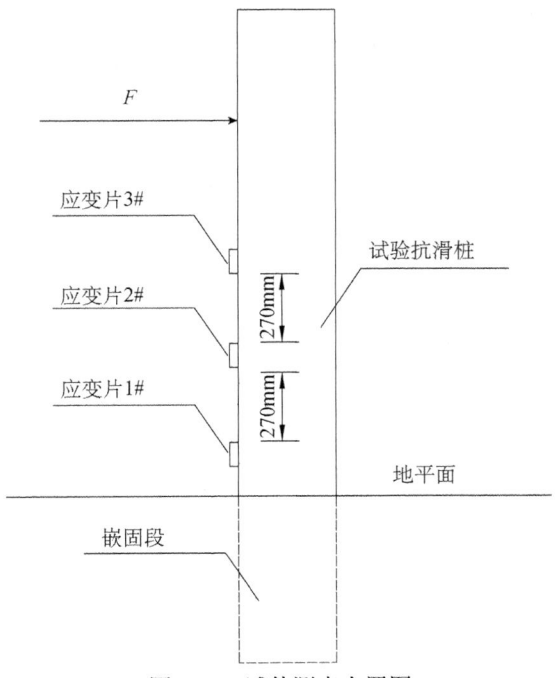

图 8.11 试件测点布置图

4. 加载方式

对该模型试验采用 16t 千斤顶施加水平力，加载方式采用从零到破坏临界点，梯形桩荷载分级为 0→6kN→12kN→18kN→24kN→破坏，矩形断面桩按照 0→4kN→8kN→12kN→16kN→破坏。每级荷载施加完毕后 4min、8min、12min、

16min、20min 各测读一次，待读数基本稳定后进行数据采集，采集完毕后进行下一级加载，即加载至桩体破坏。

8.2.2 推力试验结果对比

通过实测梯形和矩形抗滑桩的位移，梯形抗滑桩在各时程段的位移略低于矩形抗滑桩的位移，证明了梯形抗滑桩的稳定性优于矩形抗滑桩，时间与位移的关系曲线图分布如图 8.12 和图 8.13 所示。

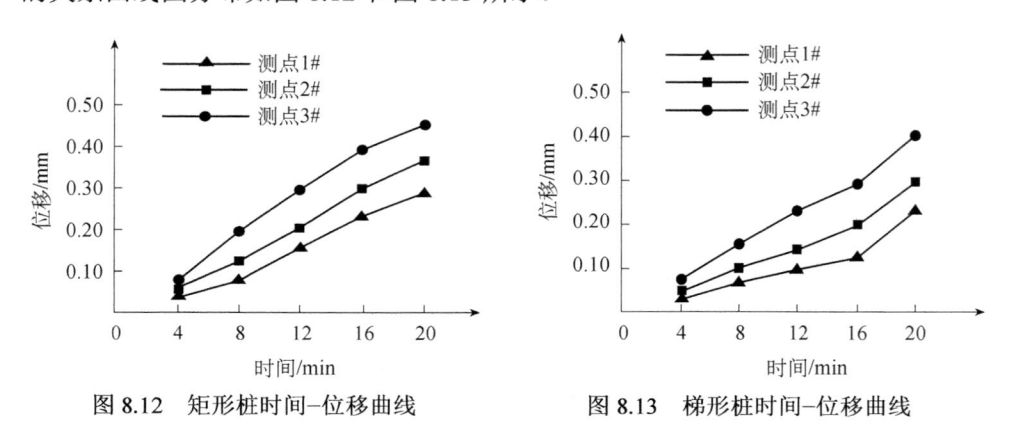

图 8.12 矩形桩时间-位移曲线

图 8.13 梯形桩时间-位移曲线

通过千斤顶逐级加载至试件破坏，梯形桩加载至 15.5kN 发生破坏，矩形桩加载至 4.8kN 发生破坏。在桩体破坏之前，桩体随外力增加的过程中，矩形抗滑桩和梯形竖向预应力抗滑桩应变值的函数关系近似呈线性递增，当抗滑桩的受荷段达到破坏值时，应变值近似呈曲线型突增（图 8.14 和图 8.15）。

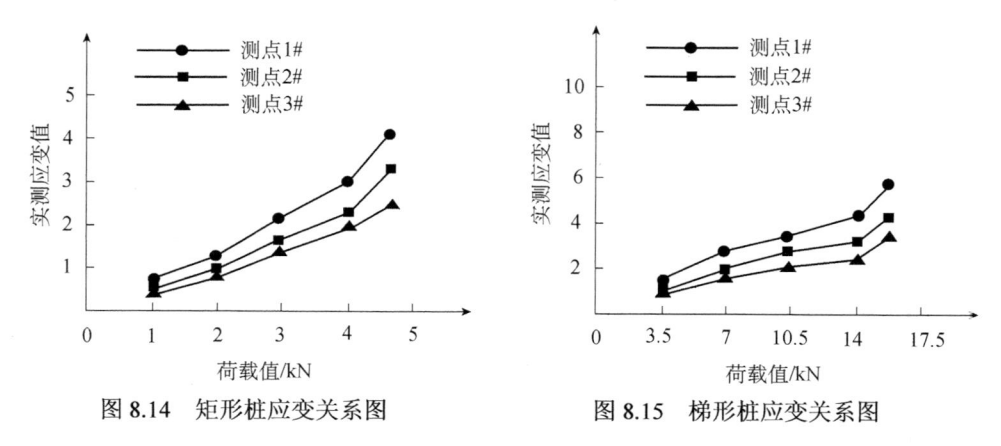

图 8.14 矩形桩应变关系图

图 8.15 梯形桩应变关系图

按以上实测值结合试验桩的特性进行弯矩值计算，因桩底嵌固于地面，且不受桩后外力的影响，所以计算受力时按照悬臂梁计算。通过受荷段高度位置和外荷载的取值进行弯矩计算，矩形抗滑桩和梯形抗滑桩的弯矩分布形式如图 8.16 和图 8.17 所示。

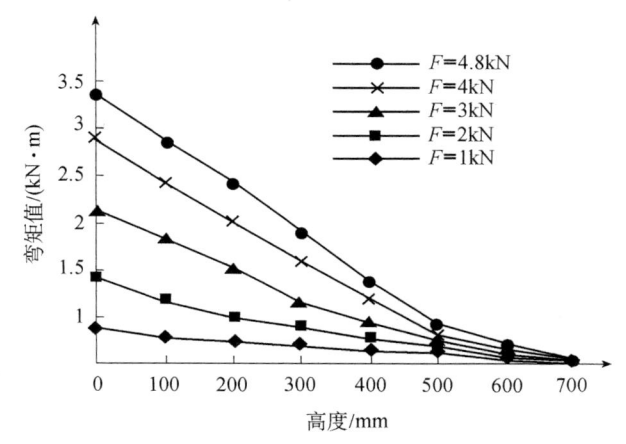

图 8.16 矩形桩弯矩分布图

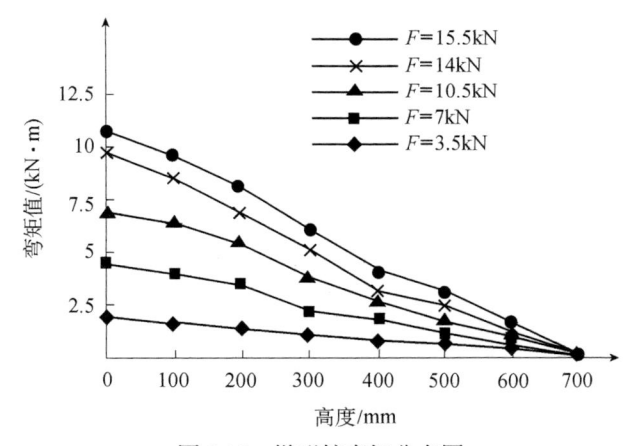

图 8.17 梯形桩弯矩分布图

由以上试验值分析可知，在试验桩断面面积相同及钢筋公称面积近似相同条件下，梯形断面竖向预应力抗滑桩和矩形断面抗滑桩的弯矩值会随着桩前外力的逐级增加而递减，两者呈现的变化规律雷同，即桩身弯矩近似呈线性关系递减。从受荷能力上可得出，梯形断面竖向预应力锚索抗滑桩的受力性能远高于矩形断面抗滑桩的受力性能，说明了梯形抗滑桩具有承受更大滑坡推力的承载能力。

8.2.3 破坏性对比

当梯形断面竖向预应力锚索抗滑桩加载至破坏的临界点时，桩身底部出现受拉造成的断面局部裂纹，即桩前受荷面呈缝隙破裂，桩侧面局部破裂；而矩形断面抗滑桩加载至破坏的临界点时，桩身底部出现受荷面和桩侧面相互贯通的裂缝，如图 8.18 和图 8.19 所示。

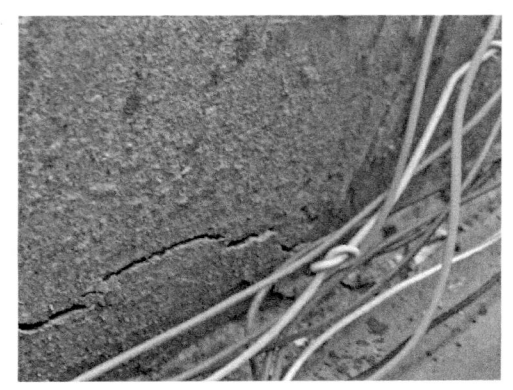

图 8.18　梯形抗滑桩裂缝

图 8.19　矩形抗滑桩裂缝

根据梯形和矩形抗滑桩破坏面裂缝的实测数据，在横断面积相同的条件下进行比较，梯形断面竖向预应力锚索抗滑桩的破坏面积小于矩形断面抗滑桩的破坏面积，且通过计算可得，梯形断面竖向预应力锚索抗滑桩使抗滑桩受压区面积增大了 22.5%。

试验结果表明，梯形断面竖向预应力锚索抗滑桩较矩形抗滑桩有更好的抗拉能力；同时从破坏形式上可知，当梯形桩破坏时，由于受预应力锚索张拉力的影响，梯形抗滑桩的断裂形态并非瞬间完全失效，相比矩形抗滑桩更加有利于安全保证。

8.3 三维土拱效应模型试验

8.3.1 三维试验结果对比

为研究试验桩的矩形抗滑桩和梯形抗滑桩土拱效应的作用效果，本书分别通过 ANSYS 有限元分析软件建立两种抗滑桩的三维土拱模型并将应力分布作对比；其中，滑坡推力取 4kN，内摩擦角 φ 取 30°，黏聚力取 20kPa，桩间距均取 80cm。

试验的目的是研究桩侧面对桩间土拱的影响，因此，从土拱效应的三维模拟效果云图上可看出，采用与试验模型的相关参数相同的条件，矩形和梯形的桩间土拱是存在的；同时，由图 8.20 和图 8.21 对比分析可知，梯形桩所演示的深绿色应力场较矩形桩范围更大，显示出梯形桩的土拱效应更明显，而矩形桩相对较弱，但从梯形抗滑桩的云图上发现，试验桩桩侧角度为 45°时，土拱作用尚未发挥到最佳；因此，在保持参数恒定的情况下，通过梯形抗滑桩侧角度数的变化对土拱效应的影响作进一步探讨。

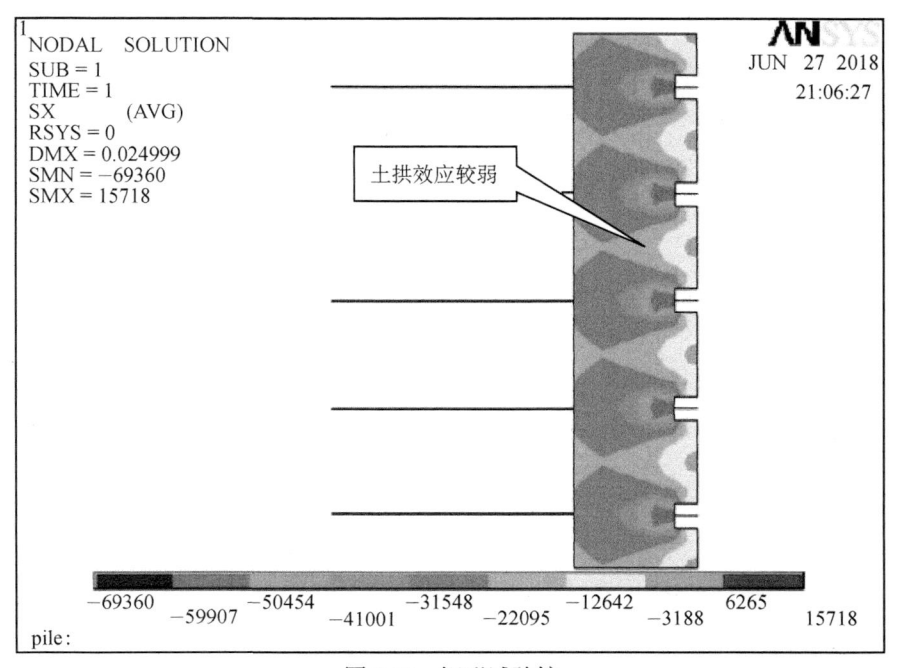

图 8.20 矩形试验桩

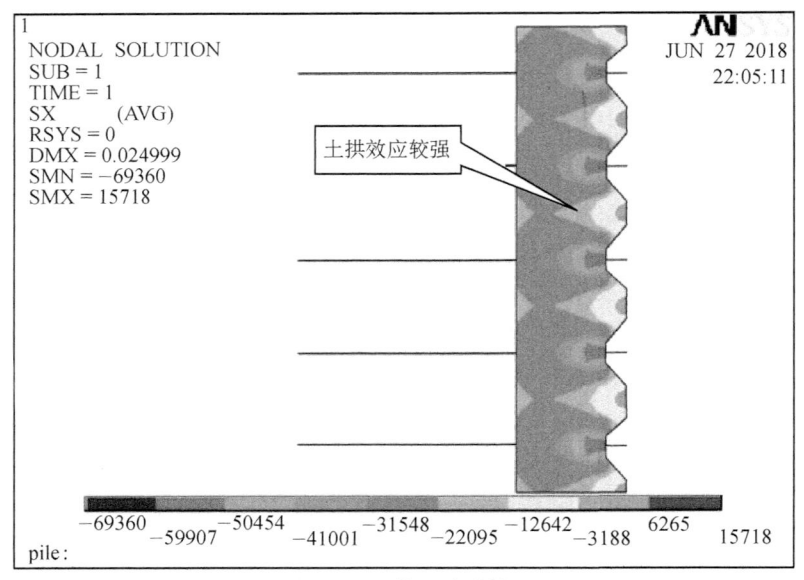

图 8.21　梯形试验桩

8.3.2　梯形断面角度与土拱效应

为分析梯形抗滑桩桩侧角 θ 的不同取值对桩间土拱效应的影响，在以下图像的数值分析中，假定其他参数不变的条件下，桩侧角从 30°～80° 由小逐渐变大，以此探讨梯形抗滑桩土拱效应的变化规律。通过水平应力模拟，得到六种工况下的土拱效应水平应力变化云图，如图 8.22～图 8.27 所示。

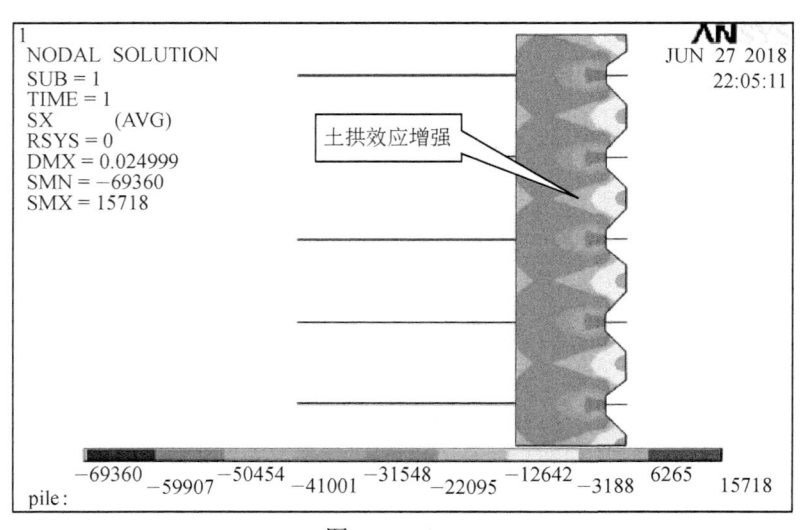

图 8.22　θ=30°

图 8.23　$\theta=40°$

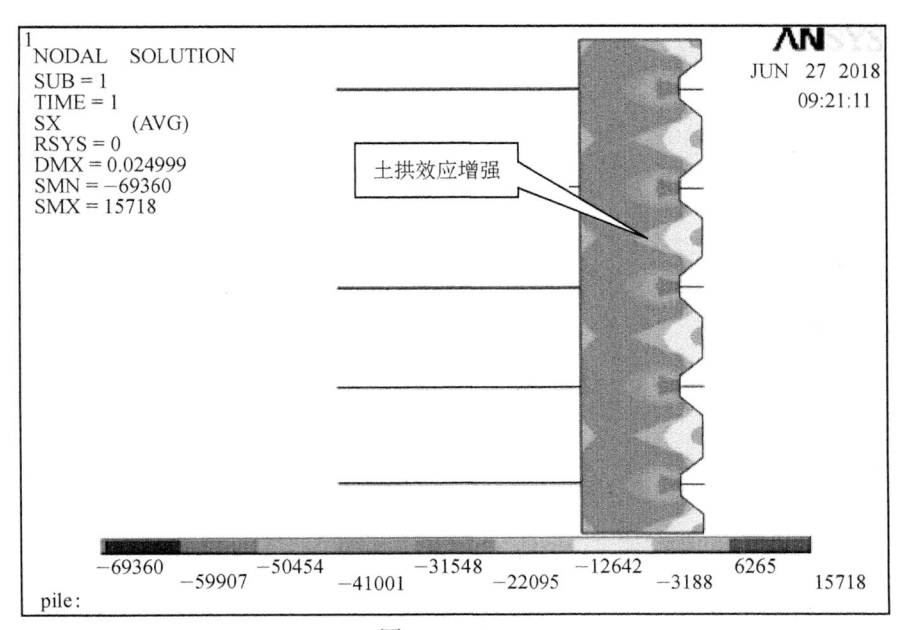

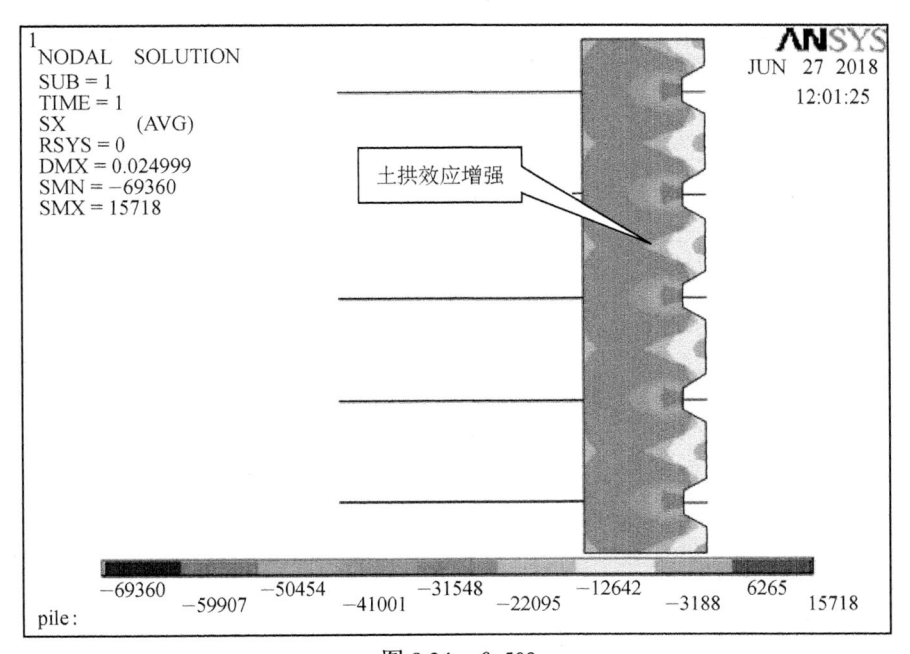

图 8.24　$\theta=50°$

图 8.25　$\theta=60°$

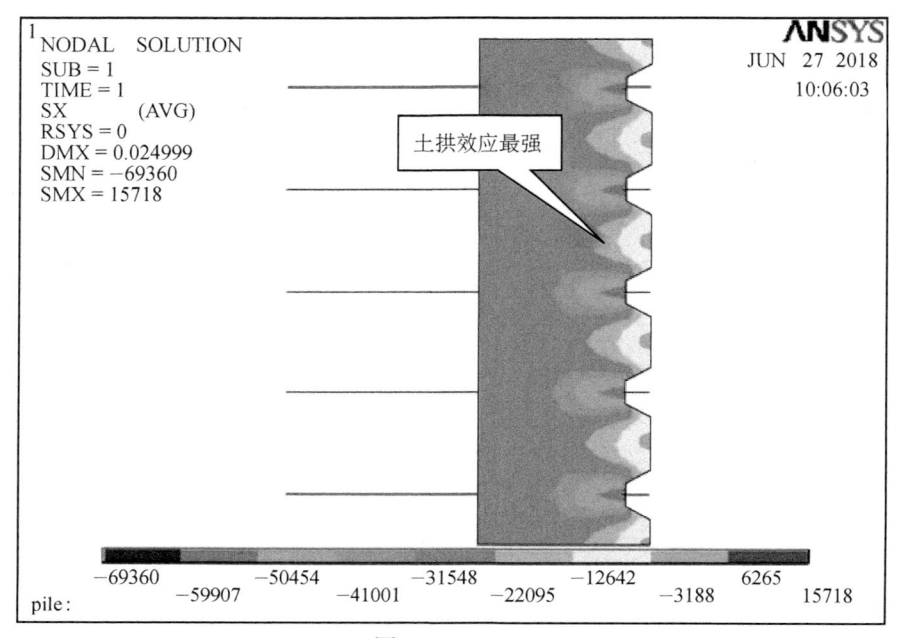

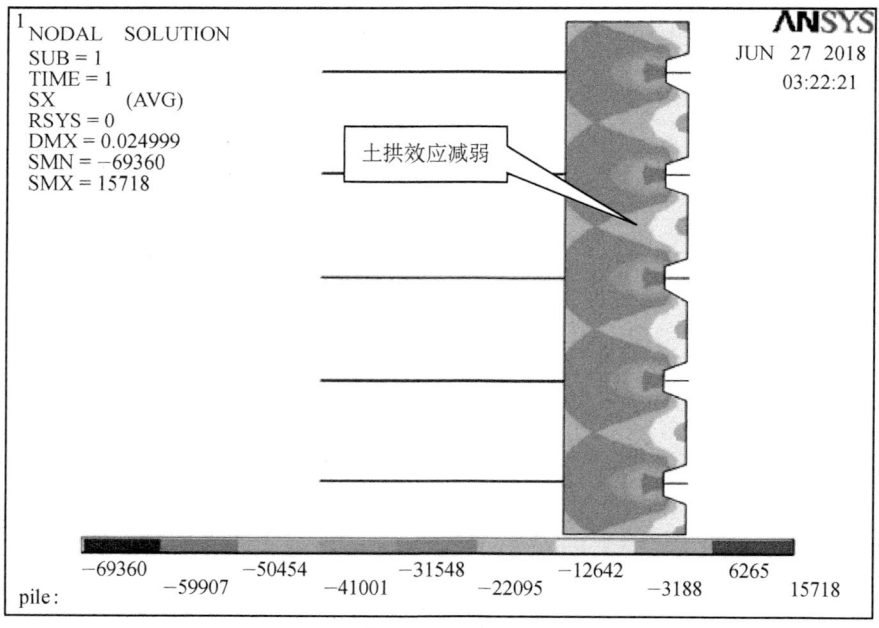

图 8.26　$\theta=70°$

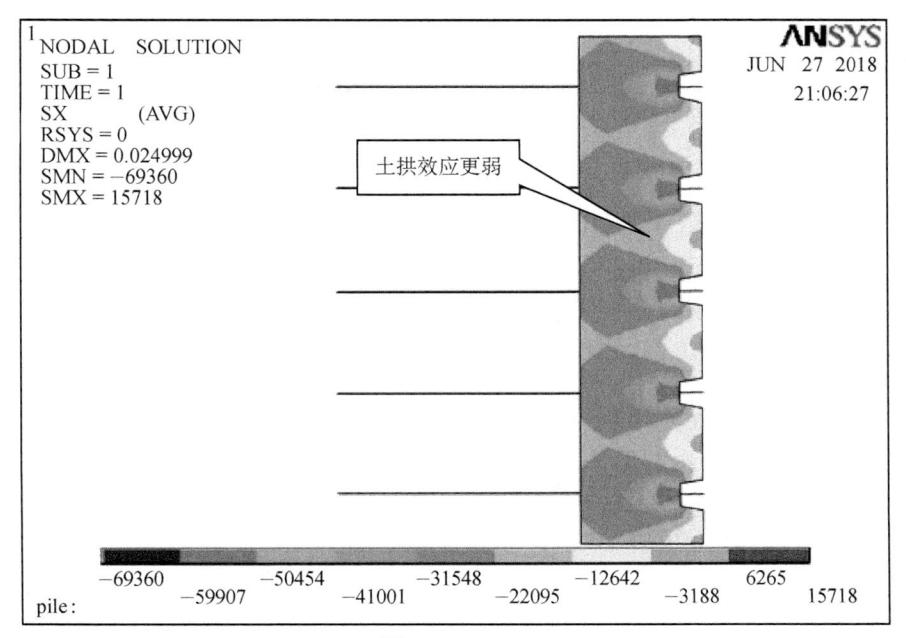

```
1                                                              ANSYS
 NODAL   SOLUTION
 SUB = 1                                                  JUN  27 2018
 TIME = 1                                                     21:06:27
   SX      (AVG)
 RSYS = 0
 DMX = 0.024999                          土拱效应更弱
 SMN = −69360
 SMX = 15718
```

```
       −69360        −50454       −31548      −12642      6265
pile:         −59907        −41001      −22095      −3188     15718
```

图 8.27　$\theta=80°$

由图 8.22～图 8.27 可知桩间土拱应力的变化过程分析如下：

（1）当 $\theta=30°\sim60°$ 变化时。

由图 8.22～图 8.24 可以看出，随着梯形桩侧角度的增加，桩后截面与滑坡推力相互作用的应力逐渐集中，土的压力逐渐变大，土拱的高度亦逐渐提高。说明了侧角增加的角度使"楔紧"现象越发明显，桩侧角产生的分力增强了单位土体间的压力使得土拱作用效果更好，即桩间的土拱效应逐渐增强。

（2）当 $\theta=60°$ 变化时。

在六个应力云图中，图 8.25 与其余应力云图相比较，其应力作用最强，土的压力亦较强。说明了"楔紧"程度发挥到了较好状态，桩侧角产生的分力得到较大程度的发挥，即桩间的土拱效应为较佳效果。

（3）当 $\theta=60°\sim80°$ 变化时。

由图 8.26 和图 8.27 可知，随着梯形桩侧角度的减小，桩后土体的集中应力逐渐变弱，土的压力亦逐渐变小，土拱的高度降低。说明了土拱的密度逐渐开始松散，侧角度减小使桩侧反作用分力逐渐偏离土拱传递作用力的方向，即桩间的土拱效应逐渐减弱。

由土拱应力变化过程可以得出，梯形抗滑桩随桩侧角度增加的一定范围内，土拱效应的作用也逐步增加，当达到一定值时土拱效应发挥至最佳效果，再继续增加角度时，土拱效应的作用逐渐减小；同时，从桩侧角度的变化范围对土拱作用效果的影响而言，在最佳效果前角度对土拱的受力影响低于最佳效果后角度对土拱的受力影响。

8.4 抗滑桩安全性

该试验是基于未考虑材料缺陷、制作工艺、加载偏差等影响因数进行的破坏试验，通过承载力的实测值与理论计算值的偏差，确定安全系数的取值。

8.4.1 矩形截面试验桩承载力

设 T 为矩形抗滑桩理论承载力，H' 为外力与地面的高度，钢筋抗拉设计强度取 R_g=300N/mm^2，钢筋公称面积总和取 A_s=100.48mm^2，混凝土轴心抗压设计强度取 R_a=14.3MPa，根据受拉区与受压区力学平衡关系，可得受压区高度 x 为

$$x = \frac{R_g A_s}{R_a h'} \tag{8.1}$$

弯矩为

$$M = R_a a' x \left(h' - c - \frac{x}{2} \right) \tag{8.2}$$

承载力为

$$T = \frac{M}{H'} \tag{8.3}$$

8.4.2 梯形截面试验桩承载力

设 T' 为梯形抗滑桩理论承载力，预应力锚索设计值取 N_t=181kN，e_p 为偏心距，根据外力弯矩与预应力产生的弯矩平衡，有

$$T' = \frac{N_t e_p}{H'} \tag{8.4}$$

梯形重心 y 计算公式为

$$y = \frac{h}{3} \cdot \frac{2a+b}{a+b} \tag{8.5}$$

偏心距 e_p 为

$$e_p = h - y - c \tag{8.6}$$

以上计算可得出矩形和梯形抗滑桩的理论承载力计算值（表 8.1）。

表 8.1 实测承载力与理论承载力计算值对比 （单位：kN）

抗滑桩形式	试验值	理论值	偏差/%
梯形	15.5	21.1	26.7
矩形	4.8	7.1	32.3

8.4.3 安全系数取值

按照试验的实测值可计算得出梯形抗滑桩安全系数为 1.27，矩形抗滑桩安全系数为 1.32，梯形桩的安全系数相对较低，说明梯形抗滑桩无需更多的安全系数值来弥补计算偏差存在的不足，从而更加节省造价成本，同时也可推断，当安全系数一定时，梯形抗滑桩相比矩形抗滑桩更有利于安全稳定。在此，将取值与各行业设计规范进行比较（表 8.2）。

表 8.2 相关安全系数设计规范对比

梯形试验值	矩形试验值	建筑工程标准	公路工程标准	水利工程标准	岩土工程标准	西方国家标准
1.27	1.32	1.35	1.20~1.30	1.25~1.30	1.30~1.50	1.50

可看出按西方国家设计标准安全系数值最大，按公路工程设计标准安全系数值最小，而本书试验所得的安全系数值处于较为合理范围之内。对于工程实际情况而言，安全系数过小不安全，过大易造成工程造价高，所以鉴于各个行业的安全系数值，从既不构成安全隐患为前提，又不造成资源浪费等方面综合考虑，建议安全系数在 1.27~1.35 区间范围内进行取值（表 8.3）。

表 8.3 梯形抗滑桩安全系数取值

抗滑桩形式	临时工程	永久工程
梯形	1.27~1.30	1.30~1.35

8.5 抗滑桩破坏规律

混凝土具有抗压不抗拉的力学性质，通过理论计算受拉区域的影响范围，结合实际极限条件下的破坏面积大小进行分析，建立理论和实测计算模型，探讨断面受拉区与破坏面之间的关系，并推导破坏面的计算公式，为破坏区域的预判和加筋布置范围提供参考。

8.5.1 理论计算

建立受拉区理论面积计算模型（图 8.28），S_1 为受拉区面积，S_2 为受压区面积；R_a 为混凝土轴心抗压设计强度，取 14.3MPa，R_y 为预应力钢绞线抗拉设计强度，取 1860MPa，A_y 为预应力钢绞线的公称面积，取 139mm²。

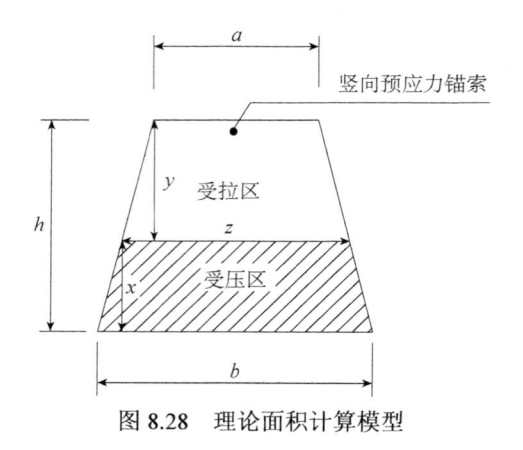

图 8.28 理论面积计算模型

根据理论计算模型推导出如下关系式，即受压区面积：

$$S_2 = \frac{A_y R_y}{R_a} \tag{8.7}$$

受拉区断面面积：

$$S_1 = S - S_2 \tag{8.8}$$

有关系式：

$$\begin{cases} (a+z) \cdot (h-x) = 2S_1 \\ (z+b)x = 2S_2 \end{cases} \tag{8.9}$$

受拉区断面高度：

$$y = h - x \tag{8.10}$$

把式（8.7）和式（8.8）计算值代入二元二次方程联立式（8.9）求解取正值，再代入式（8.10），解得理论计算值：S_1=0.062m²，S_2=0.018m²，x=0.03m，y=0.17m。

8.5.2 试验观测

建立实测破坏面积计算模型图（如图 8.29 所示），将破坏线近似看作为一条直线，梯形抗滑桩的桩侧破坏线用 L_{AB} 表示，L_{AD} 为地平面的垂直线，L_{CD} 为试验破坏的受拉区断面高度且用 y' 表示，通过试验实测结果 L_{AB}=0.24m，$α$=39°，因试验模型为等腰梯形，所以有 $β$=45°。

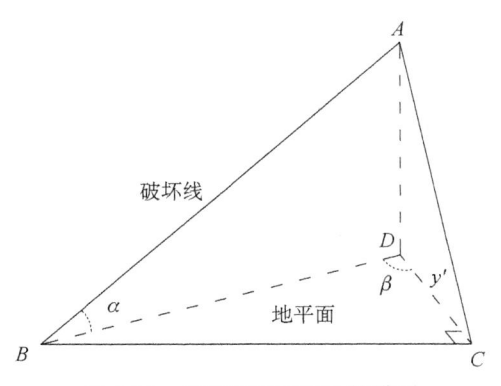

图 8.29　实测破坏面积计算模型

根据实测计算模型推导出如下关系式，即受压区高度：

$$y' = L_{AB} \cos\alpha \cos\beta \tag{8.11}$$

设 S_1' 为受拉区断面面积，有

$$S_1' = \left(a + \frac{y'}{\sin\beta}\right) y' \tag{8.12}$$

把式（8.11）计算值代入式（8.12）解得实测值：y'=0.13m，S_1'=0.05m²。

8.5.3　破坏面计算

介于以上受拉区面积以及受拉区断面高度的理论计算和实测结果，设受拉区面积关系系数为 δ' 和断面高度关系系数为 δ，可得 $\delta'=S_1'/S_1=0.81$，$\delta=y'/y=0.76$；设破坏面面积为 A_s，将 δ' 代入式（8.7）和式（8.8），则可推导出如下计算公式：

$$A_s = \delta' \left[\frac{(a+b)h}{2} - \frac{A_y R_y}{R_a} \right] \tag{8.13}$$

计算破坏面断面的高度，若通过方程式（8.9）进行计算，则其推导出的计算公式较为复杂，为方便学者们参考，引入梯形抗滑桩的桩侧角度 θ 推导出相对简化的计算公式；设破坏断面高度为 H_s，将 δ 代入式（8.7）和式（8.8），结合桩侧角度 θ 与受拉区高度的关系建立方程，则可推导出如下计算公式：

$$H_s = \delta \cdot \frac{\sqrt{a^2 + 4(\tan\theta)^{-1}\left[\frac{(a+b)h}{2} - \frac{A_y - R_y}{R_a}\right]} - a}{2(\tan\theta)^{-1}} \tag{8.14}$$

8.5.4 正确性验证

通过回归公式与试验实测数据进行比较，对计算公式进行正确性验证，将已知试验设计尺寸和材料性能取值分别代入式（8.13）和式（8.14），得到 $A_s=0.05\text{m}^2$，$H_s=0.13\text{m}$，试验测试值与公式计算值相符，说明计算公式具有正确性；同时，由破坏面计算公式可以判断：当工程材料的性能一定时，破坏面积的大小与断面设计尺寸的大小成正比，反之，当断面设计尺寸一定时，破坏面积随工程材料性能增强而减小。

第 9 章　结构设计与施工

9.1　桩体结构设计

9.1.1　断面尺寸

在设计梯形抗滑桩宽度时，若设计断面较小，则不满足设计承载力的要求，即滑坡推力得不到抵消，若设计断面过大又不经济。陈涛和陈洪凯研究表明[5]，抗滑桩宽度与桩间距成正比，在桩间净距恒定时，桩间土拱的承载能力随抗滑桩宽度的增加而递增；达到一定值时，递增的斜率逐渐减小，说明抗滑桩随宽度的增加对抗滑桩承载能力的影响逐渐减小，增加宽度所带来的承载能力的提升远不及桩间净距对承载能力的影响大。

与此同时，断面设计尺寸（图 9.1）还与桩位的布置情况、受力筋的配置等有关系，基于以上宽度参数对承载力、设计布置的影响综合分析，结合以往设计的成功案例，本书建议梯形竖向预应力锚索抗滑桩的迎荷面桩后设计宽度一般在 a=1.5～2.5m 范围内进行取值，断面高度在 h=2.0～4.0m 范围内进行取值。关于桩侧角度 θ 问题的取值，本书需结合土拱效应在第 4 章进行分析后取值。

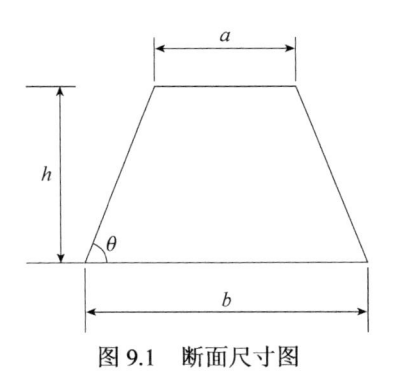

图 9.1　断面尺寸图

由于梯形抗滑桩的受压区计算与桩前宽度 b 有关，所以引入桩后宽度 a、截面高度 h、桩侧角 θ 与桩前宽度的关系式，结合以上尺寸范围的取值可以推算出

桩前宽度 b 的取值范围为

$$b = 1.5 + 4\cot\theta \sim 2.5 + 8\cot\theta \tag{9.1}$$

9.1.2 梯形截面分区线

混凝土具有抗压不抗拉的力学性质，从工程实际情况而言，除超筋设计结构外，受拉破坏远大于受压破坏，梯形抗滑桩的主要受力位于受拉区，从其破坏步骤上看，绝大部分是受拉区先行破坏，所以受力筋的布置范围控制在受拉区范围内较为合理。因此，计算受拉区和受压区的分区线位置，确定钢筋布置的范围具有研究意义。

以竖向预应力锚索结构为例推导受拉区的计算公式，建立受拉区理论面积计算模型（如图 9.2 所示），S_1 为受拉区面积，S_2 为受压区面积，S' 为梯形断面面积；R_a 为混凝土轴心抗压设计强度，R_y 为预应力钢绞线抗拉设计强度，A_y 为预应力钢绞线的公称面积。

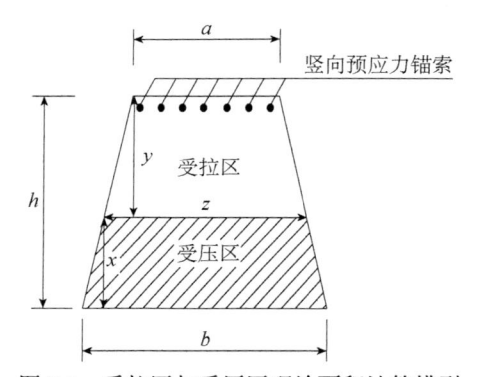

图 9.2 受拉区与受压区理论面积计算模型

根据理论计算模型推导出如下关系式，即受压区面积：

$$S_2 = \frac{A_y R_y}{R_a} \tag{9.2}$$

受拉区断面面积：

$$S_1 = S' - S_2 \tag{9.3}$$

有关系式：

$$\begin{cases} \dfrac{(a+z)(h-x)}{2} = S_1 \\ \dfrac{(z+b)x}{2} = S_2 \end{cases} \tag{9.4}$$

受拉区断面高度：

$$y = h - x \tag{9.5}$$

通过式（9.2）、式（9.3）计算值代入二元二次方程联立式（9.4）求解取正值，再代入式（9.5），可推导出受压区的高度计算公式为

$$x = \left[\frac{b^2 h^2 + 2(a-b)hA_y R_y R_a^{-1}}{a^2 - 2ab + b^2} \right]^{\frac{1}{2}} \tag{9.6}$$

受拉区的高度计算公式为

$$y = h - \left[\frac{b^2 h^2 + 2(a-b)hA_y R_y R_a^{-1}}{a^2 - 2ab + b^2} \right]^{\frac{1}{2}} \tag{9.7}$$

因此，为将受力筋的作用发挥合理，受力筋的断面布置高度宜小于受拉区高度 y 值，即在 $0 \sim y$ 之间进行取值。

9.1.3 竖向预应力

梯形断面竖向预应力锚索抗滑桩利用了锚索所产生的负弯矩，增强了桩的抗滑能力。将预应力锚索设置在抗滑桩受拉区，避免了传统预应力锚索在桩外岩土介质里容易受到地下水腐蚀的问题。

1. 预应力损失计算

在施加竖向预应力过程中，由于预应力受张拉、锚固等因数的影响，其效果将随长时间作用而造成预应力损失，因而竖向布置钢绞线产生的预应力减小。就竖向预应力钢绞线而言，其预应力损失通常由四个部分组成：锚具变形引起的钢绞线回缩损失 σ_1、混凝土弹性回缩引起的损失 σ_2、混凝土徐变引起的损失 σ_3、锚固筋松弛引起的损失 σ_4，分别按如下公式计算。

1）预应力损失 σ_1 计算

$$\sigma_1 = E_{cf} \frac{\Delta_a}{l} \tag{9.8}$$

式中，E_{cf} 为钢绞线的弹性模量；l 为钢绞线作用长度；Δ_a 为由锚具之间的滑移量与锚具变形产生的混凝土回缩值，其计算式为

$$\Delta_a = \Delta\varepsilon_{c,\text{avg}} l \tag{9.9}$$

式中，$\Delta\varepsilon_{c,\text{avg}}$ 为放张前后梯形抗滑桩应变的变化值。

2）预应力损失 σ_2 计算

$$\sigma_2 = \frac{N-1}{2N} \frac{E_{cf}}{E_c} \sigma_{pc} \tag{9.10}$$

式中，N 为张拉的次数；E_c 为混凝土的弹性模量；σ_{pc} 为扣除 σ_1 后预应力在梯形抗滑桩重心位置处产生的应力。

3）预应力损失 σ_3 计算

$$\sigma_3 = \frac{0.9[E_{cf}\varepsilon_{sh} + \alpha_{Ecf}\sigma_{pcl}\psi_b(t_f, t_i)]}{1 + 15\rho\rho_{ps}} \tag{9.11}$$

式中，ρ 为受拉钢筋和梯形抗滑桩的有效配筋率，$\rho = \dfrac{A_S + \alpha_{Ecf}A_{cf}}{A_{te}}$；$A_{te}$ 为静截面面积，$\alpha_{Ecf} = E_{cf}/E_s$，$E_s$ 为钢筋弹性模量；i 为断面回转半径，$\rho_{ps} = 1 + \dfrac{e_{cfs}^2}{i^2}$；$e_{cfs}$ 为钢绞线和梯形桩断面重心的距离；σ_{pcl} 为扣除 σ_1 和 σ_2 后预应力和梁自重在梯形抗滑桩重心位置处产生的混凝土预压应力。

4）预应力损失 σ_4 计算

$$\sigma_4 = \frac{(1-\beta)f_{pi}}{100} \tag{9.12}$$

$$\beta = 0.275\frac{f_{pi}}{f_{pu}} - 0.083 \tag{9.13}$$

式中，f_{pi} 为初始应力；f_{pu} 为极限抗拉强度。

据试验和工程实践，预应力损失一般在 20%～25% 范围进行应力控制，则有效预应力计算式为

$$\sigma_{pe} = \sigma_{con} - \sum_{n=1}^{4}\sigma_n \tag{9.14}$$

式中，σ_{pe} 为张拉控制应力值；σ_n 为预应力损失项，$n=1$，2，3，4。

2. 预应力度计算

梯形抗滑桩的竖向预应力是按照混凝土有黏结构造设计的，为了使结构性能达到预期的设计值，选择施加预应力的大小，从而更加合理地确定配筋方式及配筋量；因此，对于梯形断面竖向预应力锚索抗滑桩的预应力度 λ 按如下公式进行计算：

$$\lambda = \frac{\sigma_h}{NA_0^{-1} + Ne_pW_0^{-1}} \tag{9.15}$$

式中，λ 为预应力度；σ_h 为有效预压应力，即在结构底部混凝土应力为零时的减压应力；N 为纵向力标准值；A_0 为换算截面积；e_p 为偏心距；W_0 为换算截面抗裂验算边缘的弹性抵抗矩。

当为无预应力的普通混凝土桩时：
$$\lambda = 0 \tag{9.16}$$
当为全预应力钢筋的混凝土桩时：
$$\lambda = 1 \tag{9.17}$$
当为部分预应力混凝土桩时：
$$0 < \lambda < 1 \tag{9.18}$$

在工程设计中，部分预应力混凝土抗滑桩运用得最为广泛，且根据预应力度与桩体结构裂缝的影响关系，将预应力度分成三个等级：高预应力度为 $\lambda \geq 0.9$，中预应力度为 $0.9 > \lambda \geq 0.6$，低预应力度为 $\lambda < 0.6$。

对梯形断面竖向预应力抗滑桩的锚固段进行设计时，可以根据工程实际情况的不同，通过竖向预应力位置、活荷载、恒荷载等方面的因素，调整桩身结构上的预应力度使其趋于较为合理的范围之内。

9.1.4 主要参数

梯形竖向预应力锚索抗滑桩桩体属于偏心荷载，桩体为竖向预应力锚索结构或竖向预应力锚索与普通钢筋共同结构，均采用偏心预应力布置，即偏心距的计算，因此有必要确定截面的重心位置。对于梯形抗滑桩而言，常规重心计算公式并不实用，因为桩侧角度的取值直接关系到双土拱效应的存在问题，以及形成的土拱直接关系到整体的受力效果，因此角度的取值将是设计的基本参数，所以推导桩侧角与重心的关系式更加有利于设计的合理性。将桩侧角引入后，推导的重心关系式为

$$y_e = \frac{3ah\tan\theta + h^2}{6a\tan\theta + 3h} \tag{9.19}$$

同上缘由，有惯性矩与桩侧角的关系式为

$$I_x = \frac{h^3}{36} \cdot \frac{6a^2\tan^2\theta + 6ah\tan\theta + h^2}{2a\tan^2\theta + h\tan\theta} \tag{9.20}$$

9.2 抗滑桩配筋设计

常规的抗滑桩桩身结构的配筋设计可分为单筋截面配筋和双筋截面配筋。混凝土具有抗压不抗拉的性质，又因梯形竖向预应力锚索抗滑桩相比矩形抗滑桩在截面形式上增大了受压区的面积，同时从受力性能上看更优于矩形抗滑桩，对梯形桩而言双筋截面配筋的意义并不大，以及从工程成本上考虑，所以

梯形桩结构主要以单筋截面配筋设计为主。本书分别对竖向预应力锚索结构、竖向预应力锚索与普通钢筋共同结构两种不同的情况进行配筋计算。

9.2.1 竖向预应力锚索结构设计

在设计桩的配筋时，为将受力筋和箍筋固定在相应位置，并与之连成钢筋整体骨架，从而充分发挥各自力学性能，在梯形竖向预应力锚索抗滑桩四周布置和受力筋同向的架立纵向构造钢筋。一般而言，当抗滑桩桩长小于4m时，梁内架立钢筋的直径宜小于8mm；当抗滑桩桩长为4～6m时，梁内架立钢筋的直径不应小于10mm；当抗滑桩桩长大于6m时，梁内架立钢筋的直径不宜小于12mm（图9.3）。

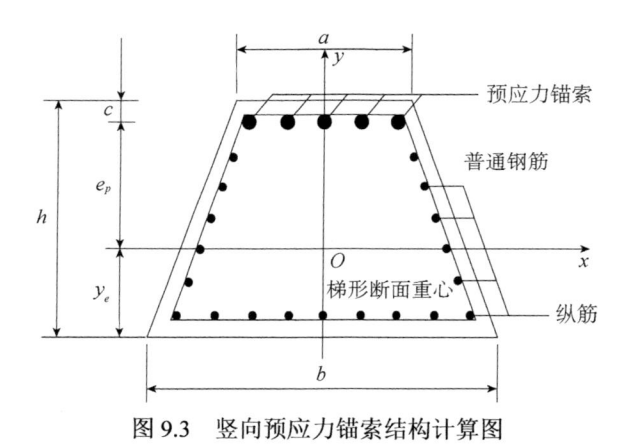

图 9.3 竖向预应力锚索结构计算图

对于滑坡推力较小，可依托一排预应力钢绞线承担滑坡推力的情况，可按竖向预应力锚索结构进行设计，设滑坡推力为 T，可得弯矩 M_0 为

$$M_0 = Th_1(1-i) \tag{9.21}$$

根据弯矩值可得出所需轴力 N_t 为

$$N_t = \frac{Th_1(1-i)}{e_p} \tag{9.22}$$

将预应力损失以 25% 的张拉控制应力进行考虑，所以有效预应力为 $1.25R_y$，根据轴力可得出钢绞线的公称面积总和 A_y：

$$A_y = \frac{Th_1(1-i)}{1.25R_y e_p} \tag{9.23}$$

所需竖向预应力钢绞线根数 n 为

$$n = \frac{A_y}{A_p} \tag{9.24}$$

将重心、保护层厚度、桩侧角、截面高度代入整理后可以得到钢绞线根数计算公式为

$$n = \frac{Th_1(1-i)(6a\tan\theta + 3h)}{1.25R_y A_p (3ah\tan\theta + 2h^2 - 6ca\tan\theta - 3ch)} \tag{9.25}$$

式中，e_p 为预应力钢绞线中心位置的偏心距（mm）；N_t 为轴力（N）；R_y 为钢绞线设计强度标准值（MPa）；A_y 为钢绞线公称面积总和（mm²）；A_p 为 1 根预应力钢绞线的截面面积（mm²）。

9.2.2 竖向预应力锚索与钢筋共同结构设计

对于滑坡推力较大，完全依托一排预应力钢绞线不能满足承担滑坡推力的情况，可按竖向预应力锚索与普通钢筋共同结构进行设计（图 9.4）。

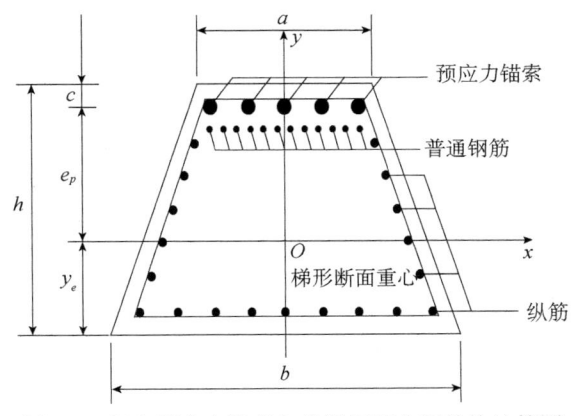

图 9.4 竖向预应力锚索与普通钢筋共同结构计算图

由于预应力锚索与普通钢筋共同构成结构体系，所以将考虑预应力锚索和普通钢筋的受力承担分配问题，本书根据工程实际情况，考虑由竖向预应力锚索承担 30%的滑坡推力，普通钢筋承担 70%的滑坡推力。令 M_p 为滑坡推力产生的弯矩，计算式为

$$M_p = Th_1(1-i) \tag{9.26}$$

预应力承担的弯矩值 M_0 为

$$M_0 = 0.3Th_1(1-i) \tag{9.27}$$

钢筋承担的弯矩值 M_1 为

$$M_1 = 0.7Th_1(1-i) \tag{9.28}$$

所以,所需钢绞线的公称面积总和 A_y 为

$$A_y = \frac{0.3Th_1(1-i)}{1.25R_y e_p} \tag{9.29}$$

同样考虑钢筋总的损失为25%的控制应力,所以,钢筋的公称面积总和 A_g 为

$$A_g = \frac{0.7Th_1(1-i)}{1.25R_g e'_p} \tag{9.30}$$

所需竖向预应力钢绞线根数为

$$n = \frac{A_y}{A_p} \tag{9.31}$$

将重心、保护层厚度、桩侧角、截面高度代入整理后可以得到钢绞线根数为

$$n = \frac{0.3Th_1(1-i)(6a\tan\theta + 3h)}{1.25R_y A_p (3ah\tan\theta + 2h^2 - 6ca\tan\theta - 3ch)} \tag{9.32}$$

所需竖向预应力钢筋根数为

$$n' = \frac{A_g}{A_s} \tag{9.33}$$

将重心、保护层厚度、桩侧角、截面高度代入整理后可以得到钢筋根数计算公式为

$$n' = \frac{0.7Th_1(1-i)(6a\tan\theta + 3h)}{1.25R_g A_s (3ah\tan\theta + 2h^2 - 6ca\tan\theta - 3ch - 6c'a\tan\theta - 3c'h)} \tag{9.34}$$

式中,e'_p 为钢筋中心位置的偏心距(mm);R_g 为钢筋设计强度标准值(MPa);A_g 为钢筋公称面积总和(mm²);A_s 为 1 根钢筋的截面面积(mm²)。

9.2.3 箍筋结构设计

梯形抗滑桩在弯剪区内将受到剪力和弯矩的共同作用,在这个区段内主拉应力迹线是斜向的,将产生斜裂缝,所以,在设计时将配置竖向方向的箍筋,与斜裂缝相交,因而能阻止或者限制斜裂缝的产生。对于箍筋的结构形式宜采用封闭式,其直径应控制在 10~16mm 之间,箍筋之间的间距应小于 500mm,其断面结构形式如图 9.5 所示。

按照《滑坡防治工程设计与施工技术规范》箍筋计算可知,箍筋受剪承载力与箍筋布置宽度密切相关,由图 9.5 可以看出,梯形抗滑桩的箍筋受力影响宽度应为 $(a+b)/2$;因此,一般情况下,混凝土强度不超过 C50 时,箍筋的配置设

图 9.5 箍筋设计图

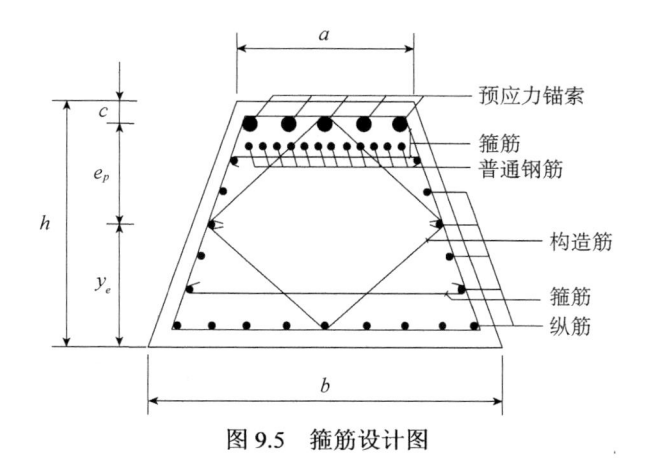

计首先要对斜截面抗剪强度进行验算，满足式（9.35）计算公式。

$$V_u \leqslant \frac{0.125 f_t h(a+b)}{K_2} \quad (9.35)$$

其斜截面的受剪承载力设计取值后，通过式（9.36）进行箍筋总面积的配置求解。

$$A_{sv} = \frac{[V_{cs} - 0.35 f_t (a+b)h]D}{1.5 f_{yv} h} \quad (9.36)$$

式中，K_2 为受剪强度设计安全系数；V_u 为梯形桩的最大剪力设计值（N）；V_{cs} 为斜截面上混凝土和箍筋的受剪承载力（N）；f_t 为混凝土轴心抗拉设计强度值（MPa）；f_{yv} 为箍筋抗拉设计强度值（MPa）；A_{sv} 为箍筋总面积（mm²）；D 为沿桩高方向上箍筋的间距（mm）。

9.2.4　配筋率验算

梯形竖向预应力锚索抗滑桩属于混凝土结构，若配筋率过低，则可能出现脆性破坏的情况，因此，涉及对最小配筋率的验算问题，即最少配筋的受拉钢筋截面面积与混凝土截面面积比值的百分率。目前，对最小配筋率的界定主要是经验法和模型法两种，按照经验法最小配筋率不低于 0.2%，而梯形竖向预应力锚索抗滑桩作为新型的滑坡治理结构，以经验法对最小配筋率验算缺乏准确性，因此，采用模型法推导最小配筋率。

最小配筋率计算的基本条件是截面极限弯矩与混凝土截面开裂弯矩呈相等关系，根据屈文俊等对混凝土极限开裂系数的研究结合梯形抗滑桩的截面特征，得出混凝土截面开裂弯矩 M_c 为

$$M_c = 0.146(1 + 2.5\alpha_A) f_t (a+b) h^2 \quad (9.37)$$

其中，$\alpha_A = \dfrac{4a_E A_s}{(a+b)h}$，$a_E$为钢筋的弹性模量与混凝土的弹性模量的比值。

考虑受拉钢筋承担70%的滑坡推力荷载，截面极限弯矩M_u计算式为

$$M_u = 0.7 A_g R_g (h - y_e - c - c') \tag{9.38}$$

与式（9.37）建立等式可得，钢筋的最小配筋面积为

$$A_g = \frac{4.79 R_g (h - y_e - c - c')}{(1 + 2.5\alpha_A) f_t (a+b) h^2} \tag{9.39}$$

通过钢筋的最小配筋面积与混凝土截面面积比值，可得钢筋的最小配筋率$\rho_{\min}$计算公式为

$$\rho_{\min} = \frac{9.58 R_g (h - y_e - c - c')}{(1 + 2.5\alpha_A) f_t (a+b)^2 h^3} \tag{9.40}$$

考虑预应力钢绞线承担30%的滑坡推力荷载，可得

$$M_u = 0.3 A_y R_y (h - y_e - c) \tag{9.41}$$

预应力钢绞线的最小配筋面积计算式为

$$A_y = \frac{2.05 R_y (h - y_e - c)}{(1 + 2.5\alpha_A) f_t (a+b) h^2} \tag{9.42}$$

通过钢筋的最小配筋面积与混凝土截面面积比值，可得预应力钢绞线的最小配筋率$\rho'_{\min}$计算公式为

$$\rho'_{\min} = \frac{4.1 R_y (h - y_e - c)}{(1 + 2.5\alpha_A) f_t (a+b)^2 h^3} \tag{9.43}$$

最小配筋率验算计算公式为

$$\rho_{\text{总min}} = \frac{9.58 R_g (h - y_e - c - c') + 4.1 R_y (h - y_e - c)}{(1 + 2.5\alpha_A) f_t (a+b)^2 h^3} \tag{9.44}$$

在对梯形抗滑桩配筋设计时，若配筋截面面积过大，则柔性性质较强，位移及变形情况显为突出，容易出现"超筋"现象，因此，合理地验算最大配筋率具有必要性，而最大配筋率与截面受压区高度x相关，由于梯形竖向预应力锚索属于有黏结预应力混凝土结构，故最大配筋率的计算公式为

$$\rho_{\max} \leqslant 0.4 \left[\frac{b^2 h^2 + 2(a-b) h A_y R_y R_a^{-1}}{a^2 - 2ab + b^2} \right]^{\frac{1}{2}} \tag{9.45}$$

而对于箍筋的配筋率而言，主要承受斜截面承载力，通过一定的界定对配筋率进行取值，当$V \leqslant 0.35 f_t h(a+b) + 0.05 N_p$时，仅将箍筋作为构造筋的要求配置，而当$V \geqslant 0.35 f_t h(a+b) + 0.05 N_p$时，箍筋的配筋率$\rho_{sv}$应满足：

$$\rho_{sv} \geqslant 0.24 \frac{f_t}{f_{yv}} \tag{9.46}$$

9.3 细部构造

9.3.1 锚索构造

由于梯形竖向预应力锚索抗滑桩是将锚索与桩体埋入嵌固段的新型结构，如果采用传统的锚索双边张拉法对钢绞线施加预应力，其施工难度非常大，且操作性不强；因此，为便于梯形竖向预应力锚索抗滑桩的可实施性，对预应力锚索嵌固段的端部进行设计（图9.6）。首先，将底端锚碇板安放在距离桩底20~30cm处，然后对预留导管进行安装，安装完毕后将预应力钢绞线穿入锚碇板预留孔洞内；其次，将预应力钢绞线与锚具链接固定，预应力钢绞线的线性垂直度通过箍筋固定校准；最后，通过单边后张拉法对钢绞线施加预应力。

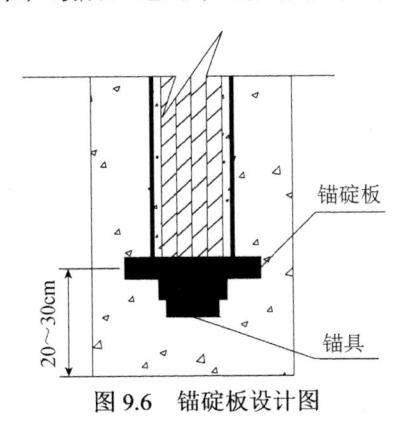

图9.6 锚碇板设计图

9.3.2 封锚构造

梯形断面竖向预应力锚索抗滑桩实施张拉后，为避免锚索遇水后的预应力损失或者受到破坏，对张拉端（桩顶）进行封锚设计。抗滑桩可采取"凸"型和"U"型槽等封锚形式，由于梯形竖向预应力锚索抗滑桩的预应力方向区别于传统锚拉抗滑桩，因此通常锚拉抗滑桩的封锚设置在抗滑桩的桩前截面位置，而竖向预应力的锚拉端设计在桩顶处。若采取"凸"型槽的形式，则应力比较集中，且遇较大推力落石时容易造成破坏；若采取"U"型槽的形式，则由于竖向预应力属于偏心受力，作用点位置临近于桩后截面处，且之间的厚度非常薄弱，容易在施工阶段造成损坏。

综上所述，本书采用"凹"型槽封锚结构设计（图 9.7），与"凸"型槽相比，锚索受损坏概率减小，与"U"型槽相比薄壁宽度相对较厚；同时，考虑桩底锚索与桩顶锚索的对称性，顶端锚定板安放在距离桩顶以下 20～30cm 处。

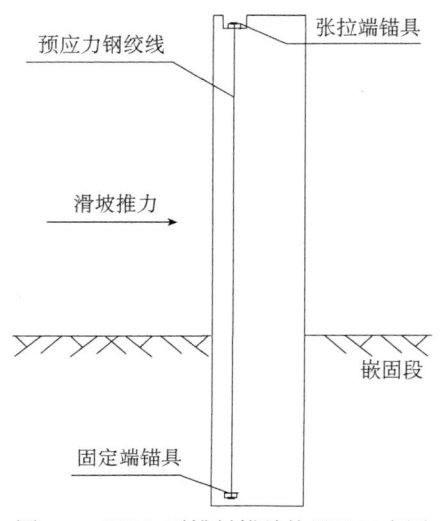

图 9.7 "凹"型槽封锚结构设计示意图

9.3.3 声测管

抗滑桩在混凝土浇筑施工完毕，达到要求凝固期后，须对混凝土的完整性进行检测，而目前国内外主要采用超声检测技术进行验证，超声检测实质是对抗滑桩浇筑混凝土的均匀程度进行评价，而评价的前提主要来自于检测的数据依据。梯形断面竖向预应力锚抗滑桩作为一种新型的抗滑桩，其断面的形式区别于普通的矩形和圆形抗滑桩，所以检测所需的声测管的布置形式相应有所改变，本书基于梯形的断面特点提出了梯形断面竖向预应力锚抗滑桩的声测管的布置形式。

基于梯形抗滑桩的断面大小结合实际工程情况，对于正截面设计宽度为 $a \geqslant 1.5\text{m}$，按四根声测管形式布置（图 9.8），声测管呈梯形均匀分布，构成六个声测剖面；若在特定情况下，正截面设计宽度为 $a < 1.5\text{m}$，则由于截面积较小受限问题，按三根声测管形式布置（图 9.9），声测管呈三角形均匀分布，构成三个声测剖面。与此同时，声测管的管径大小直接关系到检测的操作性，若检测通道过小，则设备换能器不能正常摆放，若检测通道过大，则影响结构的受

力，所以本书建议声测管的内径宜为35～50mm，同时，为避免声测管堵塞问题，又不造成材料浪费，建议声测管上端应高于桩顶标高300～500mm较为合理。

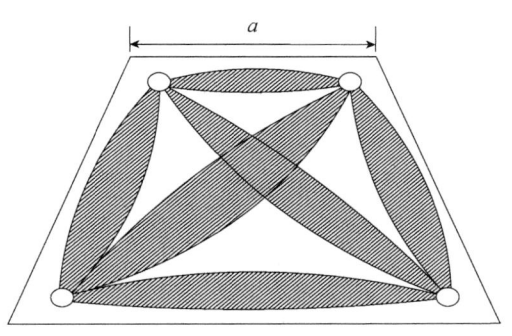

图9.8 四管布置示意图

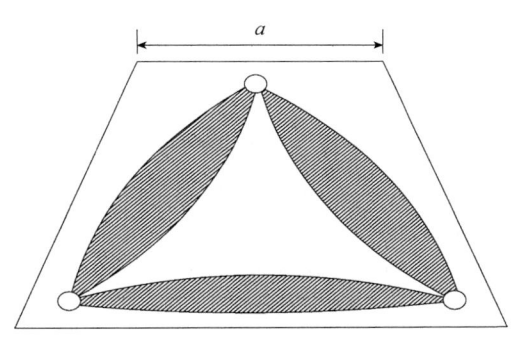

图9.9 三管布置示意图

合理布置声测管的根本原则是避免遍布的检测区域出现"死角"问题，对于梯形抗滑桩而言，截面桩侧角是区别于矩形抗滑桩的重要指标，是形成土拱效应的核心部分，保证桩侧角的受力质量是尤为必要的条件；因此，为全覆盖桩侧角的检测，在桩侧角位置须布置声测管是检测合理性的前提。

第 10 章 工 程 应 用

10.1 李子坝滑坡

10.1.1 工程概况

李子坝大湾道段滑坡位于重庆市渝中区半岛嘉陵江边,东起李子坝正街 74 号房,与仪表厂滑坡相邻,西至李子坝小学旁冲沟,南起嘉陵路,北抵嘉陵江。边坡上部是市中区通往沙坪坝区的主要干道,下沿至嘉陵江边,滑坡范围属市中区黄金地段,经济开发价值很高。三峡水库蓄水后,滑坡前部将被淹没,滑坡的稳定性可能变得更差,嘉陵路北侧的斜坡可能发生整体或局部失稳,给区内的李子坝二村居民的正常生活带来严重影响,并且威胁到滑坡区域内及周边已有的建筑物,以及坡顶上的嘉陵路交通安全。

10.1.2 滑坡工程地质条件

1. 地形地貌与滑坡规模

李子坝大湾道段滑坡分布于老滑坡剪出口外,即嘉陵公路北侧的近江岸地带。斜坡呈近东西走向,属上陡下缓的内弯河谷冲刷岸。地形南高北低,坡顶标高 206m,高出嘉陵江平均最低水位 43m,纵向上呈折线形,表面坡度角 20°~35°。

滑坡前缘高程 157~159m,后缘高程 206~207m,相对高差达 46m。该滑坡长 600m,宽 110m,滑坡滑体厚 2.7~17.5m,平面形态呈弓形,面积 $6.2×10^4m^2$,体积约 $70×10^4m^3$,据目前滑体总体变形滑移方向确定主滑方向 350°,为牵引式滑坡。

2. 地层岩性

区内出露地层有第四系及侏罗系中统上沙溪庙组。侏罗系中统上沙溪庙组(J_2s)以紫红色泥岩、砂质泥岩为主,致密泥质结构,夹数层灰色长石砂岩、粉砂岩。强风化带网状风化裂隙发育，钻探揭露强风化带厚度 0.8~4.90m。该层岩性稳定，钻探揭露最大中风化带厚度 9.85m。

3. 新构造运动

滑坡区新构造运动表现为地壳间歇性抬升。据区域资料，第四纪以来，重庆地区处于间歇抬升之中，长江、嘉陵江的切割与堆积形成了沿江两岸的谷坡及 I-V 级阶地。

4. 水文地质条件

由地层岩性及地下水在含水介质中的赋存特征，地下水类型分为以下两类。

1）松散岩类孔隙水

赋存于第四系土层中。作为含水介质的土体组成差异大，造成岩土之间及土颗粒之间的孔隙大小不同，透水赋水性差异大，人工填土结构较疏松，为透水而雨季临时含水层，粉土、粉质黏土夹块石为透水性差的弱含水层。地下水接受大气降雨、坡体顶部人工排放废水补给，以分散潜流形式运移。沿江一带松散堆积层中的地下水位与江水涨落变化具一致性。暴雨期，地下水位急剧升高，局部地带排水不畅，旱季地下水甚微。勘察表明，第四系土层为弱透水层地下水量不大，仅 0.00028~0.5L/s，为 $HCO_3 \cdot SO_4 \cdot Ca$ 或 $HCO_3 \cdot Ca$ 型水，对砼无侵蚀性。

2）基岩裂隙水

滑坡区内分布的泥岩为区域性相对隔水层，岩体中裂隙不发育，赋水性差。实地调查，人防碉室地面一般干燥，仅在竖井开挖中局部地段见强风化层中有渗水现象，属风化裂隙水。砂岩虽为裂隙含水层，但岩体出露的地形较高，排泄条件好，赋水性弱。

5. 人类工程经济活动

近年来，李子坝由于地处于城市核心地带，该处工程建设活动的不断增多，成为影响该地段边坡稳定性的主要外部因素。

李子坝斜坡中上部建筑密集，工商企业单位较多，一些生产生活废水无系统排放，直接进入坡体，无疑对坡体的稳定性产生影响。区内规模较大的填土区有两处，直接堆弃于坡顶嘉陵路南侧中陡坡上，增加坡体自重，成为斜坡变形破坏的诱发因素之一。

20 世纪 50~80 年代，坡体上建有大量的浅基础楼房，后来坡体变形，造成险情，将坡体上的炼油厂、塑料制品厂拆迁，但坡体上的李子坝二村仍有大量居民房未搬迁,且最近几年在嘉陵路北侧又新建了一些临街门面。这些浅基础建筑也对坡体的稳定不利。

10.1.3 滑坡防治工程主要设计参数

滑坡防治工程主要设计参数见表 10.1。

表 10.1 李子坝大湾道段滑坡治理工程设计参数

岩性		天然重度/(kN/m³)	天然含水量/%	天然孔隙比	液性指数	压缩系数 a_{1-2}/MPa	抗剪强度 C (kPa)/ϕ (°)	坡高小于 8m 允许开挖边坡值			
								人工填土	滑体土	强风化基岩	中风化基岩
滑体		21.0	23.2	0.700	0.60	0.350	26/20	1:2.75~1:2.5	1:2.5~1:2.25	1:0.35~1:0.5	1:0.25~1:0.35
基岩	泥岩	25.9					1100/35.60				
	砂质泥岩	26.0					2140/37.05				

注:①基底摩擦系数:滑体 0.25,强风化基岩 0.4,中风化基岩 0.5。
②滑床基岩砂岩以夹层或透镜状产出,其物理力学指标取砂质泥岩值。

10.1.4 滑坡稳定性评价

李子坝大湾道段滑坡东起文化印刷厂,西至李子坝小学,分布标高 159~250m,呈似圆弧形,主属崩坡积层转化形成的老滑坡,后来老滑坡剪出口以外的堆积物复活,目前仍在活动形成新滑坡。由两部分组成:嘉陵路以南,标高 206m 以上的老滑坡残体部分;嘉陵路以北,标高 206m 以下的新滑坡部分,如图 10.1 所示。由于嘉陵路以南的老滑坡部分原处于稳定状态,因此前缘嘉陵路外侧抗滑桩的施工,稳定性更好。仅嘉陵路以北的新滑坡部分为本次勘查治理范围。

李子坝滑坡后中部基岩面倾角大,土层与基岩面接触带附近有滑动擦痕,滑带土力学性质较差,在江水涨落及三峡水库回水周期性涨落动水压力作用下,滑坡可能发生整体失稳。地表变形迹象及监测资料表明,枯雨季节,滑坡处于稳定状态,雨季随江水的涨落,稳定性较差,滑坡变形时有发生。由于滑体土土质不同,滑体内普遍存在力学性质较差可塑-软塑状的灰色粉土,雨季滑体浅层可能形成多个蠕滑体沿地势陡缓转折处剪出,发生局部失稳。

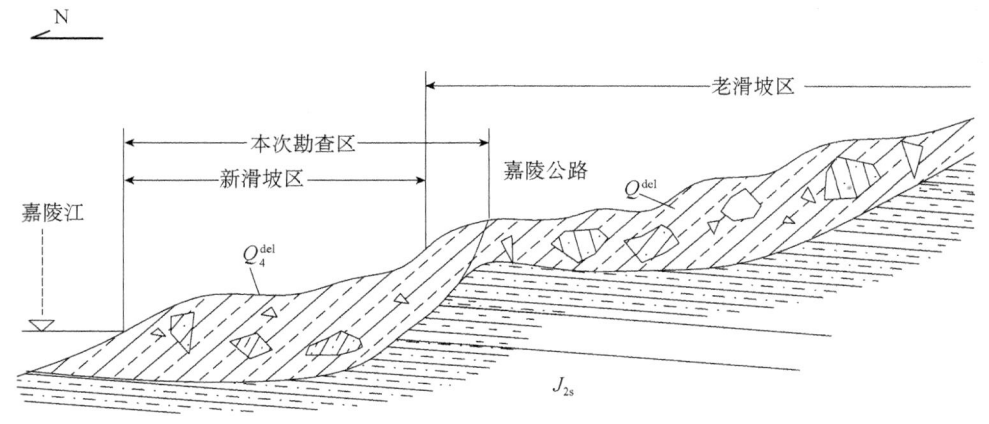

图 10.1　李子坝滑坡老滑坡与新滑坡关系图

10.1.5　悬臂抗滑桩方案

根据原有的勘察报告中滑坡的资料，针对该滑坡体较厚、难削方，而剩余下滑力较大的特点，分两级设置了滑坡治理支挡结构。第一级抗滑桩布置在沿江公路后侧，保证其公路稳定性，第二级抗滑桩布置在滑坡前沿。该方案中选用的支挡结构第一级抗滑桩桩长较长，第二级抗滑桩截面尺寸较大的特点，并在抗滑桩后至 177.00m 库水位变化带布设干砌条石护坡，在滑坡体上部和滑体中设排水沟，由此组成综合支挡治理体系[33]。悬臂抗滑桩设计方案总平面图如图 10.2 所示。

滑坡推力计算应该区分不同工况下的计算方法与取值，本书以典型的工况（自重+177～160m 水位降+暴雨）下滑坡推力的设计值，展开对抗滑桩结构的设计计算。选取典型 1-1 剖面作为研究对象，如图 10.3 所示。

其计算方法所得结果见表 10.2。

通过计算可以看出，由于滑坡推力比较大，设计两排抗滑桩分级支挡，第一级设桩位置为第 E2 条块，滑坡设计推力为 753.76kN/m，第二级设桩位置为第 E7 条块，经第一级抗滑桩支挡后，滑坡剩余的设计推力为 2015.3kN/m。此时，抗滑桩桩前提供的抗滑力为 189.8kN/m。

抗滑桩常规设计方案如下。

抗滑桩的布置应垂直于滑坡的主滑方向，由滑坡稳定性的分析可以确定滑坡各滑块所受到的推力，据此设计不同截面类型的抗滑桩。基于抗滑桩工程经验，由于本滑坡推力较大，且缺乏削方或者是坡脚反压施工的工程条件，确定两种不同截面的抗滑桩（表 10.3）：A 型抗滑桩用于第一级支挡，设桩处高程

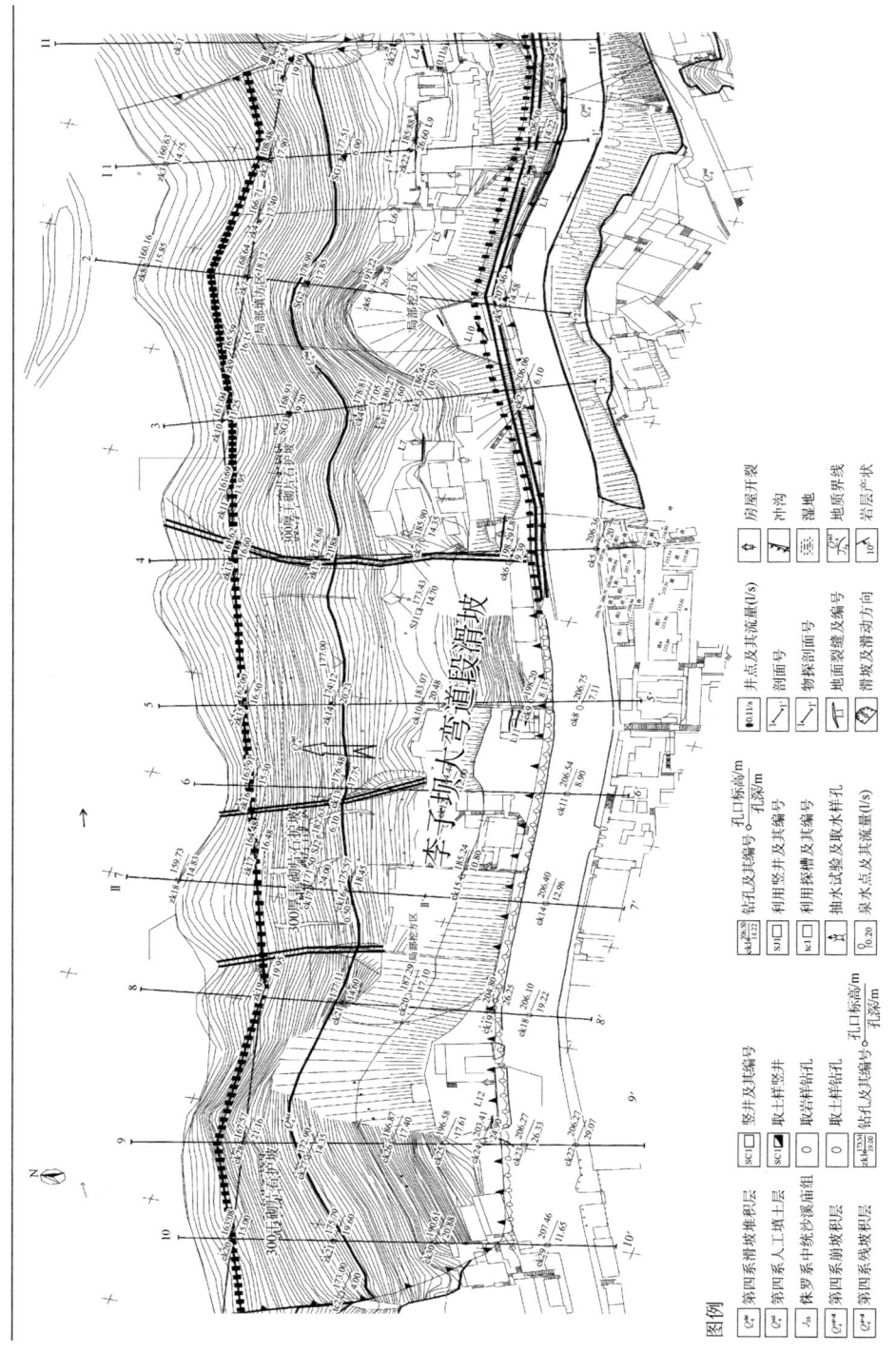

图 10.2 李子坝滑坡治理工程布置图

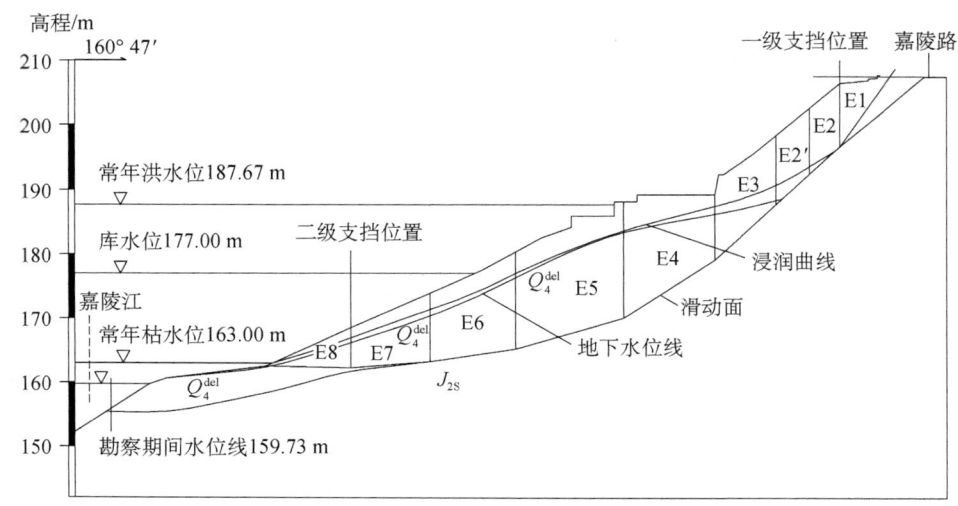

图 10.3 李子坝滑坡整体稳定性计算剖面

表 10.2 滑坡主滑剖面条块设计剩余推力分布表（工况：自重+177~160m 水位降+暴雨）

条块编号	滑面长度/m	滑面倾角/(°)	条块重量/(kN/m)	条块设计剩余下滑力/(kN/m)	备注
E1	13.78	53	875.07	204.09	
E2	6.63	40	1065.75	753.76	一级支挡位置
E2′	7.13	40	1188.39	1224.19	
E3	13.27	40	2648.73	2372.66	
E4	17.52	35	4772.46	4085.83	
E5	18.41	18	6444.90	3901.73	
E6	14.17	10	3808.56	3200.59	
E7	13.16	6	2336.04	2769.06	二级支挡位置
E8	13.98	−1	894.18	2113.80	

注：c=20kPa，φ=16.4°；安全系数 K_s=1.15。

表 10.3 李子坝滑坡抗滑桩设计成果表

桩类型	桩截面尺寸/m²	桩长/m	间距/m	桩数
A	1.50m×2.0m	24	5	58
B	2.50m×3.5m	22	5	126

192.5m；B 型抗滑桩用于第二级支挡，设桩处高程 164.3m，均为 C30 的钢筋混凝土人工挖孔桩。

由于第一级支挡位置的滑坡推力设计值为 753.76kN/m；第二级支挡位置的滑坡推力设计值为 2015.3kN/m，抗滑力为 189.8kN/m。B 型抗滑桩内力计算结果中，其最大弯矩值达到 53791.26kN·m，距桩顶的距离为 15.5m，剪力值达到

14305.68kN，距桩顶的距离为19.3m。

悬臂抗滑桩基本参数如下。

对于 A 型桩，总长为 H=24m，其中受荷段 h_1=16m，嵌固段 h_2=8m；受拉侧钢筋 HRB335 用量为 57 根Φ32，配筋率为 1.22%。

对于 B 型桩，总长为 H=22m，其中受荷段 h_1=12.5m，嵌固段 h_2=9.5m；受拉侧钢筋 HRB335 用量为 78 根Φ32，配筋率为 0.71%。

悬臂抗滑桩设计方案分析：

本治理工程中滑坡的滑面较平缓，滑体厚大，设桩处滑坡推力比很大，而滑坡体上缺乏大范围削方减载或者是坡脚反压加载的场地条件，导致本方案设计的第二级抗滑桩桩身截面尺寸都过大，桩身的设计弯矩和剪力都较大，配筋率比较高，施工中开挖量比较大的特点。而李子坝滑坡地处市中区，土地资源利用价值高，周围环境复杂，位移控制要求较严，显然悬臂抗滑桩设计方案治理该滑坡并不理想，同时由于第二级支挡结构的位置处于沿嘉陵江边，库水位的季节性升降过程中，直接导致抗滑桩周期性的出露和淹没，悬臂抗滑桩的耐腐蚀性面临严峻的考验。而用斜拉锚索桩存在锚索自由段过长，预应力损失严重且抗腐蚀能力较差等严重问题。基于以上的一些考虑，为了使该项滑坡治理工程更科学合理，我们选用竖向预应力的抗滑桩技术来代替滑坡前沿的第二级抗滑桩，保留原方案中的第一级抗滑桩，保证该项治理工程有更好的治理效果。

10.1.6　竖向预应力锚索抗滑桩方案

1. 新设计方案

由于李子坝滑坡地理位置特殊，周围环境复杂，土地资源利用价值较高，因此新方案中仍然沿用原设计方案的分级支挡思路，前排方形嵌岩抗滑桩保证上部公路稳定，第二排竖向预应力桩替代悬臂抗滑桩。从经济效应上来讲，我们提出的竖向预应力抗滑桩其截面尺寸为 1.8m×2.4m，桩长为 20m，桩体的造价比悬臂抗滑桩低，受荷段的位移得到有效的控制，该支挡结构截面积只有悬臂抗滑桩的 49%，但增加的竖向预应力筋提供较大轴向力，提高桩体的抗弯刚度，弥补了原抗滑桩支挡能力的不足；偏心设置的预应力筋，使桩体顶部产生一有利的附加力矩，减小桩身结构上的最大弯矩和剪力，减小嵌固段的长度，同时对桩身有很好的控制变形能力，降低桩身受拉侧裂纹的产生，改善了桩身结构的受力性能。李子坝滑坡新设计的优化方案确保三峡库区蓄水运行后滑坡体更稳定，滑坡后部公路畅通，前缘滑坡体不进入嘉陵江，使滑坡范围土地可以得到有效利用，取得更好的经济效益。

2. 抗滑桩桩位的布设

第一级抗滑桩设置在边坡上部，桩型和位置与原设计方案相同，具体位置见平面布置（图10.2），设计中同时考虑对上部公路的拓宽。

第二级抗滑桩位置确定原则：

（1）预应力桩桩顶高于常年枯水位163.00m，确保工程的施工期不受影响；

（2）竖向预应力抗滑桩布置呈平直的支挡线，整体的稳定性好，具体位置参照第二级桩布置形式，如图10.2所示，桩间距与原设计方案相同。

3. 竖向预应力锚索抗滑桩内力计算

1）桩身受荷段内力计算

A. 确定受荷段沿桩长的分布荷载 q_0 与 q_1

根据传递系数法，计算出浅层滑体设桩处潜在滑动面的剩余下滑推力 E_p=2015.3kN·m，桩前的抗滑力为 E_0=189.8kN·m，桩间距为 L=5m，则作用在每根竖向预应力抗滑桩的滑坡推力为

$$T = LE_p = 2015.3 \times 5 = 10076.5 \text{ (kN)} \quad (10.1)$$

$$P = LE_0 = 189.8 \times 5 = 949 \text{ (kN)} \quad (10.2)$$

根据勘察资料滑体以松散的泥岩和砂岩碎石类夹黏土为主，将滑坡水平推力按三角形分布分析，确定竖向预应力抗滑桩桩长 H=20m，受荷段 h_1=12.5m，则

$$q_0 = \frac{2E_p}{h_1} = 1612.2 \text{kN/m} \quad (10.3)$$

$$q_1 = \frac{2E_0}{h_1} = 151.8 \text{kN/m} \quad (10.4)$$

B. 桩身截面上预应力效应 M_q

考虑到该方案中滑坡剩余下滑力比较大的特点，为了使设计的预应力桩更经济和适用。本设计优化治理方案中，竖向预应力抗滑桩整个桩顶截面上布置两排预应力筋，预应力筋的布置位置距中性轴的距离均分别为 e_1=0.9m，e_2=0.7m；综合考虑诸多因素后，每排竖向预应力筋施加竖向荷载为2812.5kN，即 N_{p1}=N_{p2}=2812.5kN，即桩顶施加的等效竖向荷载和弯矩分别为

$$N_p = N_{p1} + N_{p2} = 5625 \text{kN} \quad (10.5)$$

$$M_q = N_{p1} \times e_1 + N_{p2} \times e_2 = 4500 \text{kN·m} \quad (10.6)$$

C. 竖向预应力抗滑桩滑动面处剪力 Q_0' 和弯矩 M_0'

预应力抗滑桩在滑坡推力、桩前抗力和竖向预应力效应作用下受荷段（$y \leqslant h_1$）桩身截面上的剪力和弯矩分别为

$$Q_0' = \frac{(q_0 - q_1) \times h_1}{2} = 9127.5 \text{kN} \tag{10.7}$$

$$M_0' = (q_0 - q_1) \times \frac{h_1^2}{6} - M_q = M_0 - M_q = 38031.25 - 4500 = 33531.25 \text{ (kN·m)} \tag{10.8}$$

对于预应力桩身嵌固段内力的计算，分别用刚性桩和弹性桩两种方案设计计算。

2）刚性桩方案

A. 竖向预应力抗滑桩刚度计算

桩身截面尺寸 $b \times a = 1.8\text{m} \times 2.6\text{m}$，桩身混凝土选用 C30，$E = 3.0 \times 10^7$，$m = 80739.8 \text{kN/m}^4$，则

$$B_p = 2.8\text{m} \tag{10.9}$$

$$I = \frac{ba^3}{12} = 2.64 \tag{10.10}$$

$$\alpha = \sqrt[5]{\frac{mB_p}{EI}} = 0.324 \tag{10.11}$$

抗滑桩嵌固段长度 $h_2 = 6.5\text{m}$，则 $\alpha h_2 = 2.1 \leqslant 2.5$，预应力桩按刚性桩模式计算。

B. 桩身内力计算

将竖向预应力抗滑桩预应力的设计值代入式（9.12）、式（9.13）中计算出 y_0 和 φ 分别为

$$y_0 = \frac{B_p m h_2^3 (4M_0 + 3Q_0 h_2) + 6Q_0 C_0 aW}{2B_p m h_2^2 (3M_0 + 2Q_0 h)} \tag{10.12}$$

$$\varphi = \frac{12(3M_0 + 2Q_0 h_2)}{B_p m h_2^4 + 18WC_0 a} \tag{10.13}$$

$$y_0 = 4.66\text{m}, \quad \varphi = 0.0058 \text{rad}$$

计算出滑动面处的剪力 Q_0' 和弯矩 M_0' 分别为

$$Q_0' = 9127.5 \text{kN}, \quad M_0' = 33531.25 \text{kN·m}$$

按照前面介绍的方法分别对滑面以上和以下桩身的内力进行计算。汇总后计算结果见表 10.4，并据此得到的内力分布图，如图 10.4 所示。

表 10.4　桩身内力表（刚性桩方案）

距桩顶距离 H/m	弯矩/（kN·m）	剪力/kN
0	0	0
1	−4480.528	58.416
2	−4344.224	233.664
3	−3974.256	525.744
4	−3253.792	934.656
5	−2066	1460.4
6	−294.048	2102.976
7	2178.896	2862.384
8	5469.664	3738.624
9	9695.088	4731.696
10	14972	5841.6
11	21417.232	7068.336
12	29147.616	8411.904
12.5	33531.25	9127.5
13.08825836	38706.1258	8158.087933
14.26477507	45096.00474	2005.224833
14.85303343	45077.33205	−2109.937243
15.44129178	42617.49231	−6205.393697
16.61780849	31363.32448	−12200.61182
17.20606685	23849.04021	−13032.08454
18.03425189	13789.33168	−10424.77301
18.79178149	4352.948411	−3029.297972
19	0	0

通过计算，刚性竖向预应力抗滑桩的最大弯矩和剪力分别为 $M_{max}=45096\text{kN}\cdot\text{m}$，$Q_{max}=13032.1\text{kN}$。

C. 桩的稳定性验算

（1）桩底抗力验算。

由公式：$\sigma_{min}^{max}=\dfrac{G+N_p}{S}\pm C_0\dfrac{a}{2}\varphi$ 可计算得到

$$\sigma_{max}=5636.2\text{kN/m}^2=5.636\text{MPa}$$

此值与滑床岩石单轴抗压强度相比，远远小于岩石的单轴抗压强度，因而不会造成桩的稳定性破坏。

（2）桩侧抗力验算。

对于桩侧的地基土抗力，岩层地基的横向承载力计算公式为 $f_H=K_H\eta f_{rk}$。那么，取 $f_{rk}=24000\text{kPa}$；$\eta=0.4$；$K_H=1$，则

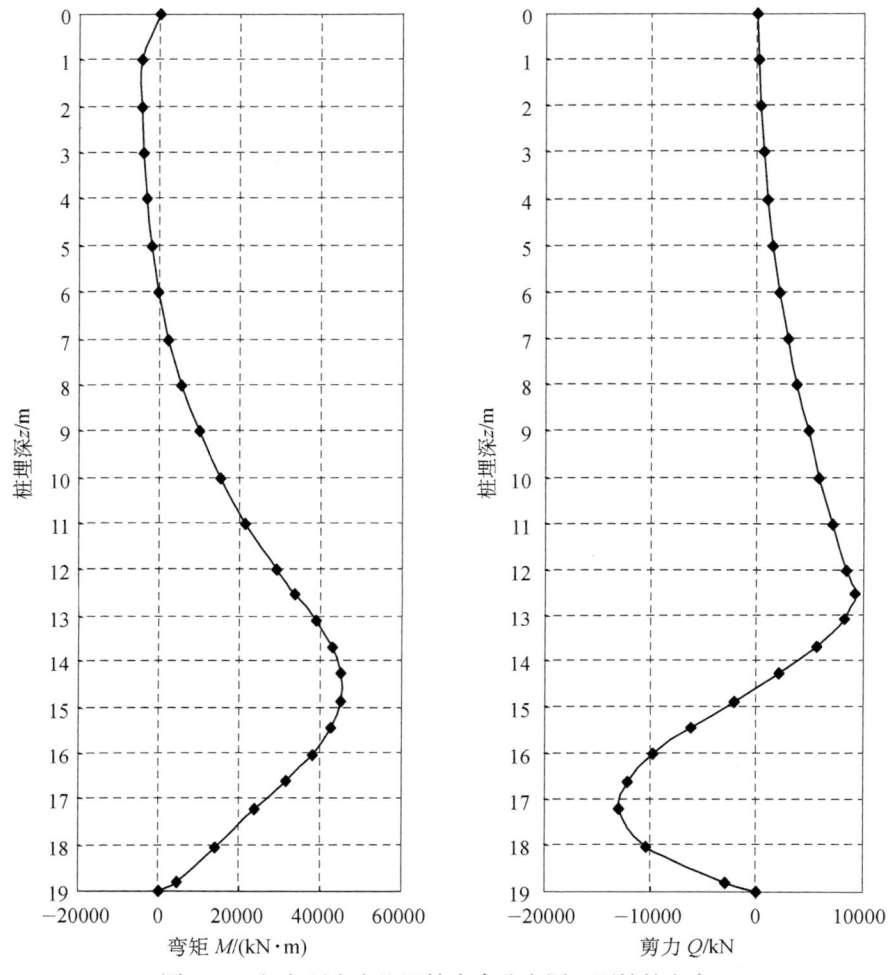

图 10.4 竖向预应力抗滑桩内力分布图（刚性桩方案）

$$f_H = 9600\text{kPa} \geqslant \sigma_y \tag{10.14}$$

满足要求，竖向预应力抗滑桩的稳定性可以得到有效的保证。

3）弹性桩方案

A. 竖向预应力抗滑桩刚度计算

桩身截面尺寸 $b \times a = 1.8\text{m} \times 2.4\text{m}$，桩身混凝土选用 C30，$m = 80739.8\text{kN/m}^4$，则

$$B_p = 2.8\text{m} \tag{10.15}$$

$$I = \frac{ba^3}{12} = 2.07 \tag{10.16}$$

$$W = \frac{ba^2}{6} = 1.73 \tag{10.17}$$

$$E = 3.0 \times 10^7 \tag{10.18}$$

$$\alpha = \sqrt[5]{\frac{mB_p}{EI}} = 0.34 \tag{10.19}$$

抗滑桩嵌固段长度 $h_2 = 7.5\text{m}$，则 $ah_2 = 2.55 \geqslant 2.5$，竖向预应力抗滑桩按弹性桩计算。

B. 桩身内力计算

首先将竖向预应力抗滑桩预应力的设计值代入式（10.20）和式（10.21），计算出桩身滑动面处的 x'_0 和 φ'_0 分别为

$$x'_0 = \frac{M'_0}{\alpha^2 EI} \times \frac{B_3 C_4 - C_3 B_4}{A_3 B_4 - B_3 A_4} + \frac{Q'_0}{\alpha^3 EI} \times \frac{B_3 D_4 - B_4 D_3}{A_3 B_4 - B_3 A_4} \tag{10.20}$$

$$\varphi'_0 = \frac{M'_0}{\alpha EI} \times \frac{C_3 A_4 - A_3 C_4}{A_3 B_4 - B_3 A_4} + \frac{Q'_0}{\alpha^2 EI} \times \frac{D_3 A_4 - A_3 B_4}{A_3 B_4 - B_3 A_4} \tag{10.21}$$

$$x'_0 = 0.0274\text{m}, \quad \varphi'_0 = -0.0074\text{rad}$$

由受荷段式（10.7）和式（10.8）计算出滑动面处的剪力 Q'_0 和弯矩 M'_0 分别为

$$Q'_0 = 9127.5\text{kN}, \quad M'_0 = 33\,531.25\text{kN}\cdot\text{m}$$

按照本书构建的竖向预应力锚索抗滑桩结构计算方法，分别对竖向滑动面以上和嵌固段桩身的内力进行计算，结果见表 10.5，并据此得到内力分布情况，如图 10.5 所示。

表 10.5　桩身内力表（弹性桩方案）

距桩顶距离 H/m	弯矩/（kN·m）	剪力/kN
0	0	0
1	−4480.528	58.416
2	−4344.224	233.664
3	−3974.256	525.744
4	−3253.792	934.656
5	−2066	1460.4
6	−294.048	2102.976
7	2178.896	2862.384
8	5469.664	3738.624
9	9695.088	4731.696
10	14972	5841.6
11	21417.232	7068.336
12	29147.616	8411.904
12.5	33531.25	9127.5
13.08825836	38706.79668	8166.638305
13.67651671	42846.30197	5709.026066

续表

距桩顶距离 H/m	弯矩/(kN·m)	剪力/kN
14.26477507	45245.62515	679.7167125
14.85303343	45524.55912	-1420.707996
15.44129178	43583.29617	-5139.129607
16.02955014	39559.49279	-8445.61362
16.61780849	33787.93009	-11034.31744
17.20606685	26766.31602	-12647.3463
17.79432521	19144.28406	-13056.87025
18.38258356	11686.66786	-12046.59822
18.97084192	5292.77136	-9394.943504
19.55910028	1001.136212	-4861.64421
20	0	0

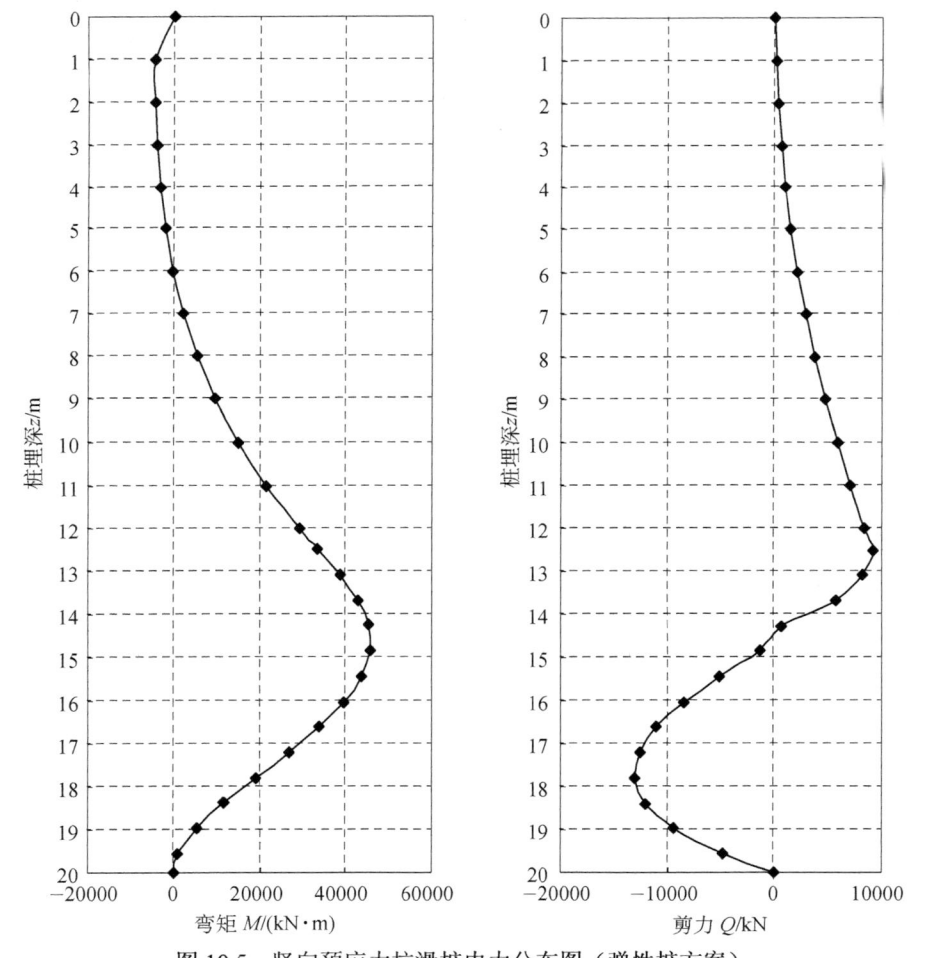

图 10.5　竖向预应力抗滑桩内力分布图（弹性桩方案）

竖向预应力桩身 $Q_{max}=13056.9$ kN，$M_{max}=45524.6$ kN·m。

C. 强度验算

对于桩侧的地基土抗力，岩层地基的横向承载力计算公式为 $f_H=K_H\eta f_{rk}$，同理可得计算结果满足要求，其稳定性可以得到有效地保证。

两种方案对比分析如下。

对于竖向预应力抗滑桩，不同方法得出的最大弯矩和剪力位置如表 10.6 所示。

表 10.6 不同方案下桩身内力计算结果

桩类型	最大弯矩/(kN·m)	最大弯矩距滑面处距离/m	最大剪力/kN	最大剪力距滑面处距离/m
刚性桩	45096	14.3	13032.08	17.2
弹性桩	45524.6	14.85	13056.9	17.79

通过对比刚性桩和弹性桩两种计算方案：弹性桩的弯矩比刚性桩大 0.95%，其剪力也比前者大 0.19%；刚性桩的截面尺寸要大于弹性桩，但埋深比弹性桩要小，整个桩身体量略大于弹性桩；弹性桩剪力和弯矩最大值距滑动面的距离都比刚性桩大，但实际上弯矩和剪力两者的计算结果相差都不大，为了使抗滑桩的设计方案更经济，本设计中选用弹性桩方案计算结果开展对竖向预应力抗滑桩的结构设计。

10.1.7 竖向预应力锚索抗滑桩结构设计

1. 计算参数

C30 混凝土，强度设计值 f_c=13.8MPa，f_t=1.39MPa。

受拉钢筋 HRB335，抗拉强度设计值 f_y=280MPa。

箍筋 HPB235，抗拉强度设计值 f_{yv}=195MPa。

桩顶截面布置两排竖向预应力筋，$N_{p1}=N_{p2}$=2812.5kN；e_1=0.9m，e_2=0.7m。

截面尺寸 1.8m×2.4m，即 h=2400mm，b=1800mm，保护层厚度 C=80mm，有效截面高度 h_0≈2300mm，结构重要性系数 $α_1$=1.0。

2. 计算钢筋用量（采用单筋截面）

1) 计算预应力筋

采用 7Φ15.2mm 钢绞线，屈服强度设计值 f_{pk}=1320MPa，钢绞线的屈服荷载为 P_u=239kN。那么，选定每束竖向预应力筋能够提供的屈服张拉荷载为 1673kN，桩身结构上布置两排预应力筋，每排布置 4 束，即桩身结构上布置的每排预应力筋屈服抗拉设计值 $nf_{py}A_p \geqslant 2812.5\text{kN}$，满足设计要求。

竖向预应力桩身结构上布置的两排预应力筋间距为 180mm，预应力锚索孔道间距 d=360mm，且两侧保护层厚度为 360mm。

2) 计算受拉钢筋

桩身所受弯矩 M_{max}=45524.6kN·m，最大剪力 Q_{max}=13056.9kN。

相对受压区高度为

$$x = \frac{a_1 \times f_c \times b \times h_0 - \sqrt{\alpha_1^2 \times f_c^2 \times b^2 \times h_0^2 - 2 \times f_c \times b \times M_{max}}}{f_c \times b} = 1025.4\text{mm} \quad (10.22)$$

受力钢筋截面面积为

$$A_s = \frac{x \times b \times f_c - nf_{py}A_p}{f_y} = 52664.04\text{mm}^2 \quad (10.23)$$

考虑选用 66 根 Φ32 实际面积为 A_s=53053.44mm²。布置按三根一束，桩顶分两排平均布置 22 束受拉钢筋，钢筋束间距均为 d_1=160mm，钢筋束两侧的保护层厚度为 100mm，对竖向预应力抗滑桩进行全长配筋，架立钢筋采用 HPB335 直径 26mm。

3. 预应力抗滑桩桩配筋验算（桩底竖向应力验算）

1) 桩身截面尺寸验算

当 $\dfrac{h_w}{b} = \dfrac{h_0}{b} = \dfrac{2300}{1800} \leqslant 4$ 时，

$0.25\beta_c f_c h_0 b = 0.25 \times 1 \times 13.8 \times 2300 \times 1800 = 14283(\text{kN}) \geqslant Q_{max} = 13056.9\text{kN}$

满足要求。

2) 桩身配筋率验算

配筋率：

$$\rho = \frac{A_s}{bh} = \frac{53053.44}{2400 \times 1800} = 1.23\% \quad (10.24)$$

由于 $1.23\% \in (\rho_{min} = 0.2\%, \rho_{max} = 2.06\%)$，即满足规范要求。

3) 桩身斜截面配筋验算

$$\begin{aligned}0.7f_t bh_0 &= 0.7 \times 1.39 \times 1800 \times 2300 \\ &= 4028220\,(\text{N}) = 4028.22\text{kN} \leqslant Q_{max} = 13056.9\text{kN}\end{aligned} \quad (10.25)$$

$$V_p = 0.05N_p = 0.05 \times 2812.5 \times 2 = 281.25\,(\text{kN}) \quad (10.26)$$

抗滑桩设计剪力大于混凝土提供的抗剪能力，需配置箍筋。

$$\frac{A_{sv}}{s} = \frac{V - V_p - 0.7 f_t b h_0}{1.25 f_{yv} h_0}$$
$$= \frac{(13056.9 - 281.25 - 4028.22) \times 10^3}{1.25 \times 195 \times 2300} = 15.6 \, (\text{mm}^2/\text{mm}) \quad (10.27)$$

若采用 4 肢箍，且箍筋间距 s=130mm，则箍筋直径为

$$A_{sv1} = \frac{15.6 \times 130}{4} = 507 \, (\text{mm}^2) \quad (10.28)$$

选用 HPB235 级 Φ26，实有 A_{sv1}=530.66mm²，满足要求。

竖向预应力抗滑桩配筋设计截面图，如图 10.6 所示。

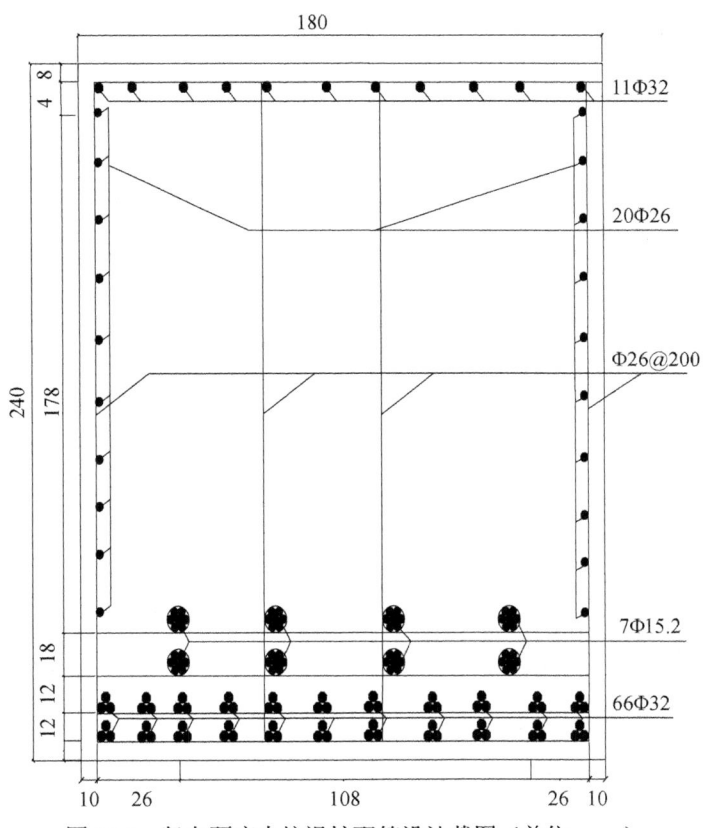

图 10.6 竖向预应力抗滑桩配筋设计截图（单位：cm）

4. 竖向预应力筋结构设计

1）预应力筋根数校核

本设计方案中布置的预应力筋比较多，提供的极限抗拉荷载比较大，大于弹性桩方案计算得到的预应力筋设计拉力最大值 2812.5kN，因而满足要求。

2）锚具的选择及预应力筋与桩端的连接设计

沿桩身偏心布置的预应力筋穿过螺旋筋式或者是钢筋网式承压构件，桩顶采用张拉锚具连接，下端的预应力筋选用锚定板将预应力筋锚定在抗滑桩嵌固端内，张拉完成后桩顶封锚处理。

5. 检测与监测

竖向预应力筋施工结束后应选定至少占工程总量的3%的预应力筋进行张拉试验，以确定施工后的预应力锚索抗拔力是否满足设计要求，锚索张拉锁定后尚应选择至少占工程锚索总数的1%锚索进行长期应力监测。

本工程竖向预应力抗滑桩的设计剖面见图10.7。

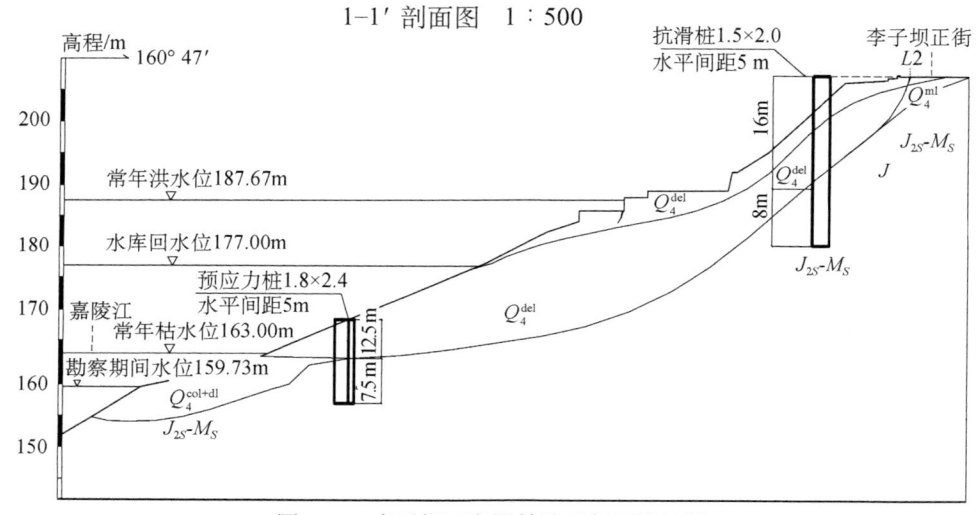

图 10.7 李子坝西段滑坡治理剖面设计图

10.1.8 工程经济对比分析

为合理分析双排梯形桩与双排矩形桩的经济性，首先将两种方案设计后的工程应用效果进行对比分析，再将两者的工程材料费用进行经济性比较分析。

1. 应用成效

为探讨梯形断面竖向预应力锚索抗滑桩和矩形断面钢筋混凝土抗滑桩在配筋设计后的实际成效，以第二排桩作为研究对象，分别将两种设计的抗滑桩承载效果、变形效果通过承载力计算公式和 MIDAS 力学分析软件进行计算，将计算结果比较分析。

1）承载效果对比分析

A. 梯形断面竖向预应力锚索抗滑桩承载力计算

由式（10.10）～（10.14）可得，第一排梯形抗滑桩可达到抵消滑坡推力的承载力为 684.37kN/m；由式（10.15）～（10.19）可得，第二排梯形抗滑桩可达到抵消滑坡推力的承载力为 1406.10kN/m。

B. 矩形断面钢筋混凝土抗滑桩承载力计算

由式（10.14）～（10.16）可得，第一排矩形抗滑桩可达到抵消滑坡推力的承载力为 545.36kN/m；同理可得，第二排矩形抗滑桩可达到抵消滑坡推力的承载力为 1261.57kN/m。

梯形与矩形抗滑桩承载力对比分析如下。

如表 10.7 所示，第一排梯形抗滑桩计算值大于滑坡推力的计算值 230.62kN/m，第二排梯形抗滑桩计算值大于滑坡推力的计算值 356.09kN/m；而矩形抗滑桩第一排差值为 91.61kN/m，第二排差值为 211.56kN/m。从承载效果上看，第一排梯形桩优于矩形桩 21.7%，第二排梯形桩优于矩形桩 11.3%，说明了第一排按竖向预应力锚索结构配筋设计的结构从承载效果上优于第二排预应力锚索与钢筋共同结构配筋设计的结构。

表 10.7　梯形和矩形抗滑桩承载力与滑坡推力计算值对比表　（单位：kN/m）

形式	第一排计算值	第二排计算值
梯形抗滑桩承载力	684.37	1406.10
矩形抗滑桩承载力	545.36	1261.57
滑坡推力	453.75	1050.01

2）变形效果对比分析

A. 梯形断面竖向预应力锚索抗滑桩变形计算

通过 MIDAS 力学分析软件建模进行计算后（图 10.8～图 10.11），第一排梯形桩桩顶变形位移为 3.7mm，第二排梯形桩桩顶变形位移为 4.3mm。

B. 矩形断面钢筋混凝土抗滑桩变形计算

同上，如图 10.10 和图 10.11 所示，第一排矩形桩桩顶变形位移为 4.5mm，第二排矩形桩桩顶变形位移为 5.1mm。

C. 梯形与矩形抗滑桩变形对比分析

如表 10.8 所示，从结构位移数据上看，梯形桩的位移量均低于矩形桩的位移量，说明了梯形桩结构的变形稳定性优于矩形抗滑桩结构，从第一排和第二排梯形桩的位移效果上比较，第一排梯形桩的变形效果优于第二排梯形桩 18.8%，

图 10.8　第一排梯形桩位移

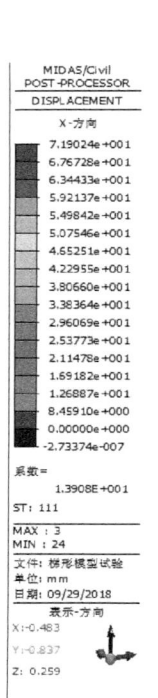

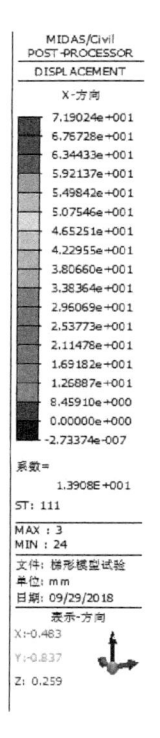

图 10.9　第二排梯形桩位移

第 10 章 工程应用 217

图 10.10 第一排矩形桩位移

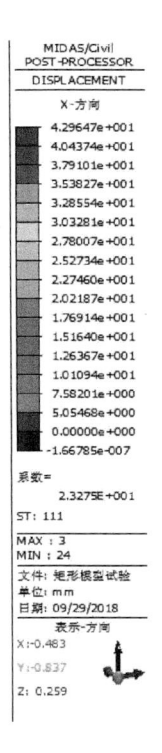

图 10.11 第二排矩形桩位移

说明了第一排按竖向预应力锚索结构配筋设计的结构从变形效果上优于第二排预应力锚索与钢筋共同结构配筋设计的结构。

表 10.8　梯形和矩形抗滑桩桩顶位移计算值对比表　（单位：mm）

形式	第一排计算值	第二排计算值
梯形抗滑桩位移	3.7	4.3
矩形抗滑桩位移	4.5	5.1

2. 经济性

为研究梯形竖向预应力锚索抗滑桩的经济价值，结合重庆钢铁市场材料标准价格，将梯形与矩形抗滑桩的工程材料费用作对比，首先以第一排单桩和第二排单桩的总费用作为比较对象，再通过群桩形式的工程费用进行研究，得出的经济差异供学者们参考；其中，由于梯形和矩形的断面面积、桩长等工程量一致，在单价不变的情况下混凝土等费用相同，所以主要对钢筋和钢绞线的受力筋材料费用进行比较，如表 10.9 所示。

表 10.9　梯形与矩形抗滑桩经济对比表

抗滑桩	钢绞线Φ15.2/(kg/m)	钢筋Φ32/(kg/m)	钢绞线长度/m	钢筋长度/m	钢绞线单价/(万元/t)	钢筋单价/(万元/t)	混凝土单价/(万元/m³)	总价/万元
梯形	1.101	6.31	2422	1620	0.390	0.367	0.042	11.2
矩形	—	6.31	—	5456	—	0.367	0.042	19.0

从梯形抗滑桩和矩形抗滑桩的总费用上可知，梯形竖向预应力锚索抗滑桩设计的单桩费用比矩形钢筋混凝土抗滑桩的费用减少了 41.1%，说明梯形抗滑桩的经济价值明显高于矩形抗滑桩；对于群桩设计而言，工程费用与治理范围、桩间距等方面有关，因此，结合表 10.10 桩间距的计算值分别在 10~100m 滑坡治理范围内，对设计选取抗滑桩根数进行探讨。

表 10.10　梯形与矩形抗滑桩设计桩数表（根）

抗滑桩	10m	20m	30m	40m	50m	60m	70m	80m	90m	100m
矩形第一排	3	4	5	7	9	10	11	13	14	16
梯形第一排	3	3	4	5	6	7	8	9	10	11
矩形第二排	3	6	9	12	14	17	20	23	25	28
梯形第二排	3	4	6	8	10	12	14	16	17	19

从表 10.10 可知，矩形抗滑桩总体桩数随着滑坡治理的长度增大呈现不规则的递增，从第一排和第二排矩形抗滑桩的桩数差异大小而言，在 30~50m 之间

桩数差异略有递减，在 80~100m 之间桩数差异略有递增；而对于梯形抗滑桩而言，第一排和第二排的桩数总体随着滑坡治理的长度增大呈规则性等比例的递增，从增加桩数的比例而言，第二排桩的增加比例明显高于第一排桩的增加比例，而第二排抗滑桩所承担的滑坡推力大于第一排抗滑桩所承担的滑坡推力，说明滑坡推力越大，在治理范围内设计的梯形抗滑桩桩数也相应增加。

为研究群桩形式的梯形抗滑桩的经济价值，以滑坡治理范围作为研究条件，与群桩形式的矩形抗滑桩的工程费用相比较，结合表 10.9 的设计数量可得出工程材料费用如图 10.12 所示。

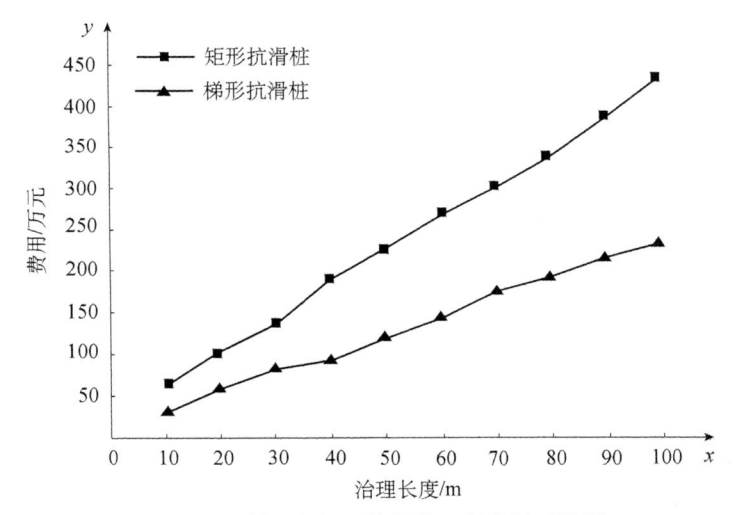

图 10.12 梯形与矩形抗滑桩工程费用对比图

从钢绞线和钢筋材料的费用与治理长度的关系图可知，采用矩形混凝土钢筋抗滑桩方案不论治理范围的大小，其工程费用均高于梯形预应力锚索抗滑桩方案；同时，从 10~100m 治理范围的费用对比图的斜率上可得，矩形混凝土钢筋抗滑桩方案的费用增长斜率近似为 0.24，可得到治理长度与工程费用的一元一次拟合方程 $y=0.24x$，梯形预应力锚索抗滑桩方案的费用增长斜率近似为 0.11，亦可得到拟合方程 $y=0.11x$，说明了滑坡治理的范围越大，梯形竖向预应力锚索抗滑桩方案的总体材料经济效益优势越明显。

根据不同治理范围，结合梯形竖向预应力锚索抗滑桩与矩形钢筋混凝土抗滑桩的群桩设计材料费用，由表 10.11 可知，治理长度在 10~20m 时材料费用差异百分比呈递增趋势，在 20~80m 时材料费用差异百分比趋于递减，在 80~100m 时材料费用差异百分比再次趋于递增。从工程实践治理比例上考虑，对于治理长度 10～20m 和 80～100m 权重取 7%，治理长度 20～80m 权重取 12%，对材料经济差异取加权平均值后，可得出按群桩设计的梯形竖向预应力锚索抗滑桩的费用较矩形钢筋混凝土抗滑桩的费用节省了 43.4%。

表 10.11　梯形与矩形抗滑桩群桩经济差异百分比表　　　　　（单位：%）

抗滑桩	10m	20m	30m	40m	50m	60m	70m	80m	90m	100m
费用差异	27.4	46.5	44.3	46.1	44.6	43.7	43.1	44.2	44.8	45.4

10.2　二郎山滑坡

10.2.1　工程背景

1997 年 7、8 月份二郎山地区连降暴雨，洪水泛滥，河水猛涨，致使盘旋于山腰上的川藏公路国道 318 线 K2729～K2732 段多处发生严重坡体病害，导致公路路面悬空、路基下错，其中 K2729+920～K2730+425 段最为严重，其最大下沉量达 1.6m，突出下沉范围近 350m，此被定为 1#滑坡。在该滑坡体内仅 1997 年 11～12 月一个多月时间里军民车辆相继三次从下沉的公路上翻入龙胆溪中，死亡十余人，严重影响了公路的正常运营。滑坡区公路及植被因滑坡作用而遭到不同程度的破坏（图 10.13）。

图 10.13　二郎山滑坡远景及植被破坏

滑坡发生后，四川省交通厅公路管理局多次组织专业技术人员赶赴现场，并于 1997 年 11 月 28 日专门召开了一些单位参加的滑坡整治工程方案招标会议，会后各单位分赴野外现场进行勘探、调查和分析。1997 年 12 月 23 日，四川省交通厅公路管理局组织专家对 1#滑坡和 K2731（2#、3#）滑坡整治工程方案进行认真的评审。铁道部科学研究院西北分院根据评审结果和 1998 年 2 月 13 日四川省交通厅公路管理局与铁道部科学研究院西北分院签订的关于川藏公路

K2729～K2732段滑坡整治工程勘察设计合同的要求，在勘察工作基础上开始进行滑坡整治工程设计。

鉴于该滑坡的特殊和重要性，尤其是影响川藏公路二郎山地区正常交通及安全，所以交通部主管领导非常重视，多次赴现场考察，并指示要认真查明病害原因，务必彻底整治不留后患。1998年11月，四川省交通厅公路管理局主要领导在成都主持召开了有交通部领导亲自参加的"二郎山进出口公路病害治理的专家审查会"。会议在对1#滑坡治理中的桥梁方案、隧道方案和滑坡整治方案进行比较的基础上，确定原线滑坡整治方案，并决定对滑坡病害再次补充勘察工作。我院依据会议精神及时进行了补充勘察，并于1998年11月底完成提交了补充工程地质勘查工作，并提交了滑坡整治工程初步设计文件。同时，本着"先治稳、后治本"的原则，并按照公路管理局主管领导的要求先期对滑坡稳定性影响很大的坡脚问题提交了处理工程施工图，并于1999年雨季前抢修施工完毕，这样不仅很好地维持了病害路段的正常交通运营，而且还有效地抑制了病害的进一步恶化。事实证明，四川省交通厅公路管理局主管领导的这一果断决策是非常正确和及时的。

整个施工图设计继交通部、厅领导专家再次深入滑坡区进行实地考察提出新的建议后于1999年4月全部完成。

1999年6月四川省交通厅公路管理局重新提出对1#滑坡考虑补充隧道绕避方案，并与1#滑坡整治方案再次进行比较。我们于1999年9月分别完成该区段三个滑坡两方案的工可报告和初步设计。1999年10月21日，公路管理局在成都召开川藏公路K2729～K2732段滑坡整治工程初步设计预审会议，会议认为该整治工程措施是可行的，并决定上报和推荐该方案。2000年3月28日交通厅再次召开评审会议，同样强调和认为滑坡整治工程设计是合理可行的。

1997年滑坡发生至2000年1月很快接近4年了，在这4年时间里，经过许多次反复细致的工作，特别是滑坡深部位移监测的结果，不仅使我们对滑坡的认识更加深入和进一步提高，而且也更加证实我们对滑坡性质、规模认定的正确性。

滑坡整治工程设计分别针对滑坡形成的地质基础、滑坡组成物质的性质、滑坡作用的各种条件及滑坡产生的诱发因素提出了各种针对性的工程措施，这些工程从平面到立体、从时间到空间多方面对滑坡的发展起到控制作用。加上工程本身在施工上虽有先后之别，但无各期之分，各类工程一次完成，逐步对滑体发挥整体稳定作用。所以，工程实施后，在不超越设计标准的各种恶化条件下是完全可以保证滑坡的稳定、确保该段公路的正常运营和安全的。

10.2.2 工程概况

1. 滑坡区自然环境条件

（1）自然地理条件。

1#滑坡位于四川省天全县两路乡二郎山东坡龙胆溪右岸，国道 318 线 K2729+920～K2730+425 处。滑坡地形陡峻，平均坡度约 43°，地貌分区属龙门山中、高山区。滑坡区前缘最低海拔 1840m，后缘最高海拔 2135m。龙胆溪自西向东从滑坡坡脚通过，并对坡脚产生强烈的冲刷切割作用。龙胆溪丰水期流量 0.8m³/s，平水期 0.2～0.3m³/s，枯水期仅为 0.06～0.1m³/s，而暴雨季节水量暴涨，如 1997 年 8 月的洪水流量可达 5～6m³/s。滑坡区平均气温 15.1℃，常年多雨多雾，植被茂密。山坡时常处于潮湿状态。根据天全县气象资料，当地多年平均年降雨量为 1731mm，最大年降雨量为 2341.8mm，日最大降雨量为 164mm，雨季多发生于 7～9 月。例如公路发生严重变形的 1997 年 7～8 月间，降雨量就比较大，其中 7 月 3 日 20:00～7 月 4 日 8 时降雨量就达 70mm。

（2）地质构造。

滑坡区主要以二郎山主干断裂带为其地质构造背景，该主干断裂带总体走向为 NE，倾向 NW，是龙门山主中央断裂带的南西段延伸部分，其性质为压扭性逆冲断层，在剖面上呈叠瓦状构造。断裂带两侧发育一系列与其平行的次级断层。滑坡区构造活动主要分为四期：第一期为 NE20°～30°的龙胆溪背斜构造；第二期是与公路近于垂直或斜交的山体短轴构造；第三期主要指 NE50°～60°及近东西向的断裂带。受此构造影响，地貌上形成台阶状地形。相应地，也形成多级分布的基岩台坎或不连续结构面。这种台坎或不连续结构面是构成滑坡变形的主要依附后缘。第四期主要是 NW20°～50°逆时针扭动的构造。该断层及其影响带构成控制滑坡区分块及左右边界的依附面。本区新构造运动以强烈上升为主，且该区地震活动较频繁，地震烈度为 8 度。

（3）地层岩性组成坡体的主要地层是志留系罗惹坪组下段钙质泥岩。其次是冲积、洪积、坡积物和崩坡积物。

第一，崩坡积物（Qal+dl）：土黄色，组成物质为块石、碎石土及角砾土，含有腐殖质及黏性土。

第二，志留系罗惹坪组下段钙质泥岩（S21）：灰、灰绿及灰黑色，中、厚层状，致密，较坚硬。

第三，冲洪积层（Qal+pl）：主要组成是漂石、块石的泥岩、钙质泥岩、砂岩等。

（4）水文地质条件。

滑坡区地下水以基岩裂隙水、孔隙水为主，坡体表层存在上层滞水。1998年3～4月钻孔时，地下水不丰富。不过当遇到融雪特别是雨季时，其水量显然会大量增加。

2. 滑坡的特征及成因分析

1) 路基变形与滑坡基本特征

1#滑坡所处路基变形特征可从东西两块来分述。K2729+920～K2730+165段为东块，主要是拉张裂缝和斜向剪切裂缝，公路延伸方向由NW40°弧形转折为近东西向，K2730+062～K2730+123处的60多米原来呈锯齿状裂缝，由公路内侧斜向延伸到公路外侧。1998年10月4日雨季之后，裂缝急速发展，裂缝延伸由原来的60多米到现在的80多米，拉开0.25m，下错0.28m。剪切裂缝分布在东西两端，从而形成该路段东块变形区的东西两侧界。

K2730+166～K2730+425段为西块，该块路面严重下滑、错断，后缘环形裂缝贯通，是遭受破坏最严重的路段。1998年雨季后，使原本整体下滑的路面继续加剧下沉，西错台错距已达1.3m，最大下沉近1.6m。公路上方坡体也出现三个环向牵引裂缝，裂缝走向NE72°～84°，裂缝宽度最大0.8m，裂缝东侧相对下沉1.0m，中间段最大下沉近1.5m。至1998年10月4日，路内侧一环状裂缝已张开0.1～0.4m，下错0.3～0.4m。由此构成公路上侧坡体被牵引的范围。

1#滑坡总体范围前缘宽约700m，长约350m，属特大型破碎岩石牵引式滑坡。

滑坡东西两块均在不断地变形发展中，西块要活跃得多，公路内侧山坡上第二道环形裂缝贯通较好，公路外侧由于冲刷引起的坡体坍塌最初塌至公路最近处12m，后已塌至公路边。现场调查发现公路外侧坍塌严重地段多为龙胆溪支流顶冲部位。

根据深部位移监测结果，Ⅵ断面在公路附近的深部位移自1998年4月至10月已达100mm，地表位移已达221mm。

变形特征：多层滑面，有时段性，雨季变形大，旱季变形小。

1997年6～9月和1998年7～10月，1#滑坡经历了快速变形期。1999年变形相对较缓，原因是一方面雨量相对较小，另一方面路基外侧龙胆溪处坡脚实施了工程，再者也是很关键的一点，即快慢时段交替性是滑坡的一种特殊运动特征。

该滑坡的显著特点是多层发育滑面，滑体厚度大，一般是三层滑面，中层滑面在Ⅵ-Ⅵ断面桩位处埋深28.5m，深层滑面埋深逾40m，因此又属于多层多级深层滑坡。

综上，1#、2#及3#滑坡自1997年以来一直在不断的变形之中，始终没有停止。

从2000年4月最近一次观测结果看，1#滑坡仍在缓慢变形着，ZK6-1孔口及滑面分别比上一次增加9mm和5mm。

2）滑坡成因分析

1#滑坡是在综合环境因素条件作用下的产物。既有地形、构造、地层岩性的条件，又有雨水和河流冲刷的作用。

特殊的地质条件为滑坡的产生提供了坚实的地质基础。NE走向的台坎或不连续面成了滑坡的主要依附后缘，而NW走向的断层及其影响带又客观地控制了滑坡的变形侧界。从盘位上看，滑坡体既是NE走向断层的上盘，同时又是NW走向断层的上盘，加上志留系岩性较老，经过了许多次大大小小不同的构造运动，岩体支离破碎。其中较缓（20°左右）的构造面成为滑坡失稳的底界。因为坡体受到多次构造作用，加上同属NE和与此近似垂直的NW走向的两大断层的上盘，据此，一方面说明滑坡的底界主要取决于构造面而不是岩层面，滑体的滑动不是顺层的而是切层，另一方面也因滑体物质相当松散，为滑坡的失稳破坏准备了充分的物质基础。加上1997年7～8月特大暴雨的影响，极大地降低了坡体滑动的强度指标，特别是龙胆溪泥石流巨大冲刷和公路对岸溪流的巨大顶冲作用，破坏了坡体前部仅有的一点支撑，从而共同促使了这一滑坡的发生。

综上，该地区复杂的地质构造、地质条件为滑坡的产生提供了地质基础，松弛状态下的坡体又为降雨及地表水下渗提供了通道。加上1997年7～8月两次突降暴雨，特别是1#滑坡正处于对岸龙胆溪支流的顶冲位置，坡脚受到泥石流和洪水的强烈冲刷和切割，使之失去前部支撑，所以最终导致了坡体病害的发生。

10.2.3　滑坡整治工程设计及整治工程措施

1. 滑坡整治工程设计

1）滑体强度指标

滑体强度指标在滑坡推力计算中起着十分重要的作用，由于该滑坡前后缘上下各块所处的状态和条件不同，所以各段指标也不尽相同，加上滑坡本身的复杂性，因此既要进行一些物理力学试验，也需要根据滑坡固有的性质进行指标反算，还需要参考多年来的经验，并进行适当的修正。滑动带抗剪强度参数如下。

后缘段：$c=0$，$\varphi=45°$。

前缘段：$c=1kPa$，$\varphi=20°$。

主滑段：$c=1kPa$，通过反算求取 φ 值。

2）滑坡推力计算

第一，稳定度。

稳定度随滑面深浅、滑体目前所处的状态、滑面的不同位置而变化。本滑坡中对一般变形迹象不太明显的深层滑面，稳定度在 1.0～1.04，而变形迹象较明显的浅层滑面，稳定度在 0.97～1.0，其他则介于以上稳定度之间。

第二，地震按烈度 8 度考虑。

第三，安全系数取 1.1～1.20。

3）分项工程设计

第一，预应力锚索桩。

从平面图上可以看出，K2730+166～K2730+425 是该滑坡最活跃、路基破坏最严重的地段，滑面分层多，推力大，路外侧坍塌又比较严重，是重点整治范围，所以在此采用预应力锚索桩。

在 K2730+163～+425 范围内共设 43 根预应力锚索抗滑桩，均位于一排，锚索桩中中间距均为 6m。锚索桩分三种类型，其中 MZⅠ型 20 根，MZⅡ型 11 根，MZⅢ型 12 根。三种类型桩的截面都是 2.1m×3.2m，而且均在桩头设置 4 束锚索，分居两排，上下排分别距桩顶 0.5m 和 1.5m。每束锚索都由 12 根 Φj15 钢绞线组成，俯角 28°～32°。锚索代表断面：1#～11#桩为Ⅶ断面，12#～26#桩为Ⅵ断面，27#～43#桩为Ⅴ断面。

锚索桩的平面位置通过各桩的桩中坐标来确定。锚索桩的桩身材料采用 C25 级钢筋砼，护壁采用 C20 级钢筋砼，护壁厚 0.25m。桩长是通过桩位处滑坡推力、地面高程、滑面和基岩面的埋深以及滑床等岩性的物理力学性质来决定的。这里 MZⅠ型桩深 41.5m，MZⅡ型桩深 45.5m，MZⅢ型桩深 49.5m。

为了在不增加桩长的基础上增加桩底锚固力，尤其是在岩体破碎、滑面多变的条件下提高嵌入相对完好岩石中的可靠度及减小滑面以下桩的侧向应力，特在每根桩底向下插入 2 排共计 20 根 Φ36 压浆锚杆。

第二，普通抗滑桩。

普通抗滑桩设在Ⅷ、Ⅸ、Ⅹ断面公路的外侧，桩截面 1.8m×2.4m，桩长 26.5m，桩间距 6m，护壁厚 0.2m，采用 C20 级钢筋混凝土。本工程可待其他工程完成后再根据进一步掌握的滑坡参数和状态考虑施工的力度。

第三，桩中锚杆。

"桩中锚杆"是该工程创新之处，将无法施工的超长抗滑桩智慧加长而绝处逢生的一种巧妙新型抗滑桩（图10.14），是科学利用桩底内力特点通过锚杆群代替非弯矩控制的混凝土桩底而实现桩的正常设计功能，变施工不可能为可能，在大幅降低施工风险的同时实现了67.5m的超深预应力锚索抗滑桩和85m长预应力锚索工程。

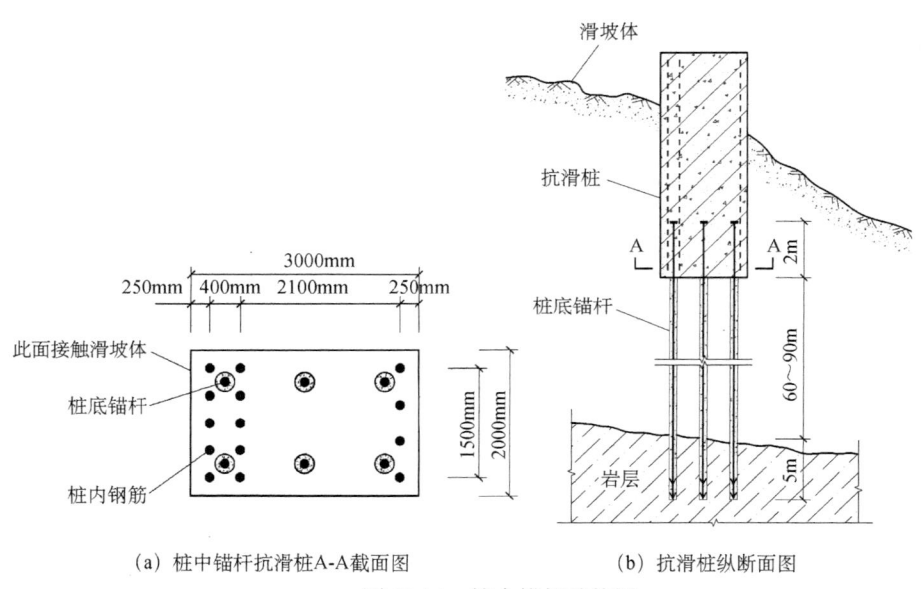

图10.14 桩中锚杆结构图

(a) 桩中锚杆抗滑桩A-A截面图
(b) 抗滑桩纵断面图

桩中锚杆在增加其锚固深度的同时也降低了施工的难度。桩中的锚杆连接着桩身和岩土层，起到了关键的支撑作用。桩中锚杆作用包括三方面：

（1）传递内力：锚杆能够传递桩身与承载土体之间的内力，使桩与土体形成整体，从而增加桩基的承载力和稳定性。

（2）增强抗拔性能：锚杆在土层中产生与桩身反向的摩阻力，有效防止桩身拉脱或倾覆，提高了桩身的抗拔性能。

（3）提高抗震能力：在桩锚结构中，锚杆能够通过自身的张力调整结构受力状态，提高桩锚结构的受力能力和抗震能力。

第四，滑坡坡脚挡墙。

滑坡坡脚挡墙是滑坡整治工程的重要组成部分。

滑坡坡脚挡墙不同于一般挡墙，它兼顾坡脚支挡和防冲刷的双重作用，是防止路堤继续冲刷失稳进而导致抗滑桩（或框架）工程失效的必要措施。墙底由最低河床面控制，一般位于最低河床面以下2m。

坡脚挡墙设计一般高7m，顶宽均为1.4m，每8m设一伸缩缝，共90块，计720m长。坡脚挡墙的墙体材料采用C15片石砼。坡脚挡墙（包括2#、3#滑坡及龙胆溪滑坡坡脚挡墙）的设计文件专门集中在《滑坡坡脚河岸防护工程设计》中，于1999年初全部施工完毕，目前正发挥着重要作用。

第五，预应力锚索框架。

预应力锚索框架是深部锚固工程的又一种形式，该结构形式对处于危险的公路来说更加安全，而且非常便于施工，加上框架防护面较大，所以无论对支离破碎的坡面来讲，还是对深部滑体的稳定来讲都是比较有利的。与锚索桩不同的是：锚索框架中所有力均由锚索来承担。框架不受跳槽施工的限制，施工中对滑坡的稳定较为有利，完工后也利于坡面大范围防护。锚索框架所用锚具采用0VM系列锚具，锚具型号分别采用0VM15-9型、0VM15-12型。锚索框架分公路内外侧两排，内侧按公路里程和距公路中心距离控制，框架肋趾距公路中心均为8m，其中K2729+990～K2730+078m代表断面是Ⅹ断面，除横梁外共含23根肋柱；K2730+182～K2730+222m，代表断面是Ⅶ断面，共10根肋柱；K2730+222～K2730+342，代表断面是Ⅵ断面，长120m，共计31根肋柱。结构尺寸：肋柱为0.8m×1.0m，横梁为0.6m×0.6m。同采用C25级钢筋砼。公路外侧框架按框架控制点坐标控制。除横梁外共计47根肋柱，横梁及肋柱的尺寸同公路内侧框架。框架锚索代表断面：1#～17#肋采用Ⅹ断面，18#～33#肋采用Ⅸ断面，34#～47#肋采用Ⅷ断面。锚索设置：小框架（2根横梁结构）为每束9根Φj15钢绞线，大框架为每束12根Φj15钢绞线。

2. 截排水沟

截排水沟对于边坡病害体的稳定是非常必要的，是滑坡整治工程又一组成部分之一，工程小而作用大。施工中必须保证质量，确保地表水顺利、快速排出滑坡体外。

截排水沟分滑坡体外和滑坡体内两种，滑坡体外截排水沟两条，滑坡体内截排水沟两组。两种截排水沟共计950m，前者可尽早施工，后者可相对晚一些，待滑坡基本稳定后再施工。截排水沟除特殊地段设置急流槽外，共采用两种断面形式，其一是截水沟0.6m×0.7m，其二是排水沟为矩形断面0.4m×0.6m。

为了防止公路外侧坡面受水冲刷，特在两涵洞处公路外侧设置两条吊沟（急流槽），断面形式同公路内排水沟的急流槽形式。

3. 滑坡区路面恢复

滑坡区公路及植被因滑坡作用而遭到不同程度的破坏，工程施工完成后及时予以恢复。这里路线平面位置可在原设计基础上作适当调整，路基填至原设计标高，路面结构仍按原设计，范围暂按 330m 考虑。

4. 坡面处理及绿色保护

坡面处理是对整个工程的补充和完善。可作为坡脚挡墙及护坡施工的一部分，这里主要是做好清理坡面、填充裂缝等工作。

这里主要包括公路附近坡面植被的恢复和公路两侧的绿化，此在修复路面工程中已予以考虑。

10.3 下土地岭滑坡

水田坝乡下土地岭滑坡位于三峡库区湖北省秭归县水田坝乡新址规划区北部，地质剖面如图 10.15 所示。该滑坡为一正在活动的滑坡，滑坡体及其影响区内的建筑物明显变形，后部为在建中的初级中学宿舍楼场地挡土墙及一栋建成的宿舍楼基础下沉变形，在建中的沿江大道路基发生较大的下沉。三峡水库 175m 水位蓄水后，滑坡体的中下部将被淹没在正常蓄水位之下，滑坡的稳定性将受到严重影响，威胁到该滑坡区及周边已有建筑物、后部中学以及新集镇沿江大道的安全。

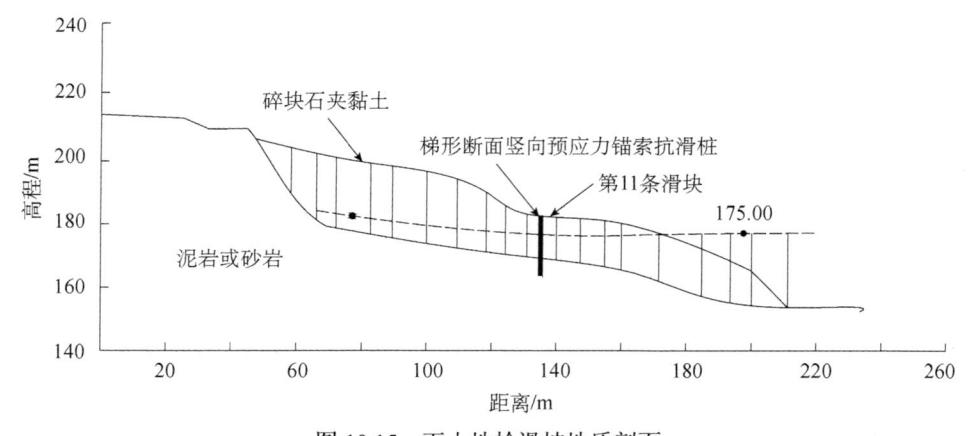

图 10.15 下土地岭滑坡地质剖面

滑坡体物质以紫红色泥岩碎石和长石石英砂岩块石夹黏土为主，而滑床则以上侏罗系蓬莱镇组紫红色泥岩、泥质粉砂岩和灰白色长石石英砂岩为主。滑动带为粉质黏土，其强度计算参数为 $c=11\text{kPa}$，$\varphi=11°$。滑坡区地下水类型可分为基岩裂隙水及第四系沉积物和崩塌堆积物孔隙水。因滑床为结构完整性较好的岩层，其土抗力系数可视为常数。综合有关资料，其地基系数取为 $K=3\times10\text{kN/m}^3$，此时认为 $1/n=0$，也即按"K"法计算。本例将预应力锚索抗滑桩设置在第 11 条块上，按照刚体极限平衡理论计算得到的作用在其上的滑坡推力为 1810.08kN/m。

根据滑坡的条件，滑坡的安全系数为 1.15，抗滑桩强度为 C30，混凝土的保护层厚度为 80mm，初步拟定梯形断面竖向预应力锚索抗滑桩的尺寸为 $a\times b\times h=1.5\text{m}\times2.5\text{m}\times2.0\text{m}$，桩长为 12m，桩的嵌固段为桩长的 1/3，即 $L_0=4\text{m}$，桩间距 S 为 5m，根据梯形形心计算公式，可计算出梯形截面的形心位置，即 $y_c=917\text{mm}$，预应力钢筋拟采用 $A_s=15.2\text{mm}$ 的钢绞线，那么可大致取偏心距 $e_p=900\text{mm}$。

为方便比较，两者的受力情况、截面面积以及桩长相同，则悬臂抗滑桩的尺寸为 $b\times h=1.6\text{m}\times2.5\text{m}$，保护层厚度为 80mm。

竖向预应力锚索轴向拉力设计值 N_t 为 13939kN，而钢绞线的承载力标准值为 259kN，承载力设计值为 181kN，则预应力钢绞线根数为

$$n = \frac{N_t}{p_a} = \frac{13939}{181} = 77.01$$

预留导管为 10 个，那么每个导管中应放入 8 根钢绞线，实际的钢绞线根数为 80 根，预应力钢筋的面积为 $A_y=11120\text{mm}^2$。

滑坡推力的等效均布荷载 q 为 1136.30kN/m，滑坡推力在 O 点作用产生的正弯矩 M 为 36361.60kN·m。

R_g 取 310MPa，R_a 取值为 14.3MPa，R_y 取值为 1860MPa，h_0 取值为 1920mm，M_j 取值为 36361.60kN·m，γ_s 取值为 1.25。得到 $A_g=32118.71\text{mm}^2$。

钢筋总面积为

$$A_s = A_y + A_g = 11120+32118.71 = 43238.71 \text{（mm}^2\text{）}$$

受压区高度 x 为 857.06mm。

由此可计算出受拉区面积为 2.04m^2，受压区面积为 1.96m^2。

按照悬臂桩的配筋方式计算得出所需钢筋面积为 $A_s=54328.62\text{mm}^2$，受压区高度 $x=783\text{mm}$。受拉区面积为 2.75m^2，受压区面积为 1.25m^2。

通过上述计算，在受力情况和截面面积相同的情况下，梯形断面竖向预应力锚索抗滑桩所需的钢筋用量比悬臂抗滑桩所需的钢筋用量可节省 20.41%，并且前者受拉区面积比后者受拉区面积减少了 25.8%。

主要参考文献

[1] 陈洪凯. 重力地貌过程力学描述与减灾（库岸滑坡）. 北京：科学出版社，2020.

[2] 陈洪凯，朱学彬，张韶华，等. 公路岩石边坡工程. 北京：科学出版社，2020.

[3] 陈洪凯，赵春红. 梯形断面竖向预应力锚索抗滑桩优化设计方法研究. 重庆交通大学学报（自然科学版），2016，35（2）：54-59.

[4] 彭瑜，陈洪凯. 梯形断面竖向预应力锚索抗滑桩桩间距研究. 水利水电技术，2018，49（6）：185-190.

[5] 陈涛，陈洪凯. 考虑土拱效应的抗滑桩桩间距计算方法研究. 路基工程，2017，（3）：1-5.

[6] 彭瑜，陈洪凯，赵春红. 梯形断面竖向预应力锚索抗滑桩模型试验研究. 四川建筑科学研究，2018，44（6）：63-68.

[7] 陈洪凯，唐红梅，王林峰，等. 地质灾害理论与控制. 北京：科学出版社，2011.

[8] 陈洪凯，易丽云，鲜学福，等. 酸-应力耦合作用下抗滑桩性能试验. 重庆大学学报，2009，32（1）：61-66.

[9] 易丽云，唐红梅，陈洪凯. 抗滑桩耐久性寿命预测方法. 中国地质灾害与防治学报，2009，20（3）：94-99.

[10] 吕庆，孙红月，尚岳全. 抗滑桩桩后土拱形状及影响因素. 哈尔滨工业大学学报，2010，42（4）：130-134.

[11] 雷文杰，郑颖人，冯夏庭. 滑坡治理中抗滑桩桩位分析. 岩土力学，2006，27（6）：100-104.

[12] 张晓曦，何思明，尹平保. 沉入式抗滑桩优化设计研究. 土木工程学报，2012，45（12）：143-149.

[13] 吕涛，齐美苗，彭良泉. 抗滑桩的土拱效应及数值模拟. 人民长江，2007，38（1）：48-51.

[14] 郑颖人，赵尚毅. 有限元强度折减法在土坡与岩坡中的应用. 岩石力学与工程学报，2004，23（19）：171-178.

[15] 高和斌. 竖向预应力锚索刚架桩在滑坡治理中的应用. 铁道工程学报，2015，33（2）：

34-37.

[16] 杨志法, 祝介旺, 张路青, 等. 可用于川藏公路高陡边坡的两种加固新技术. 中国科学（E 辑）, 2003, 33（s1）：41-46.

[17] 杨广庆, 杜群乐, 张保俭. 竖向预应力锚杆挡墙整治滑坡应用技术研究. 岩土力学, 2005, 26（s2）：155-158.

[18] Li C D, Tang H M, Hu X L, et al. Numerical modelling study of the load sharinglaw of anti-sliding piles based on the soil arching effect for Erliban landslide, China. KSCE Journal of Civil Engineering, 2013, 17（6）：1251-1262.

[19] 冯君, 吕和林, 王成华. 普氏理论在确定抗滑桩间距中的应用. 中国铁道科学, 2003, 24（6）：80-82.

[20] 杨涛, 周德培, 张俊云, 等. 抗滑桩滑坡推力分布形式的计算确定. 岩土工程学报, 2006, 28（3）：322-326.

[21] 梁文文, 王成. 抗滑桩的桩间土拱效应问题研究. 地下空间与工程学报, 2010, 6（A02）：118-121.

[22] 夏元友, 谢佐强, 李梅, 等. 滑坡锚拉抗滑桩的非线性优化设计. 岩土力学, 2008, 29（10）：2627-2631.

[23] Chen Z Y, Wang X G, Haberfield C, et al. A three-dimensional slope stability analysis method using the upper bound theorem, Part I: theory and methods. International Journal of Rock Mechanics and Mining Sciences. 2001, 38：369-378.

[24] 周德培, 肖世国, 夏雄. 边坡工程中抗滑桩合理桩间距的探讨. 岩土工程学报, 2004, 26（1）：132-135.

[25] 周新刚. 混凝土结构的耐久性与损伤防治. 北京：中国建材出版社, 1999.

[26] 金伟良, 赵羽习. 混凝土结构耐久性. 北京：科学出版社, 2002.

[27] 张友良, 冯夏庭, 范建海, 等. 抗滑桩与滑坡体相互作用的研究. 岩石力学与工程学报, 2002, 21（6）：839-842.

[28] 李清富, 赵国藩, 王恒栋. 混凝土结构的耐久性预测评估. 混凝土, 1995,（1）：54-57.

[29] 刘志勇, 孙伟. 多因素作用下混凝土碳化模型及寿命预测. 混凝土, 2003,（12）：3-7.

[30] 章国成, 杨利伟, 王天稳. 混凝土碳化深度预测模型的对比分析. 建筑技术开发, 2005, 32（3）：81-83.

[31] 李维树, 黄志鹏, 丁秀丽, 等. 基于抗滑桩计算宽度的水平推力试验研究. 长江科学院院报, 2005, 22（5）：40-43.

[32] 彭瑜. 梯形断面竖向预应力锚索抗滑桩研究. 重庆交通大学博士学位论文, 2018.

[33] 陈鑫. 竖向预应力抗滑桩的计算与设计. 重庆交通大学硕士学位论文, 2014.